教师职业发展与减压丛书

初中教师减压手册

CHUZHONG JIAOSHI
JIANYA SHOUCE

丛书主编：高峰强
主　编：张景焕　申　燕
副主编：赵　旭　姚　亮

华东师范大学出版社

总序

"十年树木、百年树人","百年大计、教育为本"。教育不仅关乎个人的发展、个体的命运,而且承载着薪火相传、民族兴衰、社会进步的历史重任。教育的神圣使命最终要依靠教育的执行者、实施者——教师来完成。正因为如此,古今中外,人们给予"教师"这一职业以极高的评价或界说:"师者,所以传道、授业、解惑也。""教师是太阳底下最光辉的职业。""教师,是辛勤的园丁。""教师是人类灵魂的工程师。""春蚕到死丝方尽,蜡炬成灰泪始干。"……这些描绘中既有对教师基本职责的框定,也有对教师崇高的牺牲、奉献精神的赞誉,但也暗含了教师这一职业的艰辛与悲壮。

压力与神圣同在,艰辛与使命并存,教育的神圣性决定了教师这一职业责任重大,任重道远!自古至今,概莫能外。但伴随着社会的快速发展,人们承受的压力与日俱增,教师这一职业的压力变得尤为突出。作为一名教师,除了要承受一般的生活压力外,还要承受职业压力。教师的职业压力与我们国家长期以来实行的应试教育体制密切相关。"一考定终身"的残酷现实使得全社会都把升学率、考试分数作为衡量一个学校、一名教师教学质量、教学水平的主要甚至是唯一的指标。教师的职业压力来自方方面面——社会要高素质人才,学校要升学率,家长要考试成绩,而学生要自由快乐……这众多的诉求如同一座座大山重重地压在教师的肩头。作为自然普通的存在,教师是人而不是神,他们能做的只有全身心投入到这场没有尽头的博弈中。教师的压力首先表现为"劳力":备课、讲课、批改作业、辅导学生、管理班级、家访……教师每天的工作时间远远超出8小时,"早'五'晚'十'"成为许多教师尤其是高中教师真实生活的写照。这还在其次,教师真正的压力在于"劳心":现在的学生越来越有个性,加之他们正处于自我同一性形成与定型的阶段,因此越来越难以管教;家长的要求越来越苛刻,维权意识越来越强,教师稍有疏忽或失误,就可能被问责,甚至被告上法庭;学校对教师的要求也越来越严格,各种指标、考核、检查"接踵而至",无休无止;同事之间竞争日趋激烈,大家都不甘落后,互不相让;职称评审的条件越来越高,越来越难……此外,中国正在进行的基础教育改革和高考制度转型在短期内不仅没有给广大教师减轻压力,反而不断施压;改革的探索、尝试、不成熟都使得教师不得不"两条腿"走路,既要适应新的教改要求,还要继续为"升学率"战斗!游走在两种体制之间,他们常常无所适从,心力交瘁!《南方周末》2015年1月22日文化版谈及2014年的中国网络舆情:"……比如扶弱抑强的'罗宾汉情结',把官员、警察、城管、医生、教师妖魔化为'网上黑五类'。"这是继"文革"期间教师被标签化为"臭老九"之后又一次"榜上有名"。同期还发表对著名作家严歌苓的专访,谈及她的一部新作《老师好美》,读后令人唏嘘:"教师怎么了?做教师好难!"

种种压力交织在一起,久而久之,必然导致教师的身心出现各种问题。例如,职业倦怠,诸多研究表明,教师是职业倦怠的高发群体。许多教师患有各种慢性疾病——胃溃疡、高血压、心脏病、神经衰弱……有的老师甚至倒在了三尺讲台上——因过度疲劳晕厥,甚至因心肌梗塞不再醒来;有的老师不堪重负,选择自杀来逃避永无休止的压力;有的老师,把自己的焦虑、抑郁、愤怒、无助等情绪发泄到学生、同事、家人身上,结果酿成很多学校悲剧和家庭悲剧。每一个悲剧的后面常常掩盖的是一颗颗焦灼、病态的心灵,而这病态心灵的背后,过大的职业压力往往才是真正的刽子手!

我作为已从教20余年的教师,对这一职业的酸甜苦辣、喜怒哀乐、起落沉浮、悲欢离合自然有着切身的体认和透彻的体悟。因工作的关系,平日里我与大中小学校领导、教师有过或多或少、或深或浅的交流和交往；因科研的需要，我对不同层级的教师进行过或集中或分散、或群体或个案的调查研究和咨询辅导；因专业的性质，我热衷于或"被迫"在大礼堂、报告厅或教室里举办过有关教师心理保健方面的正式学术报告、科普宣传、团体培训。近年来我和本丛书分册主编们先后承担过数项有关教师教育及专业成长方面的国家级、省部级科研项目，涉及教师工作压力、职业倦怠、应对策略、心理健康、社会支持、集体效能等众多领域，完成了20余篇博士、硕士学位论文和30多篇研究报告。我一直想把这些加以充实整理、概括提炼，以形成一个完整的体系，编撰一套有关教师专业发展与减压方面的丛书。我与几位同道中人（本丛书分册主编们）坐下来稍作交流便一拍即合，达成共识——值得做。我们经协商确定了丛书的编撰原则：学术性、趣味性并重，科学性、可读性共存，规范性、实用性一体，针对性、操作性交融；丛书的写作的要求是：丛书主编整体把关，分册主编"分头用兵"，各册撰稿人员文责自负。

尽管丛书以教师减压为主线，但教师专业发展和职业生涯规划是基本前提，教师的专业胜任力和生涯规划对压力感受而言至关重要，所以专门撰写一本《教师职业生涯规划与发展》，以发挥引领性、普惠性的作用。至于将教师分成小学、初中、高中、大学四个群体，则基于尽管大家都是教师，但因直面的教育对象和承担的任务各有侧重：小学教师面对的是天真的孩童，一半机灵一半懵懂；初中教师面对的是躁动的少年，一半幼稚一半成熟；高中教师面对的是拼命的考生，一半困惑一半清醒；大学教师面对的是迷惘的学子，一半清高一半失落。就小学、初中、高中教师而言，育人的责任似乎胜过教书；就基础教育来说，完成教学任务是本职或天职，而就大学尤其是重点大学来讲，教师的科研负担压力山大。《小学教师减压手册》、《初中教师减压手册》、《高中教师减压手册》、《高校教师减压手册》各自为战且目标一致：减压，以获致针对性、适切性的效果。

本套丛书的出版也颇费周折：初稿已经成型时，原约稿的出版社因领导更换，莫名其妙地将原定的口头协议废止，致使丛书"几近胎死腹中"。我们另寻觅了几家出版社，虽对选题和内容很感兴趣，但关于体例和字数等各执己见，难以达成共识。正值尴尬难解之际，华东师范大学出版社教育心理分社社长彭呈军先生慧眼抬爱、鼎力襄助，决定出版本丛书。至今仍未谋面的孙娟编辑不辞辛苦，前后张罗，使丛书以最快的速度、最佳的风姿呈献在广大可亲、可爱的教师面前，在此谨代表作者和读者一并鞠躬致谢。书稿写作过程中，我们查阅、参考和引用了大量国内外的相关研究成果和资料，在此谨向注明或未注明的文献作者表示真挚的谢意。本丛书是山东省应用基础型人才培养特色名校建设(应用心理学专业)的一项成果，在此特作说明。

高峰强

2015 年 2 月 11 日(农历小年夜)谨识

第一编 压力性质及其诊断 / 001

第一章 掀起你的盖头来——压力的本质 / 002

第一节 原来如此——什么是压力 / 003

第二节 走近大师——压力的基本理论 / 010

第三节 借双慧眼看自己——反应模式 / 017

第二章 今日之事多烦忧——压力反应 / 028

第一节 压力就在我身边——一般适应综合征 / 030

第二节 我是真的生病了吗——生理反应 / 033

第三节 一念天堂,一念地狱——心理压力 / 041

第三章 明明白白你的心——压力诊断 / 050

第一节 如鱼饮水,冷暖自知——自我感受 / 051

第二节 直面压力,正视问题——心理诊断 / 055

目录

第二编　压力源分析 / 075

第四章　莲发藕生，必定有根——社会因素 / 076

第一节　古人不见今时月——社会变革及其对初中教师心理的影响 / 078
第二节　风吹烛影动——教学环境的变革给初中教师带来的压力 / 085
第三节　近朱者赤，近墨者黑——社会心理环境变化在初中教师心理上的反应 / 090

第五章　人生豪迈不应有悔——生活因素 / 099

第一节　拿什么拯救你，我的家庭——家庭压力源 / 100
第二节　熙熙攘攘，皆为利往——经济压力源 / 112
第三节　乱花渐欲迷人心——其他压力源 / 117

第六章　压力是这样"炼成"的——职业因素 / 124

第一节　辛勤园丁不好当——初中教师的工作特点 / 126
第二节　问君能有几多愁——多方面的人际压力 / 132
第三节　欲与天公试比高——教师的职业要求 / 141

第七章　甩不掉的影子——个体因素 / 148

　　第一节　播种人格，收获压力？——教师自身的人格特征 / 150
　　第二节　想法、做法决定最后的结果——思维方式与做事风格 / 157
　　第三节　无法摆脱的过去——成长经历 / 162
　　第四节　摘下性别有色眼镜——性别刻板 / 171

第三编　压力应对 / 179

第八章　我的地盘我做主——运用自我的力量应对压力 / 180

　　第一节　境由心生——压力下的两种心态 / 181
　　第二节　认识你自己——自我对话 / 189
　　第三节　时间不等人——时间管理 / 197

第九章　工欲善其事，必先利其器——运用情绪和活动的力量应对压力 / 205

　　第一节　压力是把刀，握住刀刃还是刀柄——理性应对压力 / 207
　　第二节　我的情绪我做主——合理管理情绪 / 212
　　第三节　四两拨千斤，压力可减轻——放松训练 / 220
　　第四节　好的习惯让你远离压力——养成良好生活习惯 / 228

目录

第十章　职业发展乐在其中——找回职业乐趣 / 234

　　第一节　路漫漫其修远兮——教师职业生涯发展 / 235
　　第二节　打铁需要自身硬——教师人格的完善 / 246
　　第三节　在团体中成长——入职适应与团体辅导 / 257

主要参考文献 / 266

后记 / 270

第一编

压力性质及其诊断

第一章
掀起你的盖头来
——压力的本质

本章案例

27岁的赵老师是某初中的数学教师,从事班主任工作已两年,现在带的是八年级的一个班。性格开朗的赵老师最近沉默寡言、神经紧张,甚至晚上失眠。原来赵老师的班上部分学生学习自觉性较差,只要稍微批评一下就哭哭啼啼,甚至扬言跳楼。一些家长不问青红皂白就指责老师管理过于严格;有些家长对学校和班主任的期望过高,一旦孩子成绩下降就归咎于老师;学生的安全问题也令赵老师很担忧,每天放学后,她都一直处于极度紧张的状态,常常下班回家后脑子里也在想这些问题。而且,赵老师特别在意平行班级之间的比较,一旦其他班级得奖或受表扬,她就高度焦虑。重压之下,她想辞去班主任甚至放弃教师工作。

本案例中赵老师出现了哪些问题,表现在哪些方面?赵老师对自己的现状该如何应对?本章即将探讨压力及其诊断的有关问题。

第一节

原来如此
——什么是压力

一、压力的涵义

"压力"在英语中为 stress,原是物理学的一个概念。20世纪中叶加拿大生理心理学家汉斯·塞里(Hans Selye)开始将压力的概念引进医学和心理学,用来指那些令个体紧张的威胁性事件、突如其来的危险刺激情境等。

在心理学上,压力应当是指"压力事件"或"心理压力"。心理压力(stress & mental stress)是个体在生活实践中对压力事件作出反应而形成的一种持续紧张的综合性心理状态,即个体心理真正意识到了压力存在而无法摆脱时形成的带有紧张情绪的心理状态。压力事件(stressor)是指一些令个体紧张,感受到威胁性的刺激情境或事件,一般情况下也可与压力通用。压力事件是心理压力产生的直接原因或必备条件,可以施加给他人或自己,而心理压力则是个体对压力事件的反应所形成的综合心理状态,无法施加给别人,只有自己能体验到。实际上,同一压力事件对不同的个体来说不一定都会形成心理压力,即使形成了心理压力,各人感受到的压力强度也会不同。这样界定心理压力也有助于解释"应激"。应激(stress state)是指由出乎意料的紧急情况所引起的特别紧张的情绪状态,它是心理压力的一种特殊表现形态。

心理压力是由对压力事件的反应而形成的,个体有心理压力必有压力事件存在。压力事件可分为外部压力和内部压力两大部分。外部压力主要包括生活中的重大变故和累积的烦心琐事。生活中的重大变故主要是指个体日常生活秩序发生了较重要的改变,诸如升学无望、就业无门、职称落聘、下岗待业、家人重病、夫妻离异、配偶亡故、违法犯科、判刑坐监、天灾人祸等等。一般这些压力事件威胁性较大,且随时可能突然发生或较多次发生,使个体形成的心理压力很大,若不能及时妥善处理,容易使人患身心疾病。累积的烦心琐事主要是指日常生活中经常遇到且无从逃避、使人烦恼的一般事实。单件的烦心琐事难以造成心理压力,但日积月累到一定程度,对个体构成威胁就会造成心理压力。这些累积的烦心琐事根据调查研究大致可归纳为经济负担过重、工作职业失意、人际关系失调、环境污染、时间分配失控等等方面。例如,现实生活中,初中教师教学工作量大、要求高、负担重,休息、娱乐、睡眠时间分配失控,这些事件可能造成心理压力,常使他们焦虑不安,甚至感到痛苦。内部压力主要是指使主体认知困惑或难处理的内在刺激情境,一般发生在动机冲突和受挫折时。动机冲突是指在复杂的意志行为中,多种动机之间发生了矛盾。若一时难以确定行为目标而形成认知困惑,便引发心理压力。日常生活中动机冲突在所难免,人们的心理压力也就时有发生。如中考学生在填写志愿时,若不知自己该填报哪所高中为好,心理压力就油然而生。挫折是指个体的意志行为受到无法克服的干扰或阻碍,预定目标不能实现所产生的一种紧张状态和情绪反应。诸如,自己的婚事遭到父母亲友的反对,经商投资不赚反赔,参加比赛该赢反输等等。受到挫折,个人奋斗目标没能实现,一时不知如何是好,必然造成心理压力。

总之,心理压力与压力事件紧密相连。心理压力一般是受内外压力刺激而形成的。在分析心理压力的成因时,应注意考虑主要是由外部压力造成的还是内部压力造成的,以便采取有效措施,控制或消除压力源以减轻或消除心理压力。值得一提的是,个体有心理压力时不一定是受了挫折,而受到挫折一定会有心理压力。

二、心理压力的特性

心理压力具有一些基本特性,主要表现为情绪性、动力性、不确定性和内发性。

(一)情绪性

情绪性是指个体有心理压力时总带有明显紧张的情绪体验的特性。如前所述,心理压力总伴随有一定的紧张情绪体验。紧张本是人在某种压力环境的作用下所产生的一种适应环境的情绪反应。心理压力的情绪性表现是十分复杂的,有消极和积极之分。心理压力所伴随的情绪大多数情况下是消极的,这是因为压力事件往往是不符合我们的需要的。心理压力的情绪性是积极还是消极的,关键要看个体的需要和认识。如果个体认为压力事件能满足自己某方面的需要,便可能产生积极的情绪,如探险者就乐于冒险,否则就会产生消极的情绪。此外,这种情绪的紧张度和负面性还受两个因素的制约:一是受压力大小的制约;二是受个体心理承受力大小的制约。所谓心理承受力,一般是指个体对挫折、苦难、威胁等非自我表现性环境信息处理的理性程度。[①] 更简明扼要地说,心理承受力就是对心理压力应对的理性程度。当心理承受力一定时,压力越大,形成的负面情绪越强烈、心理越紧张,就越易出现忧郁、痛苦、惊慌、愤怒等情绪;反之,若压力小时,只会出现短暂的、微弱的负面情绪,如不悦、冷淡等,心理紧张度较低。当压力一定时,若心理承受力越小,心理则越紧张,负面情绪就越大。反之,心理承受力越大,负面情绪越小,心理越不紧张;当压力和心理承受力相当,或略大于心理承受力时,这种压力也称为适度压力,或轻度压力。适度压力下个体情绪虽有些紧张,在良好的教育和积极的引导下,往往能精神振奋、产生热情,有利于意志的

---

① 景怀斌:《心理承受力从何而来》,《中国青年报》1998年1月30日。

锻炼和能力的提高。总之,心理压力的情绪性是显而易见的。

(二)动力性

动力性是心理压力的又一个重要特性。心理压力对个体行为的调节作用就是心理压力的动力性。在日常生活中,人们常说要变压力为动力。之所以能变压力为动力,是由于当个体有心理压力时,不会无动于衷,而会采取一定的行为处理所处的具有威胁性的刺激情境。心理压力的动力性表现为对适应行为的积极增力作用和消极减力作用两个方面。有研究表明,当个体心理压力过大时,人的理智一般难以控制,个体常表现出两种极端的行为反应,要么呆若木鸡,要么攻击。中度心理压力一般会使人的行为能力降低,产生重复和刻板动作。心理压力较小时,情况就较复杂化,一般适应行为增多。在适度压力或轻度压力状况下,个体可能在理智的控制下,充分发挥主观能动作用,对压力事件较妥善处理,从而也使自己的心理承受力得到增强,使个体生物性行为和正向的适应性行为增多,动力性随之增长。但在适度压力或轻度压力状况下,个体若不能理智控制或失去理智,不能发挥主观能动作用,而对压力事件漠然置之,不及时妥善处理,会使自己心理承受力得不到提升,动力性将随之降低。没有一定的心理压力,人难以增强心理承受力,人的正向适应性行为得不到学习提高,一旦面临较大压力,将不知所措,容易造成心理障碍。

(三)不确定性

不确定性就是人们常说的"天有不测风云,人有旦夕祸福"。有些事件的发生是难以预测的,不确定性事件发生之后,有的个体因耐受力较差,就会产生压力反应,无助感和脆弱感油然而生。同时,不确定性事件发生后,个体需要新证据来消除这种不确定性,如果个体具备搜寻信息的技能,可能很快就会消除压力体验。

（四）内发性

内发性就是所谓的"庸人自扰"。大量研究表明，我们的大脑在某种意义上是一个"刻板脑"，它分不清实际的威胁和想象的威胁。对于大脑来说，感知到的威胁就是真正的威胁。当威胁出现时，大脑就会对此作出反应，身体的一些器官（如分泌腺和胃部等）就会进入战备状态。这样，即使感知到的威胁并非实际的威胁，身体也会根据这种主观的严重程度调动身体的资源，准备抗拒下去。

全面理解心理压力的特性有助于我们积极应对心理压力，有助于我们的身心健康。如果只看到心理压力的情绪性，并夸大其负面影响，忽视心理压力的动力性，或者只看到其消极减力作用方面，这是不切实际的，也是错误的。在现实教育实践中，不少教师由于缺乏对心理压力动力性的全面正确认识，经常陷入两个误区：一是以为有压力才有动力，压力越大动力越大，因而过分给学生施加压力，造成学生心理压力增大，心理障碍和疾病增多；二是认为心理压力只会产生消极情绪，危害人的身心健康，因而怕给学生施加压力，不敢严格要求，听之任之，致使学生正向适应性行为能力较低。这都不利于学生的健康成长。

三、压力的类型

压力是日常生活的一部分，依照不同的分类方法，可将压力分为如下类型。

（一）根据压力性质的分类

依个体对压力的感受程度可以将压力分为以下三类：

一是中性压力。这类压力是指虽然身体和心理处于唤醒状态，但几乎感觉不到来自于这些需求的任何压力。在大部分时间里，压力是中性的，无所谓有利或有害。这些项目依个体状况而不同,例如:饮食习惯改变、健康状况或家庭成员行为的大变化、经济情况的大变化、调职、迁居、生活水准的改变等。

二是不良压力。唤醒过高或过低时,不良压力就会随之而来。确定个体本身的积极压力区,并且保持那种可以使个体在大多数时间里都处于该区域的观点和生活方式,这是挑战所在。个体是否把所经历的事情看作有害事件,取决于该压力源被感知的程度是否超过了自己应对该压力源的心理资源,取决于个体的健康是否遭到了威胁。事件本身并不会令人烦恼,只有当个体把它作为有害事件来看待时,它才会变得令人烦恼——事件确实会对个体的健康造成危害,并且个体没有十足的把握去解决它,有时这是非常现实的问题。例如:工作环境不佳(与上司不睦、时间安排不理想、过度负荷等)、丧偶、性行为有困难、配偶有外遇、名落孙山等。

三是积极压力。压力具有二重性。一方面,过度持续的唤醒会严重威胁健康,影响工作效率、满意度及人际关系。另一方面,适度的、偶尔的焦虑上升,可帮助一位教师更好地准备公开课、应对难以管理的学生等。总之,压力既有消极的一面,也有积极的一面。积极压力可以通过以下一些具体途径表现出来:[①]

积极压力可帮助我们对身体的紧急状态作出迅速有力的反应。如避免车祸,躲避坠落的砖块,避免孩子举起重物。

积极压力有助于人们在压力下更加出色地表现。例如,在参加网球公开赛、入学考试、工作面试以及演讲时。

积极压力有助于应对最后期限——一篇学术论文要在下午5点前完成,或者还贷时间的临近。

积极压力有助于突破个体极限,实现个体成长。个体成长往往来自于突破现有的极限,这种极限远超过现有的舒适感。如果经常处在安逸状态下,个体便容易停滞不前。为了追求一个有意义的目标,为了比以前表现得更好,或是为了应付一个紧急事件,个体有时会有意识地突破自身极限,以实现自己的愿望。马拉松赛跑、爬山、为期

---

① [美]沃特·谢弗尔著,方双虎等译:《压力管理心理学》,中国人民大学出版社2009年版,第9页。

末考试而刻苦复习、为组织知识竞赛而长时间地工作、为照顾心爱的人而废寝忘食……这些都需要突破个体心理或身体极限而专注地努力。

（二）根据压力来源的分类

依影响的来源可以大致将压力分为三类：

一是精神上的刺激。如人际关系、环境变迁及习惯性的事情发生变动等。

二是生理上的刺激。如饥饱、过度兴奋、悲伤或疲倦等。

三是环境上的刺激。如寒冷和酷热、身体受伤、噪音、空气污染、放射线等刺激。尤以噪音及空气污染为最严重，长期被噪音困扰容易使人神经衰弱。[①]

例如，张明由于工作需要每天工作到深夜，凌晨三时方能入睡，午间才起床开始一天的活动。他所居住的环境幽静，邻居安静，他感到生活平静而快乐。可是最近他楼上新搬来一户人家。这家的女儿每天晚上练习弹钢琴，以至于张明没法集中精力构思写作；这家男主人每天早上6点起床在健身器上跑步45分钟，健身器与地板接触发出的咯吱咯吱的声音早早将张明吵醒。新邻居早晚都令张明无法工作和睡眠，以至于每天都很疲惫。更要命的是，与张明分手的前女友就是弹钢琴的，听到钢琴声无异于每一个音符都砸在张明的心上。在这个例子中，张明所感受的生活压力既有来自环境的、生理层面上的，也有来自心理和精神层面的。

依据压力来源，压力还可以分为社会性的、生活性的、职业因素的和个体因素的压力。本书将结合初中教师的工作特点分别陈述这些压力对初中教师的影响以及应对的方法。

[①] 约翰·罗宾斯著，白山译：《颠覆压力》，中国工人出版社2004年版，第5页。

第二节

走近大师
——压力的基本理论

对于压力,不同的学者提出了不同的理论模型。其中较有影响力的包括塞里的全身适应综合征理论、拉扎鲁斯的压力认知理论、勒温的压力理论、卡恩的压力理论、格瑞的压力理论等。

一、塞里的压力理论

加拿大生理学家塞里(H. Selye)以白鼠为研究对象进行了多次关于压力时间长短与身体反应关系的实验,根据研究结果,于20世纪中叶提出了适应综合征理论,他也因此被称为"压力理论之父"。他认为,人的机体抵抗应激源的能力是有限的,在应激源的长期影响下,身体的适应反应将经历三个紧密连接而又可以清晰划分的阶段。即警觉反应阶段、抵抗反应阶段、耗竭反应阶段。

警觉反应阶段(警觉期):指人的机体对内外刺激(应激源)所作的初期防御反应。这时主要目的是动用机体的防御机制以克服应激,此时身体的适应能量几乎全部发挥作用。在此期间，交感—肾上腺髓质系统、下丘脑—垂体—肾上腺轴功能亢进，机体表现出各种生理变化，如心率加快、呼吸急促、肾上腺皮质激素活跃、血压升高、血糖增高、骨骼肌的血流量增加等。但是，机体不能长期维持这种警觉状态，如果不能消除应激源，机体就进入第二阶段——抵抗反应阶段。

抵抗反应阶段（抵抗期）：指刺激物持续一段时间后，机体所形成的适应反应。在这个阶段，机体防御功能加大，内部防御机制处于高水平状态，表现为脑下垂体前叶和肾上腺皮质大量分泌，使机体得到更好的适应，机体与应激源形成对峙。对峙的结果有两种：一是机体战胜了应激源，内环境重建稳定；二是机体如果继续处于应激源的作用下，这种适应能力会逐渐丧失，机体受到损害，便进入第三阶段——耗竭反应阶段。如果应激源在此中断，机体即可恢复正常。

耗竭反应阶段（衰竭期）：指机体由于长期处于应激状态，机体防御机制能量耗竭而发生的生理变化。这时，体内有关激素的分泌功能已出现障碍，机体变得软弱无力，再也无法应付应激情景，参与应激反应的身体组织将大量损坏，导致机体疾病，严重者可导致死亡。

塞里的研究揭示了一个普遍性原理：个体在抗拒阶段生理功能大致恢复正常，能适应艰苦的生活环境。即压力反应对个体来说在一定程度上能增强其适应能力。然而，在抵抗阶段对新压力的抵抗力反而降低。个体若再承受持久的高压就会导致身心耗竭，甚至可能会死亡，这就是精疲力竭阶段。塞里认为，第一阶段是人类无法避免的，又是人类可以承受的，而第三阶段是极其危害人类身心健康的。①

以上过程是一个解释人在长期压力下反应的普遍原则。但认知心理学认为，个人对压力刺激的认知不同，适应方式也自然有所不同。所以，对健康的危害影响也是不一样的。

二、拉扎鲁斯的压力理论

由于塞里的工作，人们才真正开始重视压力。但是，塞里只注意到了压力与生理

---

① 孙健敏：《压力管理》，企业管理出版社 2004 年版，第 88 页。

反应之间的关系，人们能够根据这个理论谈论压力的危害，对于如何缓解压力却显得束手无策。压力的认知理论恰恰解决了这个问题。

认知理论摒弃了生物理论将人看作是压力的被动承受者的观点。它认为，人是有思想的动物，通过调节自己的思维方式可以改变自己的压力状态。消除压力的一个重要原则就是切断自己的消极思维。这使我们看到了战胜不良压力的曙光。

认知理论认为，是否将一个事件评价为压力事件取决于我们的情绪、信息的不确定性。在几十年或者更长的时间里，人们一直在争论情绪与认知的关系。一些人认为，情绪是基础，它会影响认知的形式和对象，另一些人则认为，认知才是主要的，认知会引起人的情绪变化。而压力的认知理论认为，情绪和认知都是个体对外界环境的反应，它们是互相依赖的。

拉扎鲁斯（Lazarus）提出，在面对压力时个体的评价非常重要。评价可以分成三个阶段，它们分别是：初级评价、二级评价和再评价。[①]

在初级评价过程中，个体主要是判断事件的结果，即所得到的利益或者损失，其比较普遍的内部语言是"我是否遇到了麻烦？"初级评价可能形成以下三种结论：1. 与我无关；2. 对我有利；3. 对我可能不利。

二级评价过程中，个体在问自己："这种情况我应该怎么做？"当个体感觉到威胁又无法有效作出反应时就会感到压力；如果威胁不再存在，或者个体使用了某种应对方法消除了威胁，那么压力就不存在了。

再评价建立在前两级评价和应对结果的基础上。它会造成初级评价结论的改变。在再评价的过程中，个体可以采用以下方式来处理应急事件：

1. 合理化。当个体的动机未能实现或行为不能符合社会规范时，尽量搜集一些合乎自己内心需要的理由，给自己的作为一个合理的解释，以掩饰自己的过失，减少焦虑的痛苦和维护自尊免受伤害，此种方法称为"合理化"。换句话说，"合理化"就是制造"合理"的理由来解释并遮掩自我的伤害。事实上，在人生的不同遭遇中，除

---

① 孙健敏：《压力管理》，企业管理出版社 2004 年版，第 90 页。

了面对错误外,当遇到无法接受的挫折时,短暂地采用这种方法以减除内心的痛苦,避免心灵的崩溃,并无可厚非,有句话说"得意时是儒家,失意时是道家",就是一种适应生活的哲学。更何况在找寻"合理"的理由时,也可能找到解决问题的方法。比如,一个人突然下岗,他最初的反应可能是震惊和愤怒。随着这些激烈情绪的平息,他可能会说"我早就对这不感兴趣了,正好可以趁机脱身"。而实际上周围的人都可以看出来他对这份工作还是难以割舍的。不过,如果经常使用"合理化",借各种托词以维护自尊,则不免有文过饰非,欺骗别人也欺骗自己之嫌,终非解决问题之道。

2. 改变事件的意义。这种方式与"合理化"很类似,是基于事实或部分事实,为事件加上两个或多个自己希望的意义。如突然下岗后,获悉这个企业可能会破产。因此,早下岗可以提前找工作,避免与大量下岗的人员竞争。

3. 降低事件的意义。如公司突然宣布全体员工都要大量加薪,此时员工们可能开始计划购置一些奢侈品。然而,最终的结果是薪水仅仅微微上调,这时员工们尽管很失望,但很快这些添置计划也会一步步地降低和消失,并对自己说"没有那些东西我们照样生活"。

三、勒温的压力理论

勒温(Kurt Lewin)认为,压力是"动力场"的产品。所有的个体和组织处在一个充满了动力和阻力(如压力)的环境中。这些力量会阻碍或促进个体的行为。一个人在一个组织中的行为水平取决于许多相互作用的影响因素。其中一些因素会推动个体采取行动应对目前的变化,而有些因素可能会阻碍个体采取行动。

勒温的理论认为,在一般情况下,压力感是内部和外部的压力源共同作用的结果。这些压力源可以被看作模型中的推动力。也就是说,这些压力源通过生理的、心理的、人际的等等不同途径作用于个体,使个体当前的行为产生变化。如果不加干预,这些力可以产生病理性反应(如焦虑、抑郁、强迫等)。

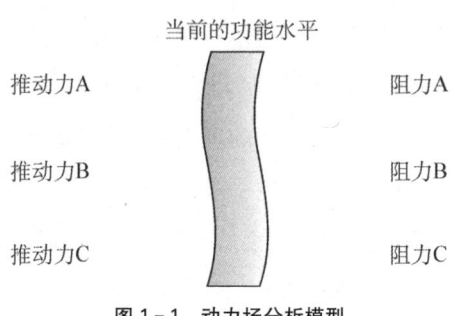

图 1-1 动力场分析模型

(转自:孙健敏:《压力管理》,企业管理出版社 2004 年版,第 94 页)

影响个体行为的各种力在动力场中是平衡的,推动力和阻力是匹配的。当各种力失衡之后,个体的行为就会发生变化。也就是说,如果推动力大于阻力,变化就会发生;相反,如果阻力大于推动力,变化就会沿着相反的方向进行。然而,大部分人发展出了自己独特的限制力来避免病理性反应。强烈的限制力可以降低心率,优化人际关系,稳定情绪,高效地管理自己的压力。如果没有这种限制力,就会出现相反的情况。

四、卡恩的压力理论

角色可以定义为一个人在某个特定的位置的一系列特定的行为。大部分人在生活中扮演多种角色(如父亲/母亲,配偶,儿子/女儿,教师,学生,社区成员等),因此也就有多种行为模式。卡恩(Kahn)的角色压力理论(见图 1-2)是最早包含反馈机制的组织压力理论。该理论论述了组织因素在角色传达者(包括上司、下属、同事和客户等)中形成角色期待,然后这些期待又会化作角色压力传递给相关人员。这些压力与员工的人格及人际因素交互作用,从而产生了三种压力体验:角色模糊、角色冲突和角色超载。体验到的压力又造成了不健康的身心症状并激活了防御机制和应对反应。防御机制试图不实际改变局面,而通过纠正所施加的角色压力中的模糊或冲突来减少压力体验。应对反应包括努力去适应角色压力、调整相抵触的需求或者避开这种压力环境。应对可能直接影响角色期待,也可能通过调整个人和人际因素来缓和角色期待产生的压力。

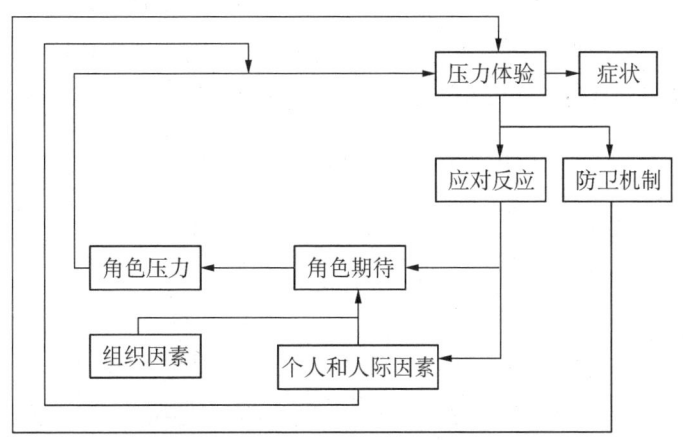

Kahn, Wolfe, Quinn, Sneck and Rosenthal (1964)
图1-2　角色压力理论模型

（转引自：刘红梅：《国外主要组织压力理论模型的比较与评析》，《江南社会学院学报》2006年第4期，第74页）

在组织中，角色在调整员工行为方面具有重要作用。从理想的状态来讲，角色信息可以清晰地传达给员工。然而，实际上并非如此，这就会产生所谓的角色模糊压力。如，现今社会对教育机构的期望发生了很大的变化，要求教育机构除了给学生传授基本知识，还要注意发展学生的非智力因素，这种社会期望的变化会让教师感到困惑——"我在多大程度上重视学生的价值观"，"什么是正确的价值观"，"在智力因素和非智力因素之间如何达到平衡"等等。

第二个与角色有关的压力源是角色冲突。人在社会上扮演不止一个角色，各角色间的要求有时并不一致。例如，一个做母亲的教师，子女和学生都需要她付出更多时间，使得她左右为难。角色冲突的一个重要方面是角色内冲突，角色内冲突是指对于同一个角色，员工收到了矛盾的信息。如一位老教师告诉新教师要将主要精力用在后进生身上，而另外一位老教师则可能告诉他要将主要精力用在尖子生身上。角色间的冲突则是指不同角色的冲突，如工作中的角色与家庭成员角色之间的冲突。

第三个与角色有关的压力源是角色超载。角色超载指雇主对雇员提出了过量的工作要求,使雇员产生强烈的压力感。角色超载包括数量超载和质量超载两种。数量超载是指个体虽然能够达到各种角色要求,但难以在短时间内应对多个角色要求。质量超载主要是由于个体能力达不到要求。例如,对于一个运动能力较差的个体,做一些快速动作反应的工作(如电脑速录)感到很吃力。

五、格瑞的压力理论

麦克·格瑞(Mc Grath)认为,组织压力是一个四阶段、封闭性的过程。情境经过评价加工得到了知觉,当知觉到的是一个消极的情境时,就会出现一个压力源。当一个情境经过评价之后,个体就会做出反应的决策。按照这种决策,个体就会对当前的情境作出反应,这种反应会改变原来的情境。当行为反应是消极的时候(如降低努力程度),这些消极的反应就会被看作是压力和紧张。这个模型与职业压力和工作操作之间的关系是显而易见的。特别是,这个模型指出,当雇员在工作环境中觉察到压力源的时候,他们可能会采取某种行为加以应对,这种行为往往会降低工作效率。如一个员工面对一个不安全的工作环境时,可能会将这种环境当作一个压力源,此时这个员工可能会降低自己的工作努力程度。

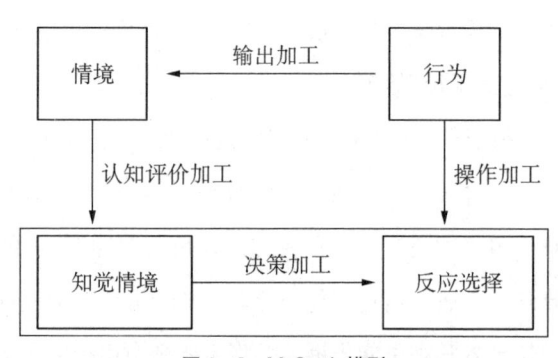

图1-3 McGrath模型

(转引自:孙健敏:《压力管理》,企业管理出版社2004年版,第1页)

第三节

借双慧眼看自己
——反应模式

处于同样的压力情境下,不同的人却有不同的反应,有的人认为"我命休矣",有的人则可以看到"柳暗花明又一村"。这截然不同的反应模式与个体的特点、认知、组织状况等密切相关。

一、压力反应模式

(一)反应模式

个体应对压力的模式分为任务取向和防御取向两种。

其一,任务取向。当个人觉得有把握处理压力时,会采取直接行动去解决问题,排除压力,这种倾向被称为任务取向。基本上,任务取向的反应表示个人同意并接受这一压力,通过改变自己或外部环境找到解决问题的最好方式。例如:职业女性面对事业和家庭,选择请钟点工或和丈夫分担家务,是改变外在环境;选择降低自己对事业的追求,以家庭为重心,是改变自己。

其二,防御取向。当个人感到无法处理压力并且感到威胁时,不是采取行动来解决压力,而是保护自己不受伤害,这种倾向被称为防御取向。防御取向的行为有两种:一类是通过哭泣、反复诉说及悲伤等过程来应对压力,这类似"心理损害复原机能"。另一类是运用心理防御机制来应对压力。所谓心理防御机制,指的是运用回避、否认等消除焦虑和恐惧的技术。弗洛伊德认为,心理防御是一种无意识的心理过程,人在需要时都会运用防御机制。防御机制可以用来维护理想中的自我形象,使人们对生活中的自我感到满意。但是,防御机制往往会成为人生中的盲点,自己不愿意正视和承认。常见的心理防御机制有否认、投射和合理化。

一是否认。假如一个人被告知得了绝症,只有三个月的生命,他会想:"不可能,肯定是医生把别人的检查结果和我的弄混了。"再如,当被告知有朋友或亲人突然死亡,他会说:"不可能,你们搞错了!我不信!"在有关死亡、疾病和类似的痛苦经验中,人们常常会运用否认机制。否认是心理防御机制最基本的表现方式之一。人们通过拒绝接受或拒绝相信那些引起焦虑和压力的信息而把自己从不愉快的现实中解救出来。这种防御机制的功能在于保护个人不在瞬间被极具威胁的事实打倒。

二是投射。假如一名学生得知期末考试有一门功课不及格,他本来很难过,但是一想到某个同学已经有三门功课不及格,他的压力就会减轻。投射是通过夸大别人的问题而转移个体对自己问题的注意,从而减轻焦虑。如果一个人看到了自己的失败和缺点,就会感到焦虑。但是如果他通过无意识的活动把自己的邪念、缺点或罪恶的冲动投射到别人身上,就可能使自己从焦虑中解脱出来。

三是合理化。学期末,张三没有完成老师开学初布置的论文。他解释说:"前些天我生病了,一直在养病。昨天要去图书馆的时候发现自行车丢了。后来步行到图书馆,发现我要借的书被别人借走了。但我还是尽量完成了论文,只是要打印的时候刚好打印机没墨了,那个时候已经很晚了,所以今天没法交论文给您。"这就是合理化。合理化是指为了给自己的行为提供解释而编造某些合理但不真实的理由的做法。

（二）反应形式

压力的反应是一个从消极适应到积极适应的连续过程。有很多反应不一定是完全消极或完全积极的，而是介于二者之间。在此，只讨论消极和积极的适应行为。

其一，消极无效的压力反应。如果个体应对压力的行为是消极的，那么，这种应对方式对压力的缓解通常是无效的，如果该种方式长久持续下去，则对个体的生理和心理都会造成伤害。消极无效的压力调适方式有：自我防御行为、过度抽烟、酗酒、药物滥用、网络成瘾、疯狂购物等，最后导致的结果是个体身心俱竭。

长期消极无效的压力处理方式，使得个体在生理、心理、情绪和精神各方面都呈现能量耗尽的情况，这种情况就是精疲力竭。克里斯蒂娜·马斯拉赫（Christina Maslach）提出，这种障碍有三方面的特征：第一是情绪衰竭，此时人会感到虚弱、紧张和麻木，许多患者还会体验到一种生理上的不适，感到自己已经是蜡烛燃尽，因此对学习、工作抱一种抵制的态度；第二是自我感丧失，此时个体开始与周围人疏远，对他人非常冷淡，好像他人与物品没有区别，根本不值得关心；第三是能力下降，此时个体总是感到无助、绝望或愤怒，工作表现极差，并因此而损害到自尊，急于换工作或改变职业。

其二，积极有效的压力反应。韦顿（Weiten）认为，积极有效的压力调适方法就是直面自己的问题，并提出了一些具有建设性的压力调适方式。他认为，积极有效的调适方式是：直接面对问题；不离开现实世界；准确和真实评量压力情况，而不是扭曲事实；学习认识压力，并拒绝使用有伤害力的情绪反应去处理压力；意识清楚又理性地去评估选择可行的行动；不采用不实际的想法，不异想天开。

马斯拉赫也提供了许多积极而有效的压力调适方式，例如：若感受到强大的工作压力，个体除了努力工作外，还可以改变自己的工作方式，使自己承受较少的压力；或是让他人参与到自己的工作当中，以分散工作权责，减轻工作压力。

（三）教师的反应形式

教师面对心理压力也表现出两种反应：一种是理智性反应，另一种是非理智性反应。理智性反应是指人们在生活、工作、学习中产生心理压力时，能冷静地分析压力产生的原因，积极寻找缓解压力的对策，进一步分析实现目标的各种主客观条件，适时调整目标，改变方法或变换行为方式等，变压力为激励力量的一种反应形式。这种反应一般不会带来心理问题。下面是教师心理压力的非理智性反应的几种表现形式及其后果。

1. 攻击反应

有的教师遇到心理压力后，会产生气愤和不满的情绪，然后对构成其压力的对象或目标发动攻击。攻击行为有两种，一种是直接攻击，就是把攻击矛头指向引发其压力的人或物；另一种是转向攻击，就是把攻击矛头指向非直接引发其压力的人或物。比如，有的教师受到不公正的待遇后往往拿学生出气，或者拿家人出气。这样容易产生偏激的心理，旧的问题没有解决，却引发了新的矛盾，带来一系列心理问题。

2. 回归反应

有的教师不能有效化解各种压力，往往表现出一种与年龄、身份不相称的反常的幼稚行为，似乎又回到了幼儿时期，以简单、幼稚的方式（如大发脾气、又哭又闹等）来对待无可名状的压力。有一位老教师，连评两次高级职称都失败了，眼睁睁看着比自己年轻的同仁一个又一个地晋升了高级职称，加上个别素质不高的同事在旁边冷嘲热讽，这位教师感受到了前所未有的压力，认为校领导有意为难，于是冲到校长室，以死相逼，闹出了一场令人心酸的风波。其实这是缺乏明辨是非能力的神经质的表现，以为这样能够获得别人的同情和照顾。显然，这类教师的理智程度和自控能力已到了危险的边缘。

3. 冷漠反应

有的教师碰到压力后，不是积极行动力图改变现状，而是表现出漠不关心或无动于衷的态度。冷漠并非没有心理上的愤怒和不满，不过是将这种情绪暂时压抑下去。

这样的人尽管表面上看似无动于衷,一副"事不关己"的样子,内心却异常痛苦。这种情况多数是由于压力长期积累却没有信心加以排解,长期经受内心冲突和痛苦造成的,如果说前两种反应多多少少算是一种发泄的方式,那么冷漠反应则是强行压抑自己,由此引发的心理问题会更为严重和可怕。

4. 固执反应

有的教师已明显感受到了压力,却采取以不变应万变的消极反应形式,使其原有的行为凝固化。例如,在全面实施素质教育的今天,一些教师教法陈旧,已不适应新时代的要求,领导与同行三番五次提醒,自己通过听课、评课也有所感,但仍然固执己见,不思改变。这类教师往往因为采取刻板的方式盲目重复某种无效的行为,而阻碍了理智性反应。

5. 自卑反应

一些教师一遇到压力或阻力就主动放弃原有追求目标,意志消沉、不思进取,陷入万念俱灰的泥潭中不能自拔,降低了自身对外界的积极反应能力,从而导致自卑心理的产生。①

处在种种压力情况下,教师会产生苦恼、焦虑、极端不安、过度疲劳、气愤、悲伤等心理反应。如果长期感受到过重的压力,则会给教师的心理健康带来威胁,并影响着教师的身体健康,同时对学生的健康成长产生极为不利的影响。

二、对压力认识的误区

有些人存在着有关压力的错误观念并转变为行为,而这些行为或多或少具有破坏性。因此,当个体努力寻找解决办法之前,走出这些常见的误区才是最重要的。

误区 1:所有压力都是有害的

压力既可能是有害的,也可能是有益的。积极压力可以给个体提供激情和喜悦,

---

① http://www.ks5u.com/news/2008-6/5768/教师心理压力的反应

也可以帮助个体在期限前完成任务、进入新的环境、应对紧急事件、达到最佳表现方面提供精力和专注力。

误区2：压力管理的目标应当是消除压力

压力不能也不应该被消除，正如压力理论之父塞里所说，只有死人才没有压力。压力管理的目标应该是控制压力，从而降低它们转为有害的不良压力的几率或缩短压力持续的时间。

误区3：良好的生活状态应该没有压力源

和压力一样，施加于心理和身体的压力源是永远存在的。重要的是控制压力源并理解它们，尽可能使它们在程度上和数量上不至于使个体负担过重。但是挖掘个体的潜力取决于使个体承受一定的压力。

误区4：压力越少越好

这也不一定，当面临挑战和紧急事件时，唤醒越高越有利于达到某一特定点。压力可以转化为行动，形成对事件的理解，并能提高注意力。

误区5：如果个体足够努力，就总能适应困难的环境

这一观念存在两大方面的谬误。第一，每个人都有其适应能力的极限。如果身体、社会或心理压力在某一时刻超过了个体的压力上限，疲倦最终会使人崩溃。第二，"尝试更加努力"未必总是有利于不良压力的解决，因为任何活动都需要时间以休息和恢复，所以休息和暂时逃避可能更加有效。

误区6：遗传因素决定某些人总处于高压状态

确实，在一定程度上，遗传基因与社会前景会影响个体对压力的抵抗力，使人变得脆弱。但环境与生物遗传因素除了严重影响个体的身心健康以外，还会影响个体对压力的容忍度。无论在什么背景下，大多数人都能够承担应负的责任，采取足以使压力明显降低的建设性措施。

误区7：身体锻炼消耗体能，否则这些能量可用于应对压力

由于身体具有良好的适应性，适度的、循序渐进的身体锻炼有利于增进体能。那种"我没有足够的体力去锻炼，我保留体力来满足我生活的需求"的说法是没有运动生理学依据的。

误区 8：冥想是无稽之谈

冥想本身是一种高度有效的控制压力、恢复平静的方式,它通过内心反复凝神来实现思想的沉寂。研究表明,冥想这种方法能有效预防和降低与压力有关的疾病和心理障碍。①

通过上述的分析我们知道,压力既有坏的一面,也有好的一面,或介于两者之间,能够造成压力的事情的范围也是非常广泛的。同时,在很大程度上决定个体是否受到压力的不是外界因素,而是个体对这些因素作出的反应。如果承受力强,个体的反应就能应对压力并享受其挑战;相反,承受力差,个体甚至会被压垮。各种要求都会随环境的变化而改变,承受力也是这样。个体在要求和承受力之间要保持合理平衡。如果要求低于承受力,个体会觉得这个要求索然无味,缺乏刺激;如果要求超出承受力,个体就会感到紧张过度,甚至最终被压垮。一旦出现过度紧张状况,个体可以想方设法降低要求,直到把它限制在力所能及的范围内,或者还可以想办法增强承受力,直到它能满足要求为止;也可以同时既降低要求又增强承受力,直到二者达到平衡。

三、容易受压力影响的人

不同的生活背景、性格、经济条件,使每个人有着不同的承受压力的能力。一般而言,孩童时期所接受的家庭教育对日后的观念有极大的影响。例如,一个精神紧张的母亲,事事处处均非常执着和计较,她所教养的孩子也会承袭这种习性,偶遇不顺便显得焦虑不安。相反,一位冷静的母亲,懂得引导孩子减压,引导孩子面对和分析现实状况。孩子长大后,其控制压力的能力较前者会强得多。②

1. 力求完美的人一般较容易感到压力。重视每一件工作,无论是义务或分内,均

---

① http://blog.sina.com.cn/s/blog_6b61e37f010179yj.html,走出压力的认识误区。
② [美]约翰·罗宾斯著,白山译:《颠覆压力》,中国工人出版社 2004 年版,第 14 页。

力求做到最好,没有回旋的余地。这样不但给自己造成压力,也会使周围的人感到喘不过气来。

2. 主观和偏激的人。他们牢骚多,事事看不顺眼,不能忍受一点瑕疵。

3. 过分自我的人。这种人自以为是,不懂得与人沟通的技巧,将自己关在小圈子里,总觉得所有的人都不喜欢自己。

4. 适应能力差的人。面对新环境,每个人都会感到一定的压力,一旦居住环境有变或工作学习方面出现变动,适应能力差的人即感到非常困扰。

5. 具有双重或多重性格的人。由于判断事物具有多重标准,因此在决定一件事是否应该做的时候,就四处询问亲友。可是,当得到若干不同答案之后,越发迷惑了。愈多问,愈复杂,压力愈重。

6. 自卫性强的人。经常害怕别人侵犯自己的利益,因此筑起越来越高和越来越坚固的围墙,对于每个接触的人,都用尽方法去试探,生怕所遇非好人。

7. 思想未成熟的人,承受压力的能力非常脆弱。例如,一个刚参加工作的新手,因工作失误被上司责怪后,他会感到苦恼,除了自怜之外,还害怕同类事件再次发生。这是不成熟的表现,也会带来新的压力。

8. 神经过敏的人。时常顾忌太多,又容易激动,造成或多或少的压力。这种人疲于感受外界事物,使身体疲倦,以致失眠,影响日常工作。

9. 好胜心强的人。凡事都耍威风,且具有很大野心,害怕失去权势,为了保持现有的一切以及拓展势力,给自己增添不少压力。

10. 过分坚守原则的人。做事按部就班,不愿打破规律,出现一点岔子或变动,往往变得手足无措,疲于应付。

11. 表现出色的员工。为了保持良好的工作水准,在上级面前要不断地显示自己有建树。事实上,在如此优秀的基础上再要做出新的突破是很难的,于是,出色的员工比平庸的员工压力更大。

12. 做什么事都希望受到表扬,这种人易被压力困扰。

四、压力管理

压力不仅关系到个体的身心健康,而且对个体和组织的工作绩效也会产生很大的影响。因此,对压力进行有效的管理和调控,是组织和个体都必须面对的问题。压力管理并不是完全不要压力,而是将压力控制在一个良性的范围内。有效的压力管理,既应学会与社会环境所产生的不良压力源共存,也应学会必要时在环境中寻求改变。

(一)组织压力管理

工作压力产生的原因是多方面的,组织在进行压力管理时应注意以下原则:

第一,引导原则。压力是必要的,压力的产生是不可避免的。对于员工来讲有些外部因素是不可控的,比如面对强大的竞争对手时,为了组织的利益和生存,必须战胜对手,这时变压力为动力,引导压力向积极的一方面发展就显得至关重要。

第二,岗位原则。组织中不同部门、不同岗位的员工面临的工作压力不同。一般来讲,岗位级别越高,岗位责任越大,压力就越大;岗位的创新性越强,独立性越高,变数越多,压力就越大;员工履行岗位职责失职造成的后果越严重,造成后果的责任越明确,压力就越大。因此,针对不同岗位的员工应采取不同的压力应对策略。

第三,具体原则。压力在很大程度上是一种主观感觉,因此在进行压力管理时要对不同的对象采取不同的策略。

第四,区别原则。有些压力完全是可以避免的,比如由于员工之间不团结、人际关系复杂造成的工作压力,由于岗位职责不清、分工不合理所造成的压力;有些压力(比如来自工作本身的压力)则只有通过提高员工自身的工作能力和心理承受能力才能解决。

（二）个人压力管理

第一，查找自己最主要的压力源。压力源是造成压力感的源头，清楚了压力源，就可根据压力的种类，制定切实可行的压力管理策略，从而缓解压力带来的负面影响。

首先，如果压力源是可承受的，就要想办法予以克服。比如，觉得自己知识欠缺，就要进修学习；觉得自己欠缺时间管理的方法和技巧，就要学习时间管理；如果缺乏自信，就要进行自信心的培养；如果是人际关系紧张，就要学习人际沟通的技巧；如果对他人存在信任危机，就要健全心理素质，培养团队精神等。

其次，如果压力源是不可承受的，就要选择远离。比如，觉得工作负担太重，可以休息一段时间；人际关系过分紧张，就要尝试调换工作岗位；觉得难以胜任目前的工作，可以考虑换个工作等。

第二，积极调整工作中的压力。首先，建立和扩大社会支持系统。社会支持系统是指遭遇困难时可以提供心理支持和帮助的家人、朋友、领导或同事。因此，扩大社交网络是减轻压力的一种有效手段。社会支持的功能主要从以下几个方面体现出来：一是情感型支持，包括情感上的投入、喜欢或尊重；二是评价型支持，是通过分享观点，提供与自我评价有关的信息，例如上司告诉某个员工他的工作做得很好；三是信息型支持，指提供各种不同的直接帮助。社会支持的目的是使个体被照顾，拥有自信或价值感，感到自己是社会网络中的一员。社会支持系统会随着环境的改变而改变。如果生活环境变化了，那就要重新建立新的社会支持系统。这就需要我们以开阔的胸怀接纳新环境，认识新朋友，以建起新的社会支持系统。

其次，培养良好的工作习惯。良好的工作习惯能使人头脑清晰、做事有条不紊、井然有序，从而达到事半功倍的效果。如果工作习惯不好，不但思路不清，每天忙忙碌碌、事倍功半，而且会于无形之中造成很大压力。

最后，学会适当放松。教师面对着社会、职业、生活及个人成长等多重压力，只有适当地放松自己，给自己减压，才能提高生活质量。

本章案例解读

　　国家中小学生心理健康教育课题组对国内168所城乡中小学的2 292名教师所进行的抽样调查显示,中小学教师心理疾病发生率竟高达50%。案例中的赵老师在情绪和生理上的症状,清楚地表明了她背负着巨大压力。生活在一个开放的系统,教师的压力源是一直存在的,如社会的期待、学校的要求、学生的成长、同事的竞争、个人的发展等。赵老师遇到的这些情况,几乎每位中学班主任都会遇到,但并非所有的班主任都表现出如此强烈的反应。赵老师情绪性较强,而发展动力较弱,难以将不良压力转变为积极压力,才导致身心憔悴。

　　针对赵老师的情况,根据本章的论述,她需要从认知入手,调整自己的认知,直面压力并对压力源进行合理的评估;其次,调整对自己的工作要求,不一定要事事争先,而是找出自己擅长的领域,在那个领域做出成绩。同时,她还要运用情绪调节策略,增加对积极情绪的关注和表达,稳定情绪。相信赵老师通过运用这些方法,她能够逐渐积极主动地应对自己所面临的问题,提高工作效率和主观幸福感。

第二章
今日之事多烦忧
——压力反应

本章案例

30岁对一位女性来说并不是一个幸运的年龄,特别是对教师而言,因为学校里的同事一茬一茬地换成年轻人,王静开始发觉,自己对新同事讨论的话题不感兴趣,后来就明显感觉到了代沟的存在。王静甚至开始对领导和学生察言观色,怀疑也许哪一天,学校会以一个冠冕堂皇的理由让她离开。感情的无助、工作的辛劳和心理的疲惫使王静对未来产生了一种恐惧。她总会无缘无故地感到疲劳,休息也于事无补,睡眠质量很差,尤其严重的是,她开始整夜整夜地失眠,身体机能好像也逐渐衰退,常常会莫名其妙地感冒,只要办公室里有一个老师感冒,王静就在劫难逃,还有颈椎病等疾病。总之,王静的身心均处于四处告急的地步。

本案例中的王老师出现了哪些问题,表现在哪些方面?王静对自己的这些症状该如何应对?

压力产生后，人们会出现一系列生理和心理反应，人们据此可以判断压力的轻重状况及决定对策。感受到压力后表现出来的某些生理反应有可能是致命的，像高血压和心脏病；轻些的包括失眠、持续性的疲劳感、头痛、皮疹、肠胃不适、溃疡等，这些反应通常会在受到某些压力后一段时间才表现出来，另外一些则会立刻表现出来，如恶心、呼吸困难或是口干舌燥。综合众多研究可以发现，大部分的疾病与压力有关。[①] 压力不仅影响生理，也会影响人的心理，有时可导致一种心理与生理上的混乱，会使人感到身心疲惫，即便工作很轻松，冷漠、感觉迟钝、肌肉紧张、痛苦等紧张状态也会出现，而且同时可能会感到头痛、背痛、脖子痛和肩膀痛。

现在，问问自己："我活得累吗？"如果还在犹豫自己的答案，如果想变得更快乐，就让我们一起踏上这趟心得旅途，感受压力、缓解压力、清理压力，一起找到光明的出口，奔向全然放松的世界！

---

① 伊夫·阿达姆松著，方蕾译：《压力管理》，黑龙江科学技术出版社2008年版，第36页。

第一节

压力就在我身边
——一般适应综合征

一般适应综合征(general adaptation syndrome, GAS),也称一般适应综合征,是加拿大心理学家汉斯·塞里(Hans Selye)于20世纪30年代定义的一类适应性反应:一个有机体必须寻回他的平衡或稳定,从而维持或恢复其完整和安宁。[①]

一般适应综合征包括三个阶段:警觉阶段、抵抗阶段和耗竭阶段。

● 警觉阶段(Alarm):在一个短暂的生理唤醒期中,躯体能够有效行动并做好准备。如果应激源仍然保持,机体则会进入抵抗期。

● 抵抗阶段(Resistance):机体可以忍耐并抵抗长时间的应激源带来的衰弱效应。

● 耗竭阶段(Exhaustion):若应激源持续时间长或持续强度大,机体则因资源消耗而进入疲惫期。

塞里的一般适应综合征指出了压力带来的生理危险的特征,也为理解压力和疾病之间的强烈联系以及心

---

① Hans Selye, History of the Stress Concept. Ch. 2 in Leo Goldberger and Shlomo Breznitz Handbook of Stress: Theoretical and Clinical Aspects, Free Press, 1982.

理—身体—精神均衡打开了一扇门。①

> 视窗 2-1
>
> **压力症状自评量表**
>
> 指导语:请根据最近两周有下列种种症状的常见度作出评估。按下列指示将分值填写在()内。1分表示"偶尔有",2分表示"很多时候有",3分表示"经常有",4分表示"几乎总是这样":
>
> 1. 对完成作业,我感到很少热情。
> 2. 就算有充足的睡眠,我也感到疲倦。
> 3. 在履行我的责任时,我觉得有失败感。
> 4. 面对小麻烦时,我会闹情绪、易动怒或不耐烦。
> 5. 当外界对我的时间和精力不断有要求时,我会退缩。
> 6. 对于我所做的事,我感到消极、无成就或者沮丧。
> 7. 我做决定的能力似乎比一般人小。
> 8. 我认为我自己办事达不到应该有的效率。
> 9. 我做事的质量没有应有的好。
> 10. 我感到身体上、情绪上和精神上都已竭尽所能。
> 11. 我对疾病的抵抗力减低了。
> 12. 我对娱乐的兴趣减退了。
> 13. 为了我的学业,我的食量改变了,喝多了咖啡、茶或用多了药物。
> 14. 我对别人的问题和需要感到冷漠。
> 15. 我与老师、同学、朋友或家人的沟通显得有点紧张。
> 16. 我是健忘的。
> 17. 我集中精力感到困难。
> 18. 我容易发呆。
> 19. 我感觉到有些不满意、不对劲和失落。
> 20. 当我问自己为何要起床去上课时,唯一的答案是:"没办法。"

---

① [美]西华德著,许燕等译:《压力管理策略》,中国轻工业出版社2008年版,第17—18页。

0—25分:你感到压力大概应付自如;

25—40分:感到有压力,采取预防行动是明智的;

40—60分:你需要采取行动去防止压力感损害身体健康;

60—80分:你的过度压力感已经损害你的身体健康,你必须制定一个全面处理压力感的计划。

第二节

我是真的生病了吗
——生理反应

压力可以具有积极的影响,成为促使人们实现目标的动力;压力也可能会带来消极的影响,当一个人感受到的压力过度时,它可能会造成其情绪和生理上的混乱。已有研究表明,大部分疾病和意外伤亡都与压力有关。

一、压力的生物学机制

众多研究人员针对压力进行的系列研究发现,压力具有独特的生物学机制。当我们面临过度压力时,在人体的自动反应系统的调控之下,肾上腺、甲状腺以及丘脑等都会通过改变分泌激素水平以应对出现的紧急状况。

当紧张性刺激在人体内引起压力反应时,一系列复杂的生物机制开始活动。压力反应起源于大脑,并通过它来协调。在紧张性刺激能引起压力反应之前,个体必须首先有意识或无意识地觉察到对自身健康的威胁。大脑的许多部位在整个信息处理过程中都起着重要作用,包括大脑皮层及其他高级部位。在危机状态下,丘脑释放出的内啡肽进入血液,内啡肽是人体天然止痛剂,可以减轻身体对伤痛的敏感度。在一些有战争场面的影片中,我们经常看到战斗者有时会对自己所受的伤痛浑然不知,实际上就是内啡肽在起作用。但是,如果内啡肽被耗尽的话,我们就会对日常生活中的微弱刺激更加敏感,甚至会出现心理性的疼痛。[1]

研究表明,协调压力反应的两种主要生物系统是副交感神经系统和下丘脑—垂体—肾上腺系统。副交感神经系统把大脑和其他内部器官连接起来并传达信息,以调节像呼吸、心率和消化这样的基本功能,是协调身体基本功能的无意识调节。

肾上腺把肾上腺素和甲状腺素释放到血液中。这些激素可以加快心跳频率、提高血压、提高血糖的浓度。这时个体会发现其处于高度兴奋之中,反应速度也会加快。但是,如果这种状态持续存在就会导致心脏病、中风等心血管疾病,还会因为血压升高导致肾脏坏损以及因血糖失调而导致糖尿病。肾上腺皮质素还可以降低身体对各种感染的抵抗力,甚至会增加消化系统溃疡的危险。

甲状腺把甲状腺素释放到血液中,加快了身体的新陈代谢功能,增加了能量的消耗率并转化成身体的活动。但是如果持续时间过长,这种全速新陈代谢则会导致精力衰竭、体重减轻,最终致使身体垮掉。当个体处于危难状况时,副交感神经系统能引起非自愿的排尿和大便,虽然以这种方式弄脏自己,但是如果事情变得更艰难,有一个排空的膀胱和大肠对个体而言是有帮助的。

同时,对短期生存不需要的生物功能被抑制。以脂肪的形式贮存的长期能量被分解为能够很快代谢的脂肪酸和甘油,贮存在肝脏中的碳水化合物通过转化成葡萄糖被调动起来。血液从四肢转入肌肉、心脏和大脑,外围的血管收缩,因此导致手脚冰凉。例如当一个人预计到一件令自己不快的事而"脚底发凉,头冒冷汗"时,就显示出以上所说的压力反应标志。[2]

---

[1] 孙健敏:《压力管理》,企业管理出版社2004年版,第27页。
[2] 侯清恒:《缓解压力的生存艺术》,中国纺织出版社2003年版,第42页。

另外,当人体面临压力危机时,一些器官的功能会加强,消耗的能量增加;而另外一些器官的功能被抑制,能量消耗减少。在压力状态下,人体首先会关闭消化系统,这样血液会从胃部转入肺部和肌肉发挥作用。这时我们的嘴巴会变干,胃液分泌减少。如果消化系统关闭时间过长,会导致胃病和消化功能紊乱。①

在压力状态下,肝脏会把胆固醇释放到血液中,使能量进一步增加,以增加肌肉的运动。然而,胆固醇的比例持续上升在很大程度上增加了动脉硬化的危险,这是心脏病的主要诱因。

伴随着压力反应的许多生物变化被用于身体的能量储备,身体把它们转化为立即可用的合适形式,并把能量以及燃烧它所需的额外氧气运送到最需要的器官,特别是大脑和主要肌肉。此时需要以适度牺牲其他生物系统为代价,如生长和繁殖系统,尽管这些系统对于个体的长期发展是尤为重要的,但对立刻存活并不是关键性的。调节生长和繁殖的激素系统会立即产生压力反应,并长期受到它的影响,因此,长期的压力就会阻碍生长激素和性激素的分泌。性激素分泌的减少,可以避免能量和注意力的分散,从而更加集中于当前的事务,然而如果长期抑制过度,就会造成一些性方面的疾病,如性冷淡、阳痿等。

二、压力的生理反应

作为社会中的个体,每个人都需要适度的压力,如果完全没有压力,人们就会不思进取、停滞不前。现实生活中,我们需要学会正确地利用压力,适度的压力可以成为实现目标的动力,但是超出限度则会使我们的身心疲惫。短期内,压力能带给身体生命力,但压力持续存在会破坏身体的功能。

加拿大著名的内分泌学家塞里最早开始研究压力。当塞里还是一名医学院学生时,尽管他非常清楚各种疾病之间有所区别,但是他还是注意到几乎所有病人都有一

---

① 孙健敏:《压力管理》,企业管理出版社 2004 年版,第 39 页。

些共同的症状。在不同的症状之外,他们都会有一些发烧、没胃口、失眠、活动水平下降等免疫系统的各种改变。几年后,塞里用实验室的老鼠做实验,希望看看是否有一种导致癌症的物质。作为一名优秀的科学家,他将这个物质注射进一半数量小白鼠的身体里,而对另一半小白鼠注射生理盐水作为控制组。他预期,实验条件下的小白鼠在几个月之后会有更高的患癌症的可能性。他的预期是对的,但是令人惊讶的是,他发现控制组的小白鼠同样有着更高的癌症几率![1]

怎么会出现这种情况呢?实际上,虽然塞里是一位出色的科学家,但他却不擅长给小白鼠注射。当他给两组老鼠打针时,他经常会下针不准,或是被小白鼠咬到,要么就是把小白鼠弄掉,满实验室地追着老鼠跑,总之,这些可怜的小生物在他不经意的折磨中,生活得很痛苦。当他把自己注射的小老鼠与一位更有经验的研究人员注射的小老鼠进行对比时,发现自己的小老鼠更容易紧张,从而增大了它患癌症的风险。因此,塞里认为不论过热或过冷都会加快老鼠的心跳、呼吸频率,增强肾上腺活动、降低免疫系统功能,增加患胃溃疡和其他疾病的风险。同时,他发现在老鼠被弄疼、下毒、强制运动(如被固定在一个转动的跑步轮上)或受到恐惧刺激(如一只猫或一只更大的老鼠)后也会有类似的症状。[2]

现代人感受到多方面的压力,身体本能地作出反应,但这些反应,没有能够被身体及时充分地使用,随着时间的增长,渐渐累积在身体里,影响人们的身体健康。临床研究认为,人体仅能接受短期压力,任何长期的压力对疾病的抵抗力等都会造成不良影响,慢慢形成身体上的不适,又会使工作能力降低,还会影响人际关系。

压力对身体产生影响,主要是由于人的紧张所带来的生理反应没有充分被身体使用,而使身体不断停留在一个亢奋的状态中,就算压力消失,也不能回复松弛状态;例如,血压维持在高水平,肌肉绷紧,睡眠时间减少等。

---

[1] 卡莱特著,周仁来译:《情绪》,中国轻工业出版社 2009 年版,第 87 页。
[2] 同上书,第 88 页。

三、压力与疾病

压力往往与一些特定疾病联系密切,以下将分而述之。

头晕目眩:头昏是人群中常见的症状,可以分为两种情况,即头晕和眩晕,前者主要表现为头胀、头沉和眼花,后者主要表现为感到自身或外界在旋转、移动和摇晃,时常站立不稳、失去平衡、听力下降、耳鸣等。头晕与感冒、高(低)血压、贫血、神经官能症等有关,是全身疾病在头部的反映。

心悸:心悸是自我感觉心跳快并且强度比较大,并伴有心前区的不适感,属于中医学"惊悸"和"怔忡"的范畴。心悸导致的疾病很多,大体可以见于以下几类疾病:(1)心血管疾病,常常见于各种类型的心脏病,如心肌炎、心肌病、心包炎、心律失常以及高血压等等;(2)非心血管疾病,常见于贫血、低血糖等疾病;(3)神经因素,自主神经(植物神经)功能紊乱最为常见,如神经衰弱、更年期综合征、惊恐或者过度兴奋等等。

四肢冰冷:四肢冰冷在医学上虽然没有被称作什么疾病,但确实也反映了人的机体整体的不良变化,①比如说四肢冰冷的人会伴随有月经不调、纳食少、心慌等等症状,同时还会伴有一些其他并发症。四肢冰冷又可以分为以下两种主要类型:(1)肾阳虚型。主要表现为怕冷、虚喘气短、自汗、腰痛、凌晨腹泻,发质干枯、断裂、脱落,记忆力衰退、性功能减退、女性月经不调等等。(2)心脾两虚型。主要表现为胃寒凉、胃腹胀满、不思饮食、肌肉酸痛、神疲乏力,女性月经不调、心慌、胸闷、气短、失眠、健忘等等。

疼痛:疼痛是一种最常见的疾病症状,也是临床医生常见的病人的表现,其症状不是客观可以测量的指标,而是人的主观体验,是痛的感觉,以及伴随着内心不愉快的情绪体验。②

吞咽困难:吞咽困难是指食物从口腔传送至胃的运送过程受到某种阻碍,造成不

---

① 方军:《别让压力毁了你》,中国华侨出版社2007年版,第38页。
② 同上书,第39页。

适的一种症状。正常情况下吞咽流质食物需要 3—4 秒,吞咽块状食物需要约 6—8 秒方可到胃贲门部,因此食管的任何一个部位病变均可能造成吞咽困难。

口干舌燥:唾液是人体的一种重要消化酶,人如果缺乏了唾液最直接的感觉是口干舌燥,但是在某种情况下,这种感受却可能是由某些疾病缠身所引起的,紧张、焦虑等精神因素可能引起口干。一般而言,口干并不是一种独立的疾病,但是口干确实是让许多人都能感受到的一种不舒服状态,它或长久或暂时地困扰过许多人。为了缓解口干的不适症状,人们经常不停地饮水,这一做法对饮水过少或者失水过多的人可以起到一定的缓解作用,而对于那些因为各种疾病而引起的口干却难以收到什么成效,相反常常因为饮水过多而增加肾脏的负担,对于老年人以及肾功能欠佳者更是不妥,甚至会诱发肾脏方面的疾病。因此提醒大家,如果口干不能在短时间内缓解,应该到医院做全面检查,查清楚相关的病症。

呼吸困难:呼吸困难也就是一般人常常描述的"憋气"的状况,主要是患者主观上感觉到氧气不够用,并伴有呼吸费力,呼吸加深、加快甚至用嘴呼吸的一些症状。患者身体因为供血供氧不足而出现呼吸急促(20—30 次/分)、采取特殊姿势(端坐)、口唇或指端青紫等表现。夜间熟睡中发生的呼吸困难,常常使人感觉到胸口如同被重物所压迫,以致突然惊醒,被迫坐起,这种情况如果发生次数过多,身体机能就提示患者的心、肺功能有所下降,或者存在着某些疾病。由于呼吸困难属于急症范畴,严重时不及时处理容易出现生命危险,甚至猝死,所以一旦发生情况,应该尽快救治。

腹泻:腹泻是指排便次数增加,粪便稀薄并且带有粘液、脓血或者未消化的食物,发病基础是胃肠道的分泌、消化、吸收和运动等功能发生障碍或者紊乱,以致分泌量增加,食物消化不完全,最终导致粪便稀薄,可能含有渗液,大便次数增加从而形成腹泻。腹泻容易引起营养不良、维生素缺乏、贫血、身体抵抗力降低、水和电解质失调、酸碱平衡紊乱以及精神萎靡等等后果[1]。

便秘:便秘为大便干燥、排便困难,患者可能出现腹痛、腹胀等等症状。长期便秘,

---

[1] 方军:《别让压力毁了你》,中国华侨出版社 2007 年版,第 38 页。

体内不能够排出废弃物,将会产生精神萎靡、两肋疼痛、全身酸痛、易疲劳、恶心、食欲减退、头痛、头晕等症状。

视窗 2-2

谈谈压力和失眠

我的工作充满压力,我会周期性发生失眠。这两者之间有无联系?

总的来说,这两者之间是有联系的。虽然不是所有的失眠都是由压力引起的,但是那些承受重大压力的人可能发生失眠。在这种情况下,当压力缓解时,睡眠问题可能得到解决。压力能够使人入睡困难和难以熟睡,并影响睡眠质量。睡眠是一个神经化学和神经生理过程,压力所致的抑制和觉醒之间的平衡被打破,就会导致失眠。然而,许多承受压力的人仍睡得很好。

我如何知道我的失眠是由压力或者还是其他原因所致?

当有任何症状时,一个需要问的重要问题是"它是何时开始的?"失眠的出现和消失是否是和压力的出现和消失相一致或者它是否出现于一个人一生的所有改变之中?也就是失眠是否是与环境有关?对这个问题的回答有助于澄清失眠是否是由压力所致。

例如,无论你是否承受压力,你是否经常感到焦虑?在每天结束时,你是否不容易放松?你是否经常容易发怒?或者你是否感到抑郁?如果你在大多数时间内感到忧郁,你的问题也许是情绪障碍,而不是压力。

我应当采取什么措施来改善我的失眠?

无论你失眠的原因是什么,进行行为纠正是非常重要的——这是一个分阶段的放松过程。我建议分三步进行:

首先,根据你现在睡眠的小时数来设定你就寝和起床的时间。例如,如果你每晚只睡5个小时(即使你通常打算在床上花8个小时),根据这个睡眠量来设定你的就寝时间。然后每过几个晚上增加15分钟左右以逐渐增加睡眠时间。这个方法是挤去夜间觉醒时间而逐渐增加你在夜间的睡眠量。

其次花些时间来"放松"。一个失眠者需要一个"缓冲时间带",即让大脑的兴奋过程逐渐安静下来,让觉醒机制逐渐降低其活性,从而使睡眠系统接管大脑。我建议在就寝前两个小时开始放松,停止所有的工作,终止给你的家人和朋友打电话。这些活动通常能让你兴奋。晚上看电视是可以的,但是,我建议你在入睡前一个小时,看看书或者听听音乐。

最后,重点在于使你自己能适应不同的睡眠行为。失眠对人们来说是一件痛苦的事。当一些患有失眠病的人走入卧室,他们经常会感到焦虑、不舒服和紧张。因为他们从经验中知道他们可能会辗转难眠。需要设定一个环境使他们喜欢到卧室去。卧室应当在视觉上使人感到愉快和舒适。一个人应当仅在进行睡觉、性生活或者更换衣服等令人愉快的活动时才使用卧室。如果晚上醒来,应当离开床和卧室,进入另一个房间来打发"令人不快"的时间。诸如使用电脑、和伴侣聊天、打电话和看电视等"觉醒"活动应当在卧室之外进行。

非处方安眠药是否有用?

同时采用非处方安眠药与行为纠正能够起几天的作用。但是非处方安眠药的问题是长期使用其作用有限,而且有比较高的"宿醉"发生率。许多服用非处方安眠药的人在次日感到疲劳并把其归因于失眠。但实际上这可能是药物的遗留效应。谨慎使用非处方的安眠药——就像你使用阿司匹林治疗头痛一样,使用的剂量不要太大,时间不要太长。

什么时候我应当寻求医生的帮助?

暂时的失眠非常常见,认识到这一点是很重要的。失眠一两个晚上对大多数人来说并不是一个很大的问题。但是,如果失眠持续几天而且影响到你白天的感觉的时候,你应当考虑与医生谈谈这个问题了。大多数医生会用处方药物对短期的失眠进行治疗。在恰当应用和与前面我所提及的行为纠正方法联合应用的前提下,安眠药物是非常安全和有效的。如果失眠仍持续存在,你可能需要到睡眠专家那里就诊。

失眠者最重要的事是什么?

许多人患有失眠,他们对自己说,"我知道失眠是怎么一回事,但是我对它无能为力"。想想你为失眠所付出的代价,失眠对你的家庭、对你的工作能力和社交都产生了显著的影响。其影响是如此巨大,因此对此采取措施是很重要的。通过正确的诊断和恰当的治疗,失眠问题是可以解决的。如果医生不能解决这个问题,向睡眠专家寻求帮助。总之,不要认为失眠是你生活必需的一部分。

采自:光明网—光明日报,2006年9月5日

第三节

一念天堂，一念地狱
——心理压力

机体是生理与心理的统一体，压力存在时有生理变化，必然也有心理变化。生理和心理作用密切相关，因此我们在生理上越感到衰竭，我们对压力的心理反应便会越明显。心理变化有适度与过度之别，适度的心理反应能唤起和发挥机体的潜能，增强抵御和抗病能力；过度的心理反应，超过了机体自身的调节和控制能力，就可能引起各种生理或心理问题。当然，有些人可能会对压力做较长时间的抵抗，但最终也会因为生理的衰竭而造成心理功能的失调甚至崩溃。心理反应可以分为情绪反应、行为反应、认知反应等方面。[①]

一、情绪反应

压力会通过心理作用使个体产生不良情绪，而不良情绪也会破坏个体的生活，在这种情况下，压力给个体及其心理都造成了一定的伤害。当我们遇到各种不好

[①] 刘志成：《论高校教师心理压力及其化解》，华中师范大学硕士学位论文，2003年。

的事情时，如丢失财物、亲友别离、环境变化、工作挫折、家庭不和等事件，我们的心理平衡极易受到影响，从而使自己处于悲观、消沉、烦恼、紊乱的心理状态中，而在此状态下生活或工作，便可能会使我们注意力分散，原有的正常反应不断发生失误。

长期的过度压力会使人精神萎靡不振，产生消极的自我认知，并可能会使其产生焦虑、愤怒等情绪。

焦虑：压力分类的方式有很多种，如长期与短期的，身体诱发与情绪诱发等。身体诱发的压力指由环境对人身直接侵扰而产生，情绪诱发的压力则指压力来自个人的思考过程或态度，而非压力来源直接与身体接触。任何外界刺激物均能导致身体不平衡，从而造成压力反应。由情绪诱发的压力是个体考虑到且担心外界可能加诸身体的压力感。压力来源于一种期待的过程，个体期待某种事情或情境将会发生，并引起不愉快的后果。生活中，很多事情都会给人们带来压力，如担心家里被盗、火车出轨、是否得了癌症等等，之所以会给我们带来压力，就是因为我们相信可怕的事情可能会发生。这些我们想象或道听途说的事情，使我们抽象地去预测其发生的可能性，影响了我们的情绪，这种情绪反应被称为焦虑。

焦虑是由对我们的安宁构成威胁的、但还没有发生的事件所引起的，这些威胁往往是很模糊、难以被明确地界定的。焦虑经常伴有某些生理症状，如出汗、紧张或者脉搏加快。处于焦虑状态的个体往往会怀疑现实的真实性，曲解威胁性事件的特性，也怀疑自己解决问题的能力。我们也经常被焦虑所困扰，严重地影响到工作和生活。焦虑不仅与心理问题有关，某些身体的疾病也会引发焦虑，如糖尿病、低血糖及某些心脏疾病。

愤怒：愤怒是一种为世界各国人所共有的情绪表达方式，是人类最早的情绪表达方式之一，是压力累积的结果。可以说愤怒是当人们面对挫折、伤害或受到威胁时所表达的自然情绪，连婴儿肚子饿了、尿布湿了都会以啼哭（即愤怒）来抗议肢体上的不舒适。愤怒的程度可以从稍微不高兴到怒火冲天、怒发冲冠。表达愤怒与侵略性不同，当人们有机会表达愤怒时，大多是短暂而且低程度的。大部分的愤怒源自人们认为别人对待他们不公正，或对某种事情的发生无法接受。所以，愤怒的人最基本的情绪反应是不相信,例如,乳腺癌患者的乳房切除手术会给患者造成很大的刺激,其反应是由不相信—本能地拒绝—再到愤怒的过程。愤怒是一种情绪对压力来源的反应,当个人知道得了不治之症时,强烈的"无助感"也极易导致愤怒的情绪。

某些文化概念与宗教传统教导人们压制愤怒的情绪,但是,个人无法表达感受是非常不健康的。其实,愤怒也是生存的工具,有其正面的功能,此种刺激能转变成力量。从不满与愤怒中个体开始设想如何面对挑战、改变现状、采取行动去转换或消除压力来源。所以,正面的愤怒经验具有目标导向的作用。

二、行为反应

过度的压力导致认知和情感的失衡,随之可能会造成行为上的改变。如睡眠质量不断下降,或者失眠,或者每隔3—4个小时就会瞌睡一次;对酒精和尼古丁的需求增加,严重的还会出现吸毒现象;拒绝接受新信息,甚至会把重大的机遇拒之门外,认为自己太忙了,已经顾不了那么多了;由于感到自己的身体健康状态急剧下滑,因此会不断出现迟到、旷工、懈怠等现象;将自己的责任转嫁给他人;重新划分界限,把本应该属于自己的责任推给别人,在减轻自己压力感的同时也导致了与周围人关系的恶化;放弃已经有的爱好和兴趣,完全丧失自己的人生目标,觉得生活无意义等等。再如,那些近期配偶去世的人,在极度痛苦的时期,他们没有食欲,体重急剧下降;他们睡眠时间很少,经常被噩梦惊醒;他们可能忘记吃药。尤其是女性,她们中的很多人通过过量饮酒来逃避。还有一些大学生,在进入大学之后,他们改变了饮食习惯,改变了作息时间,增加了社交的范围,开始了真正自己闯天下的人生,因此,他们报告自己在进入大学后压力有所增加。增加的压力会导致他们中的一些人改变自己一些原有的行为,如,对酒精和尼古丁的需求增加,不断出现迟到、旷课等现象等等。

曾有研究人员设计了一个实验以检验童年高压经验对一个人长大后行为的影响。研究人员对几千名成年人进行了问卷调查,询问了他们的童年经历及现在的行为习惯和现在的健康状况。结果显示,多于一半的回答者都至少具有以下经历中的一种:遭受性虐待或身体虐待、同酗酒的父母生活在一起、看到母亲被父亲施暴。他们这样的经历越多,成年后行为的危险系数越大。也就是说,童年期的高压体验(包括吸烟、过量饮酒、滥用药物、过度肥胖等)严重威胁个体的身体健康,并且事实上,他们比那些身体健康状况很差的人看起来更像是病人。这一研究表明,童年时期的高压经历导致了危险行为,这些行为更加直接地导致了疾病。因此,我们可以说,过度的压力在改变行为的同时,也会间接地导致疾病。

三、认知反应

过度的压力会让人注意范围缩小,难以进入聚精会神的状态,经常遗忘正在思考和谈论的事情,出现中途"思维短路"的现象。长期处于过度压力的状态下可以使个体记忆力减退,对非常熟悉的事物的记忆和辨别能力下降。同时,过度的压力使个体的反应速度下降,为了弥补这种不足,个体往往采取莽撞的行为,导致决策的失误。总之,在压力状态下,个体的认知功能会下降,变得缺乏必要的思考能力和判断能力,最终的后果是对现实的判断缺乏效率,客观公平的评判能力降低,思维模式也会变得混乱无章。①

---

① 孙健敏:《压力管理》,企业管理出版社 2004 年版,第 56 页。

本章案例解读

人人都知道，压力会导致许多问题。许多人认为压力或烦恼大部分是虚构的产物，或是只存在于每个人的心理状态中，也就是说它不是真实的。因此，虽然威胁或是挑战可能是主观想象的，但是其在生理上造成的结果却是显而易见的。设想我们正被一个情绪不稳定的人持刀持枪威胁，这些情节会使得你体内的腺体大量分泌，造成血压升高、呼吸加快、肌肉组织蠢蠢欲动、瞳孔放大、体内所储存的脂肪和血糖释放到血液中、排泄失禁等。以上这些征兆是人类收到危险的信号时所产生的反应，而且也会在心理上留下痕迹。许多诱发恐惧、愤怒及忧伤的事件被认为是伴有压力的。我们不应该向压力屈服，因为我们有能力来选择应该如何面对这些挑战，这是一个令人振奋的想法。其实专家学者发现，能够成功处理压力的人是那些将压力来源视为可以被克服的，并勇于向压力挑战的人。

最后附上在成都"第四城"论坛被网友热烈围观的一套《人生压力图》漫画，这组由"愤怒的文子"上传的"压二代"漫画，一共有10幅，分别描述人生中要遭受的压力。通过这组漫画，我们发现，其实每个人在人生的每个阶段都会有自己的压力，我们需要做的不是夸大它对我们的影响，而是迎接这些压力，找到应对这些压力的有效方法。

1—5 岁喝奶粉，压力大

自三鹿问题奶粉曝光以来，奶粉安全已经成为社会关注的热点话题。从"三鹿奶粉"到当下的"皮鞋奶"，让国人在为婴儿安全问题担忧。

前段时间，内地民众在香港、澳门大量购买进口婴幼儿奶粉，造成香港、澳门一度出现奶粉供应紧张的状况。此后，又有媒体报道称有不法企业将皮革下脚料溶解后制成蛋白粉混到牛奶里。虽然经过排查，2010年并没有发现所谓的"皮革奶"，但是有媒体记者经过调查发现，目前消费者对国产奶粉的信心依旧不足。

喝奶粉，压力大，有木有！

啊喝不起啊！喝不起！

1—5 岁

6—10 岁补习班，压力大

你写，或者不写，作业就在那里，不增不减。你上，或者不上，辅导班就在那里，不更不变。你听，或者不听，老师就在那里，不离不弃。你躲，或者不躲，考试就在那里，不悲不喜……这是一位初中生模仿诗歌《见与不见》编的词。有点幽默，有点沉重，却是学生们的心里话。

在唯分数论的促动下，学校、家长、孩子，都在不断地扩大着补习班、培训机构的存活空间。很多学生被迫报的班越来越多，书包越来越重，现实情况表明，喊了多少年的"学生减负"成了一个名副其实的空口号。

补习班，压力大，有木有！

啊补不起啊！补不起！

6—10 岁

10—20岁考大学,压力大

今年的高考、中考即将来临,奋战在一线的学子们已经展开了最后的冲刺。同时,不少学生备感"压力山大"。其实,压力何止大考之前这段时间呢?对大部分莘莘学子来说,初中三年为中考,高中三年的唯一目标是高考,尤其在现在面临很大的就业压力的情况下,在面临家长们望子成龙望女成凤的期盼下,学生们怎能不"压力山大"?

考大学,压力大,有木有!

啊输不起啊!输不起!

10—20岁

20—25岁工作,压力大

"就业压力大"成为困扰越来越多大学生的难题。由于大学毕业生多,市场需求少,非富二代的大学毕业生要完全依靠自己的能力谋得一个很理想的职位变得越来越难,竞争越来越激烈。在这方面,比较典型的是即将毕业的大学生们。据媒体报道,大学四年级,即将毕业的学生们由于忙于实习与求职,很多大学生宿舍基本没有人。对于大学校园里的这种"空巢"现象,有人感慨大学四年级已经"名存实亡"。

找工作,压力大,有木有!

啊拖不起啊!拖不起!

20—25岁

25—30岁干事业,压力大

面临激烈的社会竞争,谁的工作压力不大?一项针对5 000名职场人士展开的健康特别调查结果显示:目前,近七成职场人认为自己存在"过劳"迹象,浑身酸痛、烦躁、抑郁是"过劳"三大杀手。工作压力大怎么办?只能自己调节。激励自己吧,化压力为动力吧……

干事业,压力大,有木有!

啊干不起啊!干不起!

25—30岁

35—50 岁养全家,压力大 　　你是房奴吗？你是孩奴吗？你是上有老下有小的青壮年吗？……"当初买房子时,想着一步到位,按儿子将来结婚,三代同堂的构想计划的,没想到买房后生活质量直线下降。"42 岁的刘德生是西安一家事业单位的副总经理,他说,看大家都买了房,自己如果不买面子上说不过去,再就是怕房价上涨,于是"咬咬牙、狠狠心"将工作这些年积攒的家底全交了首付,所剩无几……		养全家,压力大,有木有! 啊养不起啊!养不起! 35—50 岁
50—70 岁,被啃老,压力大 　　从前养儿防老,如今养儿到老,实在是啃不起,啃不起啊!		被啃老,压力大,有木有! 啊啃不起啊!啃不起! 50—70 岁
70 岁……挂了没钱入不了土,压力大 　　一个投入百把十元成本的水泥匣子,动辄叫价上万、几万、甚至几十万。墓穴其投入之少,获利之巨,令人侧目、让人咂舌。因此,中国人的孩子养不起,书读不起,房子买不起,病看不起,终于发展到了现在的让人死不起。		挂了,压力大,有木有! 啊死不起啊!死不起! 70 岁以后
生活:有车也加不起油,压力大 　　汽油价格上涨,私家车主每年需多花 4 500 块钱养车。 　　自 2012 年 4 月 7 日零点开始,汽、柴价格每吨分别提高 500 元和 400 元。 　　这也是一年内油价的第六次调整,面对不断上涨的油价大家是否已经有了心理准备呢?		油价,压力大,有木有! 啊加不起啊!加不起!

无奈：核辐射，谁也逃不了，压力大

2011年3月11日，日本发生9.0级大地震，导致福岛核电站爆炸，核辐射开始向外泄漏。

由于担心日本核泄漏污染海水、影响身体健康，16日开始，中国多地陆续爆发食盐恐慌性抢购，17日，江苏、山西、浙江、广东、北京、四川、安徽等多个地区食盐被抢购，许多地方盐价暴涨15倍，由原来的1元一袋变成15元一袋，多地食盐脱销。

核辐射，压力大，有木有！

啊晒不起啊！晒不起

无奈

第三章
明明白白你的心
——压力诊断

本章案例

冉老师,女,25岁,大学文化程度,某初中语文教师,未婚。大学毕业之后,冉老师如愿当上了一名人民教师,刚开始工作非常愉快,但慢慢地,频繁的教学检查、复杂的人际关系和繁重的教学任务使得冉老师越来越感觉到自己有点儿应付不过来。她的情绪越来越低落,不愿与他人说话,见到学生就很烦,与家人的关系也很紧张。冉老师感到自己的精力不那么充沛,早上起来就很没精神,干起事情效率非常低,注意力不能集中,往往会误了很多事,自己的身体状况也每况愈下,睡眠和饮食也不再那么规律。她现在开始怀疑是不是自己不适合教师的工作,十分苦恼。

本案例中冉老师到底面临的是什么问题?本章将探讨压力的自我感受和诊断的有关问题。

第一节

如鱼饮水,冷暖自知
——自我感受

从心理学的角度看,压力从来都不是抛开主体而单独存在的东西,它必然包括主体对压力源的主观体验。在初中教师的生活和工作中,面临相同的压力事件,如教学检查,不同的人会体验到不同的压力强度,有的人会认为这不过是小事一桩,但在有的人看来却是人生中最重要的事情。个体对事物不同的认知必然会导致个体不同的生理、心理和行为反应。是否有压力、压力的强度如何以及个体能否承受,关键在于个体的自我感受。本节将从自我感受的角度来介绍我们是如何感知压力的。

一、身体疲惫与不适

身体的变化是我们感知自己的第一信号系统,我们的身体向我们诚实地坦白着一切,让我们不得不注意到自己的状态。当我们身处压力情境时,即使晚上睡得很好,但早上起床后仍觉得浑身无力,非常疲惫。面对压力时,我们必然会做出相应的改变来适应事件所带来的新变化,以更好地适应短期心理压力。

二、情绪低落

受压后不仅是身体受到了影响,还包括情绪的不良变化,如焦虑、抑郁、悲哀、内疚、冷漠、强烈的不快和失落感等。我们常常感到时间的紧迫,好多事情需要处理,或感受到事情相当棘手,自己根本无法完成,对自己渐渐丧失信心,无法获得成就感,没有了前进的动力。有时候会感觉自己就像身陷沼泽的丹顶鹤,越是挣扎越是失望,用尽了浑身解数也无济于事,只剩下绝望和无奈。这时的我们,工作热情完全消失,心情烦躁、爱发脾气、容易迁怒于人,渐渐地会怀疑自己是不是对人有些冷漠无情、麻木不仁、没有爱心。

三、人际关系恶化

身体的不适加之不良情绪必定会影响个体的人际关系。处于压力状态下的教师遇到事情倾向于采取消极的、否定的态度,即以冷漠的态度去对待自己周围的人,甚至是对待自己非常亲近的人,包括家人或者一些好朋友。对同事多猜忌、怀疑、敌意归因,对别人心怀不满,这使得他们明显地感受到来自人际关系方面的压力。例如,张某原先是个乐天派,凡事都难不倒,与他人合作时沟通起来也不成问题,但是现在却不再信任任何人,也不愿与他人沟通,做事情总是不那么顺利,对他人的态度也变得越来越差。

四、生活规律与习惯的改变

压力状态下个体还会产生一系列的行为问题,如吸烟、酗酒等。本来自己的睡眠很规律,早睡早起,但现在晚上却常常失眠,早上起床后总是感觉身体好像还没有得到充分的休息,生物节律也发生了相应的变化。饮食上往往也发生变化,以前很喜欢的食物现在却觉得味如嚼蜡,没有食欲,导致身体的消瘦;或出现与之相反的现象,如暴饮暴食,身体发福。以前乐此不疲的爱好现在已提不起半点儿兴趣,对工作、生活满意度明显下降。

五、工作倦怠

如果个体经常处于工作压力的紧张状态下,就更容易产生工作倦怠。李志鸿、任旭明对中学教师的调查研究发现,工作压力越大,教师的工作倦怠就越严重,并且主要产生情绪衰竭和疏离感。[1] 这提示我们受压后的教师很可能出现工作倦怠,表现出性急易怒、容忍度低,有时还会感到无聊、空虚,对生活冷漠、悲观,对学生的态度转变为较为消极的态度,缺乏耐心,不愿与学生接触,拒绝接纳学生。由于教师的工作对象是学生,学生便是教师倦怠结果的直接且最终受害者。在健康方面,倦怠的教师也有许多表现,如身体不适、失眠等,这些身体上的诸多不适却没有相应的器质性病变。体验工作倦怠的教师自己感受最明显的应该是工作效率明显降低以及个人生活质量下降。

六、职业枯竭

职业枯竭被看作是一种在工作重压之下身心俱疲、厌弃工作的感受,是一种身心能量被工作耗尽的感觉,也称之为心理枯竭。陈晓晨等人的研究发现认知枯竭程度随着年龄的增长而增加。认知枯竭即才智枯竭,表现为教师不能适应社会的快速变革和知识的急剧更新,再学习能力差,体验到知识上的枯竭感。专家认为,知识上的耗尽感

---

[1] 李志鸿、任旭明:《中学教师的工作压力、教学效能感与工作倦怠的关系研究》,《中国健康心理学杂志》2008年第2期,第216页。

是中国教师特有的表现。① 职业枯竭有六大特征，分别为生理耗竭、才智枯竭、情绪衰竭、价值衰落、去人性化、攻击行为等。

---

① 李虹：《教师工作压力管理》，中国轻工业出版社2008年版，第53页。

第二节

直面压力，正视问题
——心理诊断

随着心理学知识的普及，人们对焦虑症、抑郁症、强迫症、心理疾病、心理问题、心理障碍等心理学术语或词汇已是耳熟能详了。但是由于人们对心理学专业知识认识不足及大众传播媒体夸张性的渲染和片面的、不实的宣传，往往导致了人们对心理学及相关概念认识不清，出现心理学词汇滥用、乱贴标签，从而给自己或他人带来不必要的麻烦和困扰。所以，我们必须弄明白处于压力状态下的个体出现生理、心理、行为的改变和不适应是否属于心理问题。

一、心理问题

心理正常与心理不正常是同一范畴的概念，心理正常强调个体心理活动的统一性、完整性、协调性、稳定性和适应性，能够自知、自制、自我调节。心理正常的个体能够客观地反映现实世界，正确认识周围的环境，并做出适宜的反应，具有良好的社会适应能力。心理不正常或异常心理活动，是指丧失了正常功能的心理活动，正如下面案例中所说的蒋某,她不能正确认识客观事物,不能正确地评价自己,出现了幻觉和妄想,已经无法维持正常的生活和工作。所以心理正常与不正常往往指个体是否具有精神障碍或心理活动是否具有正常功能的问题。心理不正常一般包括人格障碍、神经症及各类精神障碍(如精神分裂症、双相情感障碍等),这些是临床精神病学所关注的问题。

案例

蒋某,女,22岁,初中文化水平,未婚。

患者自述近三个月来一直有人要害自己,给自己吃有毒的东西。自己拥有超凡的才能,将来会成为救世主,所以别人妒忌自己的才能,要伤害自己。家属陈述患者一直拒绝吃面条、馒头等主食,说饭里有毒,认为面条是蛇,家人多次劝说无效,见患者日渐消瘦没有办法只好送至医院接受治疗。

心理不健康包括:一般心理问题、严重心理问题(含部分可疑神经症),这些问题往往是临床心理学和心理咨询学所关注的。一般心理问题指由现实因素激发,持续时间较短,情绪反应能在理智控制之下,不会严重破坏社会功能,情绪反应尚未泛化的心理不健康状态。[1] 例如,处于高考前的考生会出现紧张、焦虑、失眠、心情烦躁、食欲下降的症状,能维持正常的生活、学习、社交,但效率有所下降。越临近考试这些症状越是明显,只要高考一结束,考生的状况就会得到改善,很快恢复正常的心理状态。考试焦虑是非常常见的一般心理问题,在考前做适当的心理辅导可以帮助考生消除紧张情绪,在考场上发挥出自己的正常水平。

严重心理问题是由相对强烈的现实因素激发,初始情绪反应剧烈、持续时间长久、内容充分泛化的心理不健康状态。[2] 严重心理问题的刺激因素往往是比较重大的、强

---

[1] 郭念峰主编:《心理咨询师(基础知识)》,民族出版社2005年版,第299页。
[2] 同上书,第301页。

烈的、对个人具有较大威胁的现实事件，多数情况下会使人短暂失去理智控制，难以解脱，对生活、工作和社会交往有一定程度的负面影响。比如在出现重大自然灾害之后，幸存者会在灾后较长时间内有恐惧与不安的心情，精神比较紧张，感觉阈限变低，对声光等刺激反应敏感，警惕性很高，在这种持续高度紧张的心理状态下，个体无法正常生活，若超出身心承受的限度，将导致更为严重的后果。

压力是压力源和压力反应共同构成的一种认知和行为的体验过程。压力分为一般单一性生活压力、叠加性压力、破坏性压力3种。当个体面临的是比较小的、对自己来说不是很重要的压力时，压力影响持续时间较短，情绪反应能在理智控制之下，尚无严重破坏社会功能的情绪，即能维持正常的生活与工作，所承受的压力程度就比较低，属于一般心理问题；当个体面临比较重大的、强烈的、对个人具有较大威胁的压力事件时，初始情绪反应剧烈，持续时间长久，严重影响正常的工作与生活，个体承受的压力程度较高，则属于严重心理问题。不同的压力会导致不同的心理、生理反应，对个体造成不同的影响，所以区分心理压力的程度是有意义的，可以指导个体采取不同的应对措施。

二、心理诊断的方法

（一）心理诊断

心理诊断是以观察法、访谈法、测验法等方法获取临床资料，而后通过资料的分析和综合对当事人的心理过程和心理状态、智力水平及个性特征等作出判断的过程。由于心理诊断针对的对象和任务不同，所以心理诊断在外延上形成了广义和狭义两种。广义的心理诊断既涉及临床心理学中的心理问题与心理障碍的诊断，也涉及临床精神病学的辅助诊断、疗效和预后评定。它可以涉及正常成人和儿童的心理能力和个性的测评，也涉及精神病人的辅助诊断。狭义的心理诊断则是专指临床心理学中对各类心理紊乱的定性区分与评估。

（二）心理诊断具体方法

1. 观察法

观察法是心理学研究中最基本的方法，也是心理诊断的基本方法之一。观察法是通过感官或辅助工具对他人或自己的心理、行为表现进行有目的、有计划的观察与记录，而后分析以作出评定和判断的方法。在心理诊断的过程中，对个体的观察是观察者获得信息的基本手段。

观察法基于如下假定：人的行为是由人的基本心理特征所决定的，具有稳定性，所以在不同的情况下也会有大致相同的反应。我们根据观察所获得的个体行为表现的资料，可以推测被观察者的人格特征及存在的问题。在心理诊断中，对来访者的观察是非常重要的，观察的内容既包括外显行为表现也包括内部体验反应，具体包括仪态、体形、表情、人际交往风格、言谈举止、注意力、兴趣、爱好、各种情境下的应对行为等。当观察到来访者衣着凌乱、不修边幅、动作呆板、说话不着边际、言辞夸张且不符合实际时，首先可以判断他的心理活动已经偏离正常的范围，这对接下来的访谈、检查、诊断及治疗都可以提供可靠的依据。如果个体的表现是眉心紧锁、面容憔悴，说话语气低沉、速度缓慢，可以明显地感受到他的情绪问题比较严重，这就提示我们继续做相应的检查与评估。

观察法要求观察者直接用自己的感官去感知观察对象的行为表现，不受条件限制，简单易行。由于观察法一般是在被观察者没有察觉的情况下进行的，因此可以收集到观察对象的一些真实资料。但由于观察具有表面性和偶然性，因此应将观察法与其他方法结合使用，进行综合评估和诊断。

2. 访谈法

访谈法也是一种应用广泛的心理诊断手段。"访谈"与"谈话"都是"谈"，但二者的意义却大不相同，访谈并不是日常生活中简简单单的谈话，而是访谈者之间进行的一种有目的的交谈。访谈法是一种技术，一种通过直接的、双向的沟通获得信息的方法。

访谈法是心理治疗师和心理咨询师经常使用的方法,它在搜集信息、作出诊断、治疗策略的实施、治疗效果的评估中都起到非常重要的作用,所以娴熟地运用访谈技巧与方法对心理咨询与治疗工作的有效开展非常有意义。

访谈的形式包括自由式访谈和结构式访谈两种。前者的谈话是开放式的,气氛比较轻松,被评估者较少受到约束,可以自由地表现自己。交谈没有固定的问题与程序,评估者可以根据评估的目的和被评估者的实际情况灵活提问,被评者可以自由回答,受到的限制较少。开放、轻松的访谈方式可以获得较为真实的资料,但不足之处在于用时相对较多,有时访谈内容较为松散,易偏离主题,得到的资料不易量化和分析交流。需要注意的是,在访谈过程中访谈者主观的信念、偏见等对访谈结果的影响是不容忽视的。结构式访谈是根据特定的目的预先设定好一定的结构和程序,谈话内容有所预定,按照同样的措辞和顺序向每一个被评估者询问同样的问题。结构式访谈克服了自由式访谈资料不易量化与整理的缺点,具有节省时间、效率高等优点。并且结构式访谈的程序固定,有些访谈还有标准化的刺激情境,因此得到的资料比较客观,受评估者主观因素的影响较小。结构式访谈的不足之处在于评估者完全按照事先确定的程序进行交谈,缺乏灵活性,气氛比较死板,使得被评估者感到拘谨,回答可能会受到局限。

访谈是一种互动的过程。在访谈中评估者起着主导和决定的作用。因此,评估者掌握和正确使用访谈技术是十分重要的。访谈技术包括言语沟通和非言语沟通(如表情、姿态等)两个方面。在言语沟通中,包含了听与说,听有时比说更重要。耐心地倾听被评估者的表述,抓住问题的每一细节,综合地分析和判断是对评估者的基本要求。听的过程同时也是观察的过程。说也有许多技巧,如重述、释义、澄清、概括、神入等。在非言语沟通中,可以通过微笑、点头、注视、身体前倾等表情和姿势表达对被评估者的接受、肯定、关注、鼓励等思想感情,促进被评估者的合作,启发和引导他(她)将问题引向深入。

3. 心理测验法

心理测验法(psychological test method)是指依靠各种心理测验量表对人的心理

特征进行定量的心理评估和诊断的方法,是心理诊断的主要方法之一。

心理诊断的方法很多,但都无法代替心理测验,可见心理测验在心理诊断中的重要性。人们对物理现象的测量技术已经发展到非常精密的程度,但对于心理现象的量化却遇到了巨大的困难,然而就像孟子曾经指出的:"权,然后知轻重;度,然后知长短。物皆然,心为甚。"我们对个体差异进行评估是有必要的,也是具有可能性的。心理测验在对个体心理活动进行量化的过程中具有自己鲜明的特色,心理测验的特点具体表现为:

① 间接性

人的心理是一种内部活动,至今还没有办法能够对其加以直接测量,因此通常都是通过对外显行为的测量(即对测验题目的反应)来推论人的心理特征。

② 相对性

比较不同个体之间的行为或心理特征时,没有绝对的标准,也没有绝对的零点,而是在一个连续的行为序列中进行比较,测量得出的结果只是这个序列上的一点,只能说明这个点在整个序列中的相对位置。也就是说,每个人的测量结果都是与他所在群体的大多数人的行为或某种人为确定的标准进行比较,而得出的相对结果。

③ 客观性

尽管心理测试是间接的,不像物理测量那么客观,但是仍具有一定客观性,因为心理测试都是在标准化的前提下进行的。标准化包括测验编制的标准化和测验使用的标准化两个方面。测验编制的标准化包括项目编制、项目分析、项目选择等的标准化。测验使用的标准化可分为施测过程标准化、评分计分标准化、分数解释标准化三个环节。

心理测验有很多优点,首先是节省时间,速度快、效率高,可以在较短的时间内迅速了解一个人的心理素质、潜在能力和各种指标。其次,心理测验是比较科学的,因为使用了标准化的测验材料加之标准化的施测过程,提高了获得资料的可靠性,为区分出各种心理异常和心理不健康者提供依据。最后是可比性,同一种心理测验的方法得出的结果有可比性。心理测验的不足在于可能被滥用和曲解。

4. 作品分析法

作品分析法也称作品评析法。所谓"作品"指被评估者所做的日记、书信、图画、工艺等文化性的创作,也包括了他(她)生活和劳动过程中所做的事和东西。通过分析这些作品(产品)可以有效地评估其心理水平和心理状态,并且可以作为一个客观依据留存。

作品是反映心理活动的重要窗口,通过对作品的分析研究,可以相当客观准确地把握一个人的心理状态。通过分析其他作品(比如书法、绘画、言论等),也可以深入地了解一个人的精神世界,比如兴趣、爱好、理想、知识面等都可以从中反映出来。此外,从作品的内容和质量中往往也能分析出一个人的智商和个性品质特点。我们还可以通过分析观察完成作品的过程来分析、了解个人。

作品分析法可以超越时间和空间的局限,对古人的心理活动的特点就可以通过分析他们的活动作品如著作、书法、绘画、言论等来加以研究。

5. 统计学方法

我们对正常与异常的界限通常以统计学正态分布理论为基础,以接近平均值为常态,偏于两极端者为变态。心理现象是一个连续的变量,并且大部分的心理现象服从正态分布。偏离平均值的程度越大,则越不正常。心理测验方法在很大程度上根据统计学方法来做出判定。任何偏离常模的现象都可能是异常的。

尽管统计方法存在一定的缺陷,但是它毕竟提供了心理方面的量化资料,比较客观,也便于比较,操作也简便易行,因此受到许多人的欢迎。但是,有一些心理特征和行为不一定成常态分布,而且心理测量的内容同样要受社会文化的制约。所以,统计学方法并不是普遍适用的。

三、心理测验在心理诊断中的特殊作用

(一)心理测验的功能

1. 选拔人才

现代社会需要大量不同类型、不同层次的人才,心理测验的发展为大规模地选拔人才提供了前提或条件,并且提高了选才的科学性与准确性。心理测量学家根据对各

种工作的性质和特点的分析,寻找出适应特定工作要求的心理模式,然后根据这种模式编制测验,借此识别适合从事这种工作的人。用测验法来甄别人才大大提高了选才的效率,并且可以避免选才过程中的各种人为因素的影响,从而提高选才的科学性和客观性。[1] 心理测验不光为企业等选拔人才提供了平台,而且也使得个体对自身工作的选择拥有更加可靠和有效的指导。心理测验可以测定人的各方面的特点,如个性特征、智力以及职业兴趣等,这些测验能很好地帮助求职者了解自己更适合于哪种工作。因此,心理测验对人才选拔及个人职业选择具有积极的作用。心理测验可以对人们在智力水平、人格特点等心理特质上的优势和劣势作出描述和评估,使一个人知道自己的长处和短处,以便扬长避短,更好地学习、工作和生活。

2. 教育指导

心理测验在教育领域应用非常广泛,教育者通过心理测验了解学生各种心理特征上的差异,为因材施教提供了依据。了解学生之间的差异有利于进行针对性、差别性的教育,充分激发学生的学习兴趣和学习的内在动力,使学生获得最好的发展。同时心理测验可以帮助教师发现学生的心理问题,以便及时对其进行心理辅导或干预。学生的心理健康水平、社会适应性能力、情商水平是学生未来发展的奠基石。

3. 心理诊断

对智力障碍者和心理障碍者的识别是推动心理测验发展的重要动力。时至今日,在科研和实践领域,大量人员习惯于使用心理测验对各种智力落后、精神疾病和脑功能障碍进行诊断,从而提供有针对性的训练与教育。

4. 心理咨询

心理测验获得的资料可以作为从事心理咨询工作的依据,例如,综合成就测验、智力测验、能力倾向测验、职业兴趣测验和性格测验的资料可以为一个人的未来职业方向提供咨询指导,以帮助来访者作出正确的职业选择[2]。利用人格测验和临床精神障

---

[1] 王小英、张明:《心理测量与心理诊断》,东北师范大学出版社2002年版,第10页。
[2] 同上书,第11页。

碍的资料，可以了解来访者的一些致病因素，以帮助来访者改善心理环境，提高心理适应能力。

（二）使用原则

1. 选择恰当的测验

在心理测验的使用过程中要避免滥用，要根据实际的需要，选择适合的测验。由于每一个测验都有其特殊的用途和使用范围，所以测验使用者首先要对各种测验的功用及特长、优缺点有充分的了解。在进行升学、就业、招聘、心理评估与诊断的工作时，应选择具有相应功能的心理测验，如在做就业指导时，可以使用霍兰德职业倾向测验、斯特朗—坎贝尔兴趣问卷、库德职业兴趣调查表等测验，对求职者的职业兴趣与倾向作出分析与判断，对职业选择有一定的指导意义；如果是为了解一个人的人格倾向，那就需要采用人格问卷，如 EPQ 人格测试、卡特尔 16 项个性因素测试、明尼苏达多相人格测试、心境投射测验等；如果想知道自己承受的压力水平有多大，可以选择相应的压力测量问卷。不但不同的目的要选用不同的测验，而且不能只是根据测验名称盲目地选择测验。必须了解该测验的真正适用范围和功效，否则就会造成测验使用不得当。

2. 测验结果的正确解释和评价

多数情况下被试对测试结果会非常相信，测验结果的解释常常会对被试产生深刻的影响。因此，对测验结果的正确解释是非常重要的。为了能对分数做出有意义的解释，必须将个人在测验前的经历或背景因素考虑在内。并且心理测验只是做决策的辅助手段，受测者的表现还受到许多其他因素的影响，因此不能过于夸大心理测验的作用。

四、压力心理测验

下面是一些压力测验，可以根据自己的情况作出相应回答，这里的回答无对错之分,要求反映自己的真实感受。压力测验可以帮助读者更好地了解自己是否正承受过大压力。结果仅供参考,建议不良自我感受强烈且非常关心自己的压力水平的读者寻求专业帮助,以使自己尽快摆脱困境。

视窗3-1

工作压力测验

以下问题将帮助你检测自己承受工作压力的程度。

指导语:请根据自己一个月来的真实感受作出选择:1＝从不;2＝有时;3＝经常

	从不	有时	经常
1. 你曾否为消除紧张情绪而在午餐时间饮酒?	1	2	3
2. 你认为同事们背地里笑话你吗?	1	2	3
3. 你怀疑部下阴谋反对你吗?	1	2	3
4. 你怀疑老板想抓你的小辫子吗?	1	2	3
5. 你是否认为在本校的工作得不到认可?	1	2	3
6. 你是否认为本校的奖惩制度不合理?	1	2	3
7. 你是否发现自己不愿意接受新事物?	1	2	3
8. 你觉得自己被工作紧紧地束缚吗?	1	2	3
9. 你害怕上班吗?	1	2	3
10. 你讨厌本职工作吗?	1	2	3
11. 你后悔自己对职业的选择吗?	1	2	3
12. 你容易生气发怒吗?	1	2	3
13. 你上班需要服用镇静剂吗?	1	2	3
14. 你是否曾经因为工作问题而彻夜难眠?	1	2	3
15. 你曾试图自杀吗?	1	2	3
16. 你觉得孤立无援吗?	1	2	3
17. 你是否曾经因电视节目中的观点不合自己的胃口而大喊大叫?	1	2	3
18. 你考虑过辞职不干,另谋出路吗?	1	2	3
19. 你认为如果不在办公室,部下们便会消极怠工吗?	1	2	3

20. 你感觉自己受着沉重的煎熬吗？　　　　　　　　　　1　　2　　3

评分：每回答一个"1"得1分，每个"2"得2分，每个"3"得3分。各个题目的得分相加即为总分。

51—60分：生活在沉重的压力与焦虑中，应尽快向心理咨询师咨询。
36—50分：情绪不佳产生每况愈下的趋势。
24—35分：有自怜倾向，易受打击，对细微压力也会感到焦虑。
23分以下：已学会以轻松心态面对工作的压力。

采自：陈雪枫、莫雷，《心理自测》，暨南大学出版社1996年版，第228页。

视窗3-2

工作压力诊断性测量

请根据自己的真实情况对下面的题目进行评分，将分数写在后面的括号里。评分标准：1分：从来不是你的工作压力源；2分：很少是你的工作压力源；3分：偶尔是你的工作压力源；4分：有时是你的工作压力源；5分：经常是你的工作压力源；6分：通常是你的工作压力源；7分：总是你的工作压力源。

1. 我的工作任务和目标不明确。　　　　　　　　　　　　（　　）
2. 我的工作任务或目标有时显得没多大意义。　　　　　　（　　）
3. 我的工作任务繁重，有时我不得不在晚上或者周末加班。（　　）
4. 上级对我的工作质量提出了过高的要求。　　　　　　　（　　）
5. 我缺乏合适的晋升机会。　　　　　　　　　　　　　　（　　）
6. 我对其他员工的发展负有责任。　　　　　　　　　　　（　　）
7. 我不清楚应该向谁汇报工作，也不清楚应该由谁向我汇报工作。（　　）
8. 我被夹在领导和下属之间左右为难。　　　　　　　　　（　　）
9. 我常因为一些无关紧要的事情影响了正常工作。　　　　（　　）
10. 给我分派的工作太复杂、太难了。　　　　　　　　　　（　　）
11. 我在本组织内得到提升的机会很少。　　　　　　　　　（　　）

12. 我有很大的责任给下级提供指导和帮助。（ ）
13. 我缺乏行使职责的权威。（ ）
14. 组织中的正式指令系统不够完善，比较混乱。（ ）
15. 我同时负责许多工作任务和项目，几乎管不过来。（ ）
16. 我的工作复杂性程度好像越来越高了。（ ）
17. 我的事业目标很难在组织内实现。（ ）
18. 我的行动或决定会影响到其他人的安全和工作。（ ）
19. 我不太清楚组织对我的期望。（ ）
20. 我在工作中做的事情会被某个人认可，而其他的人并不认可。（ ）
21. 我的工作任务十分繁重，时间紧迫。（ ）
22. 组织对我的期望超出我的能力与技能范围。（ ）
23. 在工作中我学不到新知识与技能。（ ）
24. 我在工作中的职责更多的是与人有关，而不是与事有关。（ ）
25. 我不太了解我的工作与组织目标的关系。（ ）
26. 我从两个或多个人那里接到相互冲突的工作要求。（ ）
27. 我感到我的休息时间很少。（ ）
28. 我缺乏足够的培训和经验去更好地完成我的工作。（ ）
29. 我感到我的工作处于停顿状态。（ ）
30. 我对他人的未来（事业生涯）发展负有责任。（ ）

评分说明

Ⅰ 角色模糊：1、7、13、19、25
    Ⅰ类压力水平：10分以下低，10—24分中等，25分以上高

Ⅱ 角色冲突：2、8、14、20、26
    Ⅱ类压力水平：10分以下低，10—24分中等，25分以上高

Ⅲ 数量上的角色过载：3、9、15、21、27
    Ⅲ类压力水平：10分以下低，10—24分中等，25分以上高

Ⅳ 质量上的角色过载 4、10、16、22、28
    Ⅳ类压力水平：10分以下低，10—24分中等，25分以上高

Ⅴ 职业生涯发展:5、11、17、23、29

　　Ⅴ类压力水平:10分以下低,10—24分中等,25分以上高

Ⅵ 对他人的责任感:6、12、18、24、30

　　Ⅵ类压力水平:10分以下低,10—24分中等,25分以上高

采自:李虹:《教师工作压力管理》,中国轻工业出版社2008年版,第61页。

视窗3-3

你能够很好地处理压力吗?

1. 成功对你有多重要?

A. 相当重要

B. 非常重要

C. 关于这个问题,我没有过多考虑

2. 由于工作太紧张,你中间需要休息几次?

A. 两次或更少

B. 两次以上

C. 不休息

3. 你是否认为自己是那种在危机时刻,别人会把你当做能够保持头脑冷静的人?

A. 有时是,但经常是那种虽然能够保持头脑冷静,却不能把握局面的人

B. 不会

C. 是的,我认为别人就是这样看我的

4. 当你在办公室忙碌了一整天之后,你认为下面哪一种方法对于缓解紧张和放松最有益?

A. 在我特别喜欢的扶椅上睡上一两个小时

B. 喝一杯威士忌或其他白酒

C. 吃一大块巧克力

5. 设定工作期限是否会给你增加动力?

A. 不会,但在最后期限之前完成工作是我们每个人都必须面对的

B. 不会,我不喜欢在工作中设置最后期限,我喜欢按自己的步调工作

C. 是的,我认为我可以在压力下干得很好

6. 你是否认为与40年前相比,现代生活带来了更多的压力?

A. 可能

B. 是的

C. 没有

7. 由于出现家庭问题,周末突然让你照料你表兄家的三个顽皮的孩子,你会有什么感想?

A. 我会感到担心

B. 一想到这事我就感到恐惧,我可能会想办法逃脱这份差事

C. 我会迎接挑战

8. 你是否曾经由于压力感而破坏东西?

A. 没有真正去破坏什么东西,尽管我偶尔会做使劲放电话机之类的事情

B. 是的

C. 没有

9. 你是否发现,有时有些鸡毛蒜皮的事情会烦扰你?

A. 是的,有时会

B. 经常会

C. 很少或从来没有

10. 你对于必须去掌握新技术有什么感受?

A. 不太关心,如果由于工作原因必须去学习新技术,我才会把它当做一个重要的事情来处理

B. 我多少会有些担心

C. 我对这很感兴趣,很愿意接受新技术

11. 对你而言,你认为周末的主要目的是什么?

A. 我有更多的时间与家人及朋友待在一起

B. 我可以不用像工作日那样必须努力工作,但是,我不能从中完全解放出来

C. 我的身心可以得到一次完全的放松

12. 当你正在装修房子,或者你手头上有其他的事情需要处理,你会有什么感受?

A. 我不会感到特别烦恼,因为事情总是要做的

B. 在事情完成之前多少会有些着急,尤其当这些事情影响我的日常安排时

C. 很高兴,有时会对正在做的事情感到兴奋

13. 你有没有可以完全信任的朋友,在你消沉的时候可以和他们聊天?

A. 可能有

B. 没有

C. 有

14. 你是否认为现代社会比以前任何时候都更具竞争性?

A. 我认为现代社会比以前任何时候都更具竞争性

B. 是的,的确如此

C. 并不比从前更具竞争性

15. 你是否与其他人讨论过你的感觉?

A. 偶尔

B. 很少或从不

C. 经常

16. 你是否认为应当给自己施加压力更努力工作?

A. 有时

B. 是的,这是取得成功的最好办法

C. 没有,人生短暂,应及时行乐

17. 你对同时处理好多件事情有什么感受?

A. 不会烦扰我

B. 我更喜欢只做一件事情

C. 我更喜欢同时处理多件事情

18. 当你犯错误或者当事情没有按照你预期的计划发展时,你生气或者心烦的次数很多吗?

A. 和大多数人一样,偶尔也会

B. 可能会比一般人多一些

C. 可能比一般人要少

19. 你是否为了缓解紧张而服用某些药物?

A. 偶尔

B. 经常

C. 从不

20. 你是否曾经因为自己挚爱的亲人去世或生病而影响健康?

A. 没有,但将来也许会,我不太清楚

B. 是的

C. 不会,我能够处理好,尽管和大多数人一样,我会感到痛苦和悲伤,但不会损害我的健康

21. 你是否因为要参加考试的压力而感到紧张?

A. 我可能会因为要参加考试而感到紧张,但不会比一般人更严重

B. 是的

C. 没有

22. 你对于采用诸如针刺疗法这样的辅助治疗措施来缓解紧张有什么看法?

A. 不能肯定,也许在必要的时候我也会用的

B. 我不会考虑这种措施

C. 这会很有用

23. 你是否因为要洗餐具或者给草坪除草这样的家务事而紧张?

A. 尽管这些事情有时很烦人,但我不会紧张

B. 是的

C. 不会

24. 你很容易完全地自我解脱,将所有的事情都抛诸脑后,完全放松吗?

A. 有些事情很容易放开,有些事情则比较困难

B. 这几乎是不可能的

C. 很幸运,我可以很容易地解脱自己

25. 你是否经常感到脑海里事情一件接一件地烦扰你?

A. 偶尔

B. 经常

C. 很少或从不

26. 你遇上堵车,以下哪一种是你最强烈的感受?

A. 生气

B. 挫折感

C. 厌烦

27. 随着年龄增长,你的压力感是增加还是减少了?

A. 差不多

B. 更多

C. 更少

28. 如果要搬家,你会有什么感受?

A. 我很喜欢现在住的房子,但是搬家也有搬家的好处

B. 一项无法逃脱的苦差事

C. 很辛苦,但通常是计划并且盼望做的事情

29. 你是否因为紧张或者压力而影响性生活?

A. 偶尔

B. 经常

C. 从不

30. 你是否因为要戒除咖啡因或尼古丁而感到紧张?

A. 除了有些断瘾症状外,没有其他影响

B. 是的

C. 没有

评分

每回答一个"C"得2分,每个"A"得1分,每个"B"得0分。各个题目的得分相加即为总分,心理学工作者根据总分来判断个体所承受的压力水平。

45—60分:说明个体可以非常得心应手地处理压力。其他人可能会认为你很沉着而且完全放松,并且你几乎在所有时候都能够让事情有条不紊。对于拥有这种幸运的性格和态度的人,唯一需要警惕的是,仍然应当对潜在的压力处境做好准备,因为这些处境不可避免。换言之,你应当有能力为应付压力做好计划,为意外的逆境留有回旋余地。

还有,值得记住的是,一定程度的紧张是有益的,因为人们通常愿意迎接挑战。

31—44分:说明尽管你有时会发现自己处于压力之下或者感到紧张,这通常是偶然现象而

不是惯例,而且,更重要的是,这种情况通常不会持久。结果,你或多或少能够从中解脱,并且不会让自己受到太大影响。你是那种在面临压力时能够照顾好自己的人,而且在必要的时候能够对他人提出的无理要求说不。

少于30分:说明个体遭受到压力的消极影响。由于社会行为规范禁止许多自然的发泄情绪的方式,例如暴力或者逃避,因此,压力可能会在你的思想中累积,而这是你最容易紧张的时候。

采自:菲利普·卡特,肯·鲁赛尔著,柯江华译:《超级心理测试——1 000种测验,个性、创造力、智力及横向思维的新方法》,中国计划出版社2004年版,第4页。

本章案例解读

　　冉老师工作上正承受着较大的工作压力，在压力的持续作用下出现身体、心理、行为的变化，这些变化表明冉老师可能面临工作倦怠和职业枯竭的问题，应进行相应的评估与测验，以获得更为全面的资料，明确诊断并及时向心理学专业人士求助。

第二编

压力源分析

第四章
莲发藕生，必定有根
——社会因素

本章案例

在初中担任毕业班班主任的老师小商，自从前几天参加了同学聚会后，一直郁郁寡欢，不爱说话，有时候还独自愣神，唉声叹气。几经询问后才得知，在同学聚会上与同学们现在的处境相比照，她的心理不平衡了。想当年，大专毕业的小商经过努力考取了一所初中的教师，一时间成为众多同学羡慕的对象。可是这十年之后的同学聚会却给小商带来了不小的打击。看着从前找工作四处碰壁仍不理想的同学，经过这几年的摸爬滚打竟然逐渐成熟老练起来，他们或是经商有道为自己赚了一份不小的家业，或是走上仕途之路前途无量，或是嫁了一个好老公当上了悠闲阔太。反观一下自己，还是一名初中教师。虽然待遇比刚参加工作的时候有了很大的提高，但是与其他人一比，心里仍然很不是滋味。"稳定啊！"从前被同学们甚至自己所羡慕的工作性质，如今竟像是巨大的讽刺一样刺痛着小商的心。想想自己这几年来一直平静地当着看似稳定的教师,似乎一点进步也没有,压力和失落感油然而生。

　　本案例中,商老师到底面临的是什么问题?随着社会变迁和教育改革接踵而至,生活条件越来越好,但教师却越来越忙,负担越来越重,幸福感也随之逐渐降低。教师的压力究竟来自哪里?本章将对此进行探讨,深入分析教师压力的社会来源。

第一节

古人不见今时月
——社会变革及其对初中教师心理的影响

一、社会变革的快速化

进入 21 世纪以来,给人们留下最深刻印象的恐怕就是社会的急速变革。社会变革的加快如今已不仅仅是一种抽象的宏观社会趋势,它同时以一种非常微妙的微观方式延伸到我们的日常生活之中,潜移默化地影响着我们的生活。① 这种加速的变化弥漫到了社会的每个角落,渗透于我们生活的各个方面,例如家庭、邻里、社区、农业、商业、政治、教育、艺术、科学、交通、旅游、休闲、交友、医疗等方面无不在其影响之下发生着令我们不易觉察的变化。

如今的社会如此进步,科技这般发达,机遇也无所不在。然而,现代社会的快速变革为我们谋求巨大福利的同时,也给我们带来了一场始料未及的"灾难"——压力。

首先要说的是当今世界人口的急剧增长。不管有

---

① [美]沃特·谢弗尔著,方双虎等译:《压力管理心理学》,中国人民大学出版社 2009 年版,第 198 页。

没有意识到,不断增加的世界人口已经悄无声息地渗透到我们的日常生活之中,让我们不知不觉地感受到随之而来的人口压力①,因为我们内心深深地理解这种人口增长意味着什么。将来会有更多的人要吃饭,更多的人要居住,更多的人需要产品和服务,这也就意味着我们的社会将会更加拥挤,我们人均所占有的社会资源将会越来越少,我们所要面临的职业竞争压力将会越来越大……想想我们每次听到世界人口数量或是国家人口普查结果又创新高时,是不是已经在倒吸一口冷气了?

科技的发展同样也给我们带来了不小的压力。随着人类不断的发明创造,人们的工作效率在逐步提高,但与此同时,社会对人们的期望也在随之增加。例如随着交通工具的不断改进,人们对于时间概念的把握更为精准,更加紧凑有效的时间安排使得我们压力倍增。城市中交通工具不断增加,很多停车场已满足不了需求,大中城市的交通拥挤和滞后问题以及其"附属产物"噪音污染已成为当今压力的一个重要来源。另外如电子计算机的问世,使得人们处理工作事务的速度明显加快,但是然后呢?以往每天老板可能需要我们处理 5 份文件就能完成任务,现在则可能需要我们处理 10 份甚至 20 份!随着科技手段的不断进步,我们所从事的工作量却在逐渐增多!试问一下自己:如今我们的生活节奏是加快了还是放慢了?我们每天工作的时间是延长了还是缩短了?社会或是其他人对我们的期望到底是增加了还是减少了?

对于那些已为人师表者,在社会变革的这个大环境下也变得有些无所适从。首先随着社会文化的急剧变迁,作为知识传播者的教师需要紧跟时代的步伐,不断地适应这种文化转型,迅速地学习和吸收新的文化知识才能满足学生的需求。② 要不然就会和"新新学生"思想脱节,因不明白学生的想法和观念而与之产生隔阂。

目前,我国初中教育教学改革正在不断深化。新的课程标准相继出台,教材更新速度加快,先进的教育教学和课程理念得到广泛传播,现代教育技术手段纷纷涌现。

---

① [美]沃特·谢弗尔著,方双虎等译:《压力管理心理学》,中国人民大学出版社 2009 年版,第 199 页。
② 余琳、李卫国:《高校教师要学会自我心理减压》,《中医教育 ECM》2003 年第 2 期,第 71 页。

这就要求教师必须时刻走在教育的前沿,①在完成现有教学任务的前提下,不断熟悉新教材,同化新的教育理念和课程设计,并要掌握一定的先进教学技术。同时在大力倡导素质教育的背景之下,教师还要抽出时间有计划地组织学生参加各种活动,使其各方面全面发展。另外教师自身也要参加各类培训、进修、研讨或比赛等,用以提高自身素质,跟上教育的进步。

此外,现在教师队伍建设的一项重要内容——教师聘任制也着实带给教师不小的压力。教师聘任制实行文化考试、平等竞争、择优聘任。年终对教师履行岗位职责及任期目标完成情况进行考核并将考试考核结果与任用、奖惩挂钩。② 同时末位淘汰制度的推行使得下岗危机每时每刻都在困扰着教师。教师们真是一刻也懈怠不得,有时候即使是牺牲自己的休息时间也要努力把教学成绩提高上去,以防自己被淘汰出局。如果教师们想要晋升职称,既要具备相应学历,又要发表论文并通过计算机考试,这几项硬件要求对于平日就已经忙得不可开交的教师来说个个都是不小的压力。

二、生活方式的多样化

我们时时刻刻都在面临现代社会所带来的压力。在这样一个快节奏的社会中,我们与周围世界更为频繁地接触、联系,从而更为频繁地改变自己的生活方式和内容。每次变化都需要我们经历生活转型,每次的生活转型都需要进行相应的调整和适应,并伴随着不同程度的心理压力。③ 于是,压力与我们的生活紧密相连。

随着生活水平的提高,人们的消费观念发生了很大的变化。在物质消费上,消费结构和消费质量呈现快速上升之势,但有些人也随之养成了不健康的消费习惯。例如奢侈消费,在物质生活上盲目与人攀比,通过大量购买超过自己实际能力的奢侈品来

---

① 郑艳丽:《关于中小学信息技术教师职业压力的分析》,《考试周刊》2008年第16期,第14页。
② 武尚镇:《关于教师心理压力的几点思考》,《沧州师范专科学校学报》2005年第2期,第126页。
③ [美]沃特·谢弗尔著,方双虎等译:《压力管理心理学》,中国人民大学出版社2009年版,第205页。

炫耀自己的经济收入，为自己提升面子。这不仅给别人的心理造成巨大压力，还徒给自己增加了不必要的经济负担。

另外容易被我们忽视的现象是现如今无论是电影、电视、杂志还是服饰、艺术、服务都逐渐呈现出多样化的趋势，对此我们面对的最大的压力可能是要不断地做出选择。如今社会可供我们选择的商品和服务是如此之多，其特性也各不相同，以至于让我们眼花缭乱、应接不暇，使我们陷入过度选择的压力之中。回想一下自己去商场购物的场景吧，是否你也有过双手拿着不同的商品却因为无法做出选择而苦恼的时候呢？在工作和生活中，我们也同样面临着过多的选择。比如选择什么作为自己将要从事的职业，选择哪里作为自己的工作地点，要回复哪些电话和邮件，决定订哪一家的牛奶或是报纸，选择什么样的方式外出旅游等等。

无论我们自己是否意识到，我们每天都会处于类似的焦虑之中。选择范围的扩大并没有让我们的生活变得更加轻松自由，相反，它使得我们的生活更加复杂而凌乱。人们在面对数量过多的选择时，往往不能快速地做出正确的判断。过多的选择让我们背负了沉重的心理负担，我们需要不停地比较哪个更适合，还会时不时地怀疑自己的选择是不是最好的，并不断地花费不必要的时间和精力去寻求心目中认为的更好的选择。

当今社会，孤独感也是导致压力的一个普遍因素。现代的人们比历史上任何时候都感到孤独，并且这种趋势还有逐渐蔓延的倾向。回想一下我们的生活，是不是许多人一下班后，就宁愿独自一人坐在沙发上，靠电视来打发时间？是不是孩子们一放假便纷纷上网各玩各的，而不是相约外出游玩？据有关调查研究显示，有64％的中国网民每天都上网，平均每周上网时间达11个小时之多。可见电视、互联网已经占据了我们大部分的休息时间，并且随着网络的发展，很多人际之间的交流仅仅依靠在线聊天即可完成。这种科技进步一方面给我们带来了生活的乐趣与交流的便利，从另一个角度也严重影响了人们的社会生活，潜移默化地腐蚀着我们正常的人际交往。试想一下，自己有多长时间没有与邻居面对面真正地交往过了？有多长时间没有和家人进行深入的交流或探讨了？现实的情况是：我们一边喊着自己很孤独，一边还不愿意放下

第四章 莲发藕生，必定有根

手中的遥控器或鼠标走出家门。孤独感正在不断地困扰着我们。长此以往,我们必然会感觉到自己与别人的距离越来越远,自己也越来越不能适应社会活动,从而增加我们的心理压力。

在当今社会,日常如此高强度的工作负荷,加之不良的生活习惯,使得全世界的职业人员通常情况下都无法得到充足的睡眠时间。缺少睡眠毫无疑问已是目前社会的普遍现象。睡眠不足既是形成压力的前因,也是压力形成的后果。它不仅会削弱人们的免疫能力,损害我们的身体健康,同时也会降低人们对环境压力的抵抗性,进而危及我们的心理健康。长此以往,不良压力的产生就不足为怪了。

三、社会支持的缺失

个体所面临的压力与个体与社会关系的融洽与否有着密切的关系。社会支持作为个体与社会关系评价的标准之一将会影响个体所体验到的压力。

社会支持概念来源于20世纪70年代初精神病学的研究。它是指个体在应激时能从家庭、朋友和同事等处获得的物质和精神支持。[1] 我国学者施建锋、马剑虹提出,社会支持指的是当某人有需要时,来自他人的同情和资源的给予,而这种同情和资源的给予是足够满足个体的需要的,从而达到缓解个体各类压力的目的。[2]

社会支持一般可以分为客观支持和主观支持。客观支持指的是客观的、可见的或实际的支持,包括物质上的直接援助和社会网络、团体关系的存在与参与。这类支持独立于个体的感受,是客观存在的现实;主观支持是主观的、体验到的或情感上的支持,是个体在社会中受尊重、被支持、被理解的情感体验和满意程度,与个体的主观感受密切相关。[3]

---

[1] 杨昌辉:《教师心理健康水平及与社会支持的相关性》,《中国临床康复》,2006年第38期,第37页。
[2] 施建锋、马剑虹:《社会支持研究有关问题探讨》,《人类工效学》,2003年第1期,第58页。
[3] 黄中、张丽红:《内蒙古中部地区小学教师社会支持状况的研究》,《赤峰学院学报》(自然科学版),2011年第4期,第216页。

社会支持对压力的作用主要体现在以下两个方面：首先，社会支持会影响个体对压力事件的主观评价。当个体面临压力事件时，如果其具有较好的社会支持，个体将会低估压力情境的伤害性，从而减轻压力情境对自己实际影响的程度。此外，社会支持还能够在压力的主观体验与疾病的发生之间起到缓解或缓冲的作用，可以提供有效的问题解决策略，减少压力体验可能产生的不良影响。因此，强有力的社会支持能够有效地缓解压力对人的负面影响，有利于个体的心理健康。[1]

随着我国对教育事业的逐渐重视，社会各个方面对教师的关注和投入渐渐加大，我国教师的社会支持水平总体来说有了很大提高。但由于客观因素和教师个体因素的差异，其具体的社会支持水平是不同的。

一般来说，与在城市工作的初中教师相比，那些执教于偏远农村或是落后地区的初中教师所获得的客观支持较少，主要表现在其工作条件简陋，待遇也不高。但可能其主观支持却高于城市中的初中教师。[2] 因为在他们所处的群体环境中，教师这一职业有着较高的群体地位，是受到尊重和支持的，因此其自身情感体验要高。相反，在物质发达、人才济济的城市，初中教师由于在各种更为优势职业的对比之下，其自身积极情感体验反而要低。

由于传统观念和性别角色的关系，男性被我们认为是坚强、独立的，因此青年男教师在面对外界种种压力时，往往不愿意主动去寻求社会支持，因而得到的社会支持较少，而女性则与之相反。从某种意义上讲，教师职业更适合女性气质特点，更易被社会认同和接纳，因而女性教师的压力感受相对较小。由于结婚后可以获得更多的家庭支持，已婚教师所获得的主观支持要高于未婚教师。

初中班主任教师在完成自己教学任务的同时，还要协调各个学科的合作与共同发展，并且还要处理班里的各类事务，其社会期望最高，因此一般说来初中班主任教师的

---

[1] 李志凯：《濮阳市241名小学教师心理健康与社会支持的问卷调查》，《中国临床康复》，2006年第26期，第155页。
[2] 张海芹：《中小学教师250名社会支持状况调查》，《中国临床康复》，2006年第18期，第167页。

客观支持要高于非班主任教师。但由于要处理与学生、家长、学校的各种人际关系,其工作任务和责任过重,班主任教师通常感受到的主观支持反而要低一些。另外教主课的教师的社会支持也会高于那些教非主课的教师。因为那些教非主课的初中教师会认为自己没有得到应有的重视,其地位无法与主课教师相比,通常会感觉受到较少的关注和鼓励,对人际关系也较为敏感。

随着我国开始倡导教师队伍建设质量优化,提高教师的教育专业能力,新加入的初中教师队伍其学历水平逐步攀高。这就给老的教师,学历水平低的教师造成了压力。高学历可以让教师获得更多的外界客观赞许、更多的社会支持,无论是来自社会、学校还是家长。教师学历的提高也使他们能更好地利用社会支持。另外与中、高级教师相比,年轻的初级教师在遇到麻烦时主观体验到的受尊重、被支持、被理解的情感体验和满意程度都较低,缺乏主观支持。

在当今社会中,初中教师获得越多的社会支持,接纳越多的来自同事、领导、家庭等方面的关心、帮助,越有利于缓解人际关系,其人际关系压力越小。但越受到别人的支持与关注,就越会在意外界的评价,其评价的标准之一就是教学绩效,因此其考核考评压力越大。

第二节

风吹烛影动
——教学环境的变革给初中教师带来的压力

一、初中教师组织环境

生活在现代社会中,我们中的大多数人绝大部分时间都是在工作中度过的,而工作又总是不可避免地与某些组织环境密切相关。① 良好的组织环境可以提升员工的健康水平,不良的组织环境则可能会导致员工产生不良的压力。由于教师大部分的工作是在学校内完成的,因此在这里主要介绍几种可能会导致教师压力增加的学校组织环境。

(一)不良的工作环境

在乡村执教的教师可能会面临被拖欠工资、待遇太低、教学设备缺乏或简陋等实际问题,无法提高自己的教学热情。而城市中的教师其住处不一定都在学校附近,因此他们每天需要耗费大量的时间和精力在上下班

---

① [美]沃特·谢弗尔著,方双虎等译:《压力管理心理学》,中国人民大学出版社2009年版,第214页。

途中,造成自己休息不足,精力跟不上。

近几年来教师的工作时间和工作量在逐步增加。例如在有些学校,一个班里的学生人数可达到五六十人之多。若是教师同时担任班主任的角色,就需要事事操心,有关学生学习和生活的各个方面都要关心到。这更会使教师处于总也干不完工作的状态之中,繁重的任务大大增加了教师的压力。

(二)学校管理的误区

当今教师管理的主要模式仍是机械化的管理。以教师过去和当前的行为表现为评价依据,而不注重引领教师的未来发展方向;过分注重教师的日常工作与教学行为的硬性指标要求,却忽略了为教师自主发展创造空间及其发展的可能性;重点发展教师考核和淘汰制度,忽视了作为教育者的教师的生命质量。[①] 教师如果一味盲目地接受学校规约,遵从学校领导的管理判断,长此以往,其对教育的热情和激情可能会被消磨殆尽。

(三)校园文化氛围的缺失

目前我国学校内的合作文化氛围有明显的不足。这也许是因为教师职业自身的特征使其具有某种独特的教师群体文化。一般来说,教师的职业活动是由教师个人独立完成的,有相当一部分教师不喜欢观察或干预别人的工作,也不愿意被别人观察和干预。他们坚持独立成功观,对其他教师采取漠然的态度,渐渐地形成了教师个人主义文化。再者我国校园内的教师合作活动确实开展较少,且缺乏实效性。学校组织的教师活动不是建立在平等互动基础上的,一般具有强制性。此外,明确的责任分工,严

---

① 孙冬梅、孙蕊林:《教师个体发展与组织环境耦合——基于教师专业发展的思考》,《广东工业大学学报》(社会科学版)2008年第4期,第14页。

厉的奖惩和强制纪律,量化的检查和评价,增加了教师群体间的恶性竞争,致使教师间缺乏真正的互助与合作。①

(四)职业评价标准的弊端

目前,我国学校对教师的考核标准还较为单一。一般将学生分数与升学指标作为主要评价标准。现实情况是,只要有升学考试存在,一些学校领导或是学生家长就不可避免地以成绩高低来评价教师的好坏,特别是担任毕业班的老师,与升学率挂钩的教学任务给他们带来了巨大的工作压力。如果一次升学考试没有取得预想中的升学率,将会招致各方的不满,这同时也说明了素质教育的实施并没有从根本上动摇考试成绩在教师评价中的主导地位。

学校普遍采用的教师评价体系还是奖惩制,是一种终结性评价体系,侧重于面向过去的评价,偏重于评价的鉴定选择功能,将评价结果与教师奖罚、聘任与解聘直接挂钩。这样的职业评价标准不仅会给教师增加很多心理压力,还容易在教师之间形成恶性竞争,破坏教师之间的关系,造成教师团队的不和谐发展。

许多教师过早地出现职业倦怠,主要是因为部分学校急功近利,片面地以科研成果、发表论文、竞赛成绩等硬性指标来衡量教师的教育教学水平,使教师倍感压力和压抑。②

二、初中教师社会期望

现如今,我们会越来越频繁地在报纸杂志或是新闻报道中看到对教师的指责,其中包括教学能力、教师责任感、教师的品德等等方面。似乎越来越多的人对教师这一

---

① 孙冬梅、孙蕊林:《教师个体发展与组织环境耦合——基于教师专业发展的思考》,《广东工业大学学报》(社会科学版)2008年第4期,第15页。
② 郭毓麟、谭姣莲:《职业院校教师专业化成长的组织环境分析》,《石油教育》(双月刊)2010年第3期,第30页。

群体有了一些偏见。殊不知教师也是处于教育制度、考试制度和学校管理之下的一个普通群体,同样承受着巨大的心理压力,其压力的一部分来源就是对教师的高社会期望。

社会期望是指社会对每一个处于一定社会地位的人的行为方式的要求。只要个体生活在社会中,就会受到社会期望的影响。自古以来,教师被认为是最崇高神圣的职业,有关教师的从教条件和素养,历来多有论述和要求,从德行操守到职业技能无不一一点到,如韩愈所提倡的"师道"即希望教师能够担当起社会的导师、精神的领袖。作为一种职业,教师承受着所有职业共同承受的压力;同时作为一种特殊职业,教师也承受着个性化的压力。

随着经济社会的飞速发展和教育改革步伐的加快,社会对教师素质提出了越来越高的要求。教师承担着为国家培养下一代的历史重任,无疑承受着比普通的社会成员更大的压力。特别是随着新一轮课程改革的全面展开和不断深化,新的课程标准相继出台,教材更新力度加大等,所有这一切在对教师的素质提出更高要求的同时,也提升了人们对教师的期望。人们普遍认为教育变革理所当然地带来教师教育教学绩效的提升,殊不知教育的成效还受到学生自身素质、家庭环境、社会氛围等多方面因素的交互影响,而这些又很难为教师所控制。因此一味地要求教师不断提升其教学绩效是不合理的。

另一方面,现在的孩子大多为独生子女,家长对孩子都寄予了厚望,对教育的要求也有所提高,希望自己的子女能够接受更多、更好的教育,于是对学校教育有强烈的期待。当孩子的成长与自己的意愿出现偏差时则会迁怒于教师,因为家长往往把学生的许多不良表现都归咎于教师。在这些归因面前教师显得既无助又无奈,真是有苦说不出。

社会、家长和学生们对教师的期望如此之高,使得教师背负了如此大的重任,承受着强烈的精神压力,在工作中还未感受到自己的价值和意义,就已经被过重的心理负担压得喘不过气来,同时这也会打击教师在其专业发展上的积极主动性,进而让教师产生职业倦怠感。现实中教师不但要付出许多时间和精力来照顾学生,关心学生的学习和成长，同时还要面对来自家长、社会的诸多要求以及现实因素的种种限制。加之教师的工作一直处于全体社会成员的监督之下，是社会舆论的焦点，一旦教师犯了错，便会成为众矢之的，招致各方的指责，其压力自然比其他职业更大。

第三节

近朱者赤，近墨者黑
——社会心理环境变化在初中教师心理上的反应

一、冷漠

随着信息时代的来临和社会的发展，人与人之间的距离究竟是拉近了还是疏远了，这一直以来都是人们津津乐道的话题。对该问题的看法可谓是仁者见仁、智者见智。毋庸置疑，人们之间的物理距离的确因为科学技术的进步和交通运输业的日益发达而拉近了，可我们的心理距离呢？

为什么在当今社会一直有人在抱怨人情是如何的淡薄？为什么总有一些人在叫喊着"孤独"和"寂寞"？我们是否也经常一边看着新闻报道一边感叹世态炎凉、人性冷漠？对此，我们自己又是以一种什么样的心态来面对的呢？是不是变本加厉，比这个社会更冷漠？是否也是戴着"面具"小心翼翼地"经营"着我们脆弱的感情？冷漠，已经成为每个人的通病，这个社会的通病！

冷漠是指人们在心理活动过程中，对引起挫折的对象无法攻击又无适当的替代对象可攻击时，强压愤怒情绪，表现出一种表面的冷漠和失去喜怒哀乐的表情，同时表现出一种对事物无动于衷的态度,这是心理受挫折后的一种直接反应,它表现在受挫折后,虽然内心焦虑不安,却不关心也不去寻找克服挫折的办法,麻木茫然地适应产生痛苦的情境。

冷漠与个体的经验有密切的联系,是一种复杂的行为表现方式,一般可将其分为角色性冷漠、倦怠性冷漠和抑郁性冷漠。角色性冷漠是指不能进入预定的角色情绪,出现"角色失落"。倦怠性冷漠是指由于枯燥乏味的学习、生活或工作环境,使人滋生疲劳、厌烦和倦怠的心情。抑郁性冷漠是指对所处现实和自身的境遇不满,产生严重的心理失落感,表现为精神萎靡、郁郁寡欢、缺乏自信。① 对于初中教师而言,容易产生倦怠性冷漠和抑郁性冷漠。尤其是执教多年的初中教师,由于每天要面对千篇一律的教学内容,对自己而言缺乏挑战性,很容易产生厌倦现有工作环境的情绪,进而厌倦自己的职业,产生职业倦怠现象。或是因为与周围其他同事或其他职业比较,认为自己的工作与回报不相符,进而产生心理落差,经常感觉到莫名的失落,对生活也没有了往日的激情。所有的这些不良感觉无疑都会不断地给人们施压,悄无声息地消磨一个人的意志,最终使人爆发。

具有冷漠心态的人往往不能积极地融入到集体生活之中,其内心必然与孤寂、凄凉、空虚和压力相伴。冷漠的心态还容易使人压抑自己的热情,变得越来越麻木。长期的冷漠心态如果转化为性格特征,会阻碍自己与周围朋友、亲人的心灵交流,这样个体就体会不到别人对自己的关怀,从而使得自己从人与人之间互相依赖的亲密联系中割裂出来。长期下去,人们会越来越强烈地感觉到缺少来自于家人或是朋友的支持,进而给自己心理增加更多的压力。

二、攀比

从前有一头驴饿了,打算找一些干草来吃。当它好不容易找到一个干草垛准备食

---

① 高文斌主编:《面对——镜子里的自己》,化学工业出版社2004年版,第103页。

用干草时,无意间瞟见旁边还有一垛干草,更要命的是那垛干草看上去似乎比这垛要大。贪心的驴子急忙奔向那垛干草,当它走到那垛干草前,回过头来看一看,发现还是原来那垛干草比较大。不甘心的驴子又奔回了原来的干草垛……这头驴就这样在两垛干草之间奔来奔去,最后又饿又累地死掉了。其实呢,这两垛干草原本是一样大的!

我们看完这个小故事,一定会觉得那头驴很可笑,不就是两垛干草吗,比来比去做什么?但在我们笑过之余,是否也该反思一下我们自己是不是有时也像"这头笨驴"一样呢?比较是人的近乎本能性的活动,心理学家费斯汀格就称这种比较的现象为社会比较。爱比较,似乎更是中国人的一种通病。中国有句俗话说得好,"不患寡而患不均"嘛!按照费斯汀格的观点,一个人生来就有自我评价的需要,在许多方面经常要进行自我评价,但由于自我评价时没有可以利用的客观的评价标准,人们只能采取和他人比较的方法来对自身的各方面作出判断。

根据选择比较的对象的不同可将比较分为三种:向上比较、向下比较和相似比较。有一首打油诗对此解释得最为形象:"世人纷纷说不齐,他骑骏马我骑驴。回头看到推车汉,比上不足比下有余。"向上比较和向下比较都不是客观的比较,其中以向上比较对人的危害性最大。盲目的向上比较即为我们平时所说的攀比。

我们是不是经常会听到有人抱怨说:"看看人家小王,又换了一栋新房子,买了一辆好车","我和小李是同一年参加工作的,凭什么他已经混成局长了,我还只是个小科员?""我和他的能力明明相差无几,凭什么机会就落到他头上了?"等等。由此可见,现代社会攀比之风愈演愈烈。如果我们留心观察一下周围,就会发现很多人喜欢和别人攀比,并且还很具有"阶段性特征"。例如:学生时代,人们比分数、比优秀、比谁上的学校好;进入社会工作以后,人们比工资、比待遇、比福利;成家立业了,人们流行比老公老婆、比车、比房;有了孩子以后又开始比谁家孩子最有出息。甚至于就连现在网络上流行的"炫富"、"晒幸福"等都难逃攀比之嫌。

比较,可以说是一把双刃剑。一方面正确且适度的比较可以让人们认识到自己的不足,激发个体的潜力,使之产生奋斗的动力;另一方面它也会通过不恰当的方式使人失去心理平衡,让人变得虚荣,或是让人不停地埋怨上天或社会的不公。自从有了比较,一切都变得不平衡。盲目攀比,如拿自己的缺点和别人的优点来进行比较,其结果只能是伤害自己的自尊心,使自我效能感降低。因为这样攀比只会让自己越来越注意到自己的短处,认为自己什么也不行,并因此而伤心感慨、怨愤愁闷甚至颓废堕落。同时攀比还容易让人迷失自我,产生挫败感,每天抱怨不停,给自己平静的生活凭空添加许多混乱和迷茫,使自己被更大的心理压力所包围。

另外过度攀比还会让人们产生现代人所"流行"的"攀比恐慌综合征",这是一种特有的心理疾病。人们一旦经过对比发现自己不如别人,轻者会出现心慌、气短、胸闷、失眠等症状,重则有可能出现血压、血糖升高,脑供血不足,严重的甚至会导致心脑疾病的发生。

三、悲观主义

我们对于"半杯水"的故事恐怕再熟悉不过了。乐观者看见半杯水,知道有水喝,会高兴地说:"太好了,还有半杯水!"而悲观者见了它,会觉得不够喝,因此会沮丧地说:"哎,真倒霉,只有半杯水了。"由此可见,乐观者和悲观者看待问题的视角是不同的。于是就有人调侃说道:"乐观者发明了游艇,悲观者发明了救生圈;乐观者建造了高楼,悲观者生产了消防栓;乐观者做了玩命的赛车手,悲观者穿起白大褂当了医生。"

如果有人问你:"你是想做一个乐观者还是一个悲观者?"相信绝大多数人会选择做乐观者。可事实上呢?我们真的是一个乐观者吗?或者说这些绝大多数选择当乐观者的人正是因为自己是一个地地道道的悲观者?

我们是否曾有过如下的体验呢?昨天和朋友闹了一点小矛盾产生不愉快,立刻觉得自己连个真心朋友也交不上,失落感顿生;今天挨了领导批评,接着认为自己工作能力太差,以后难成大器,开始为自己的前途担忧;偶尔因为鸡毛蒜皮的小事和女朋友吵架,出现隔阂,又会偏执地认为世界上没人理解自己,连女朋友也有可能会离自己而去……如此一来,自己每天都被这些生活或是事业上的不如意所包围。

通常说来,乐观和悲观的念头会交替涌现,没有人总是乐观或是总是悲观的,只不过不同的人,处在不同的场景,针对不同的事情,乐观与悲观的程度不同罢了。可现在社会上有一种值得关注的有趣的现象,即越来越多的人倾向于悲观了。我们经常也会听到有人感叹道:"其实我自己也希望想些积极美好的事情,但是最终还是消极的想法占了上风。那些消极的想法和情绪经常让我萎靡不振、无法集中精力干任何事情,使我变得越来越消沉。"

这或许是因为我们平时接触了太多悲观、消极的事物或是信息,而这些信息无疑也迎合了人们的心态,紧紧抓住了我们的眼球,不知不觉地把我们带入了消极的漩涡。正如积极心理学家所统计的那样,研究消极情绪和积极情绪的文章之比已达到了 21∶1 之多。试想一下,整天被消极信息所包围的人怎么可能会真正体验到快乐呢?

其实悲观的想法有时是一种认知的扭曲,它具有以下几个特征:如将事件后果夸大化,盲目地高估问题的严重性并低估自己解决问题的能力;过度类化,认为失去了一个人就失去了整个世界,没有任何依据就自以为是地妄下结论,并且固执己见;极易忽视事情的积极面,将自己的眼光全部关注到消极悲观的方面,或以消极的方式看待积极的事物,用以证明自己负面的自我印象是正确的;通常还会有非此即彼的思想,这样极端的想法容易将自己逼入死胡同;习惯性自我化,喜欢将事情揽在自己身上想,尤其是一些会产生不良后果的事情,总认为会发生在自己的身上。[①]

偶尔的悲观、消极对人的影响不是很大,但如果让悲观成为一种习惯,那就该引起我们的注意了。悲观主义的人其思想总会轻易地被消极情绪所占领,或灰心丧气、哀叹嗟悔或满腹牢骚、怨天尤人。有时,他们还会感到莫名的悲伤,就连眼中的世界也变得灰暗模糊,甚至于连电视剧或新闻报道的某个场景都会勾起他们对伤心往事的回忆,在其内心掀起巨大的波澜,久久不能平息。

具有悲观主义的人常常表现为不善于与人交往,性格孤僻,情绪抑郁,经常处于苦闷、忧伤的心境之中。生活中偶然的失利事件经常会泛化到生活的其他方面,总认为自己各方面做得都不够好,并往往感到心里不平衡。沉迷于消极悲观的想法之中会让

---

① 王路编著:《我的情绪,我做主》,海潮出版社 2005 年版,第 21 页。

人身心俱疲、萎靡不振,总是有消极的想法还有可能是抑郁症的症状或前兆。

悲观的产生源于矛盾和压力,但现实生活中矛盾无时不有,压力无处不在。如果我们不能正确处理压力的负面影响,则会容易导致悲观情绪。一旦悲观情绪的"上镜率"过多,又会反过来影响我们的心境,让我们忧心忡忡,对未来充满忧虑,进而增加压力感受,并将被拖入一个恶性循环之中。

四、安全感缺失

有时候我们会听到男性抱怨为什么女性总是爱问"你到底爱不爱我",以至于到了几乎不厌其烦的地步。你若回答"爱",则她会满意地消停一会;你若是不回答或是支支吾吾,她则会感到非常难过,感到自己被整个世界抛弃了。如果你也有这样类似的情况——必须不断地证实自己与爱人、家人或是朋友的密切关系——则说明你已经缺乏安全感了。

现如今"安全感"这个名词已经被越来越多的人挂在嘴边,很多人都嚷着缺乏安全感。那究竟什么是安全感呢?安全感是对可能出现的对身体或心理的危险或风险的预感,以及个体在应对处事时的有力/无力感,主要表现为确定感和可控感。安全感主要体现在物质和精神这两个层面。生活在现代的人们,物质层面的安全感很容易得到满足,恐怕较为缺少的是精神层面的安全感。人与人之间的冷漠对待,个体社会支持的缺乏,都会导致安全感的缺失。

弗洛伊德的精神分析理论最早研究了安全感。但对安全感研究最为详尽的是人本主义心理学家马斯洛,他详细分析了具有安全感和缺乏安全感个体的具体表现。他提出的著名的需要层次理论,概括了人们依次上升的需要:生理的需要、安全的需要、归属和爱的需要、尊重的需要和自我实现的需要。马斯洛指出:当生理需要基本满足之后,第二层次的需要就出现了,即人们开始寻求安全的需要。个体将逐渐感兴趣于寻找和保障周围环境的安全与稳定,产生了发展某种结构、秩序和某种限制的需要。若该需要得不到满足,个体则会变得焦虑、忧郁并充满压力。

缺乏安全感的人往往感到被拒绝,感到不被接受。例如某人邀请同伴出去玩时,由于同伴有其他的私事而遭到拒绝,此时缺乏安全感的人会认为自己是不受欢迎的,其他人都不喜欢和自己在一起,而不会理智地分析或许同伴早有了其他的安排或是更为重要的行程。缺乏安全感的人也常常感到很孤独,认为自己受到了别人的冷落,是被别人遗弃的,在团体活动中往往感觉自己就是被大家遗忘在角落里的小丑,没有人会真正地注意自己,也不会有人来欣赏自己。同时他们还会将他人视为是自私、邪恶和危险的。若是看到别人偷偷地说着悄悄话而不让自己知道,则会认为别人定是在说自己的坏话,感到自己受到了威胁,遭到了别人的嫉妒或是歧视。因此他们常常对外人持不信任、嫉妒和敌视的态度。缺乏安全感的人,其生活也是充满了焦虑和压力,他们习惯于根据别人的行动或是眼色来揣测别人对自己的态度,徒给自己增加不必要的负担,却又经常往不好的方向去想,具有悲观主义倾向。

对于缺乏安全感的个体来说,他们更倾向于以不安全的方式来解释外界的环境和刺激。仅仅是别人一个不经意的眼神,他也有可能会理解为别人对自己的不满或是嘲讽。安全感缺失的人即使是得到了足够的心理保障,其自我感觉仍是不满足。他们需要的是持续不断的增加资源用以保障自己的心理安全需要。他们会经常感觉紧张、疲劳、自卑,并伴有强迫性内省倾向和自我谴责倾向,严重者还会出现过度神经质、强烈的罪恶和羞怯感,甚至自杀倾向。

本章案例解读

小商原本平静的生活就这样被一场同学聚会打乱了。这看似偶然,其实也是必然的。平日里来自各方面的压力早已经压得小商喘不过气,而同学聚会就像是一个导火索,将其所有的不满和愤懑都引发了出来。

同学聚会前后小商的生活并未发生什么实质性变化,但为什么她的心里却起了如此大的波澜呢?不难看出首先是她的攀比心理在作怪。与他人做比较是一种很正常的心态,正确的比较可以发现自己的不足,为自己今后的发展指明方向和增加动力,但如果过度攀比则会造成不必要的心理压力。小商在选择攀比对象上已经失去了理智。一个班级中总会有几个功成名就者,若是仅仅将目光聚焦于他们,以他们的标准来评价自己,所造成的后果只可能是不断地产生挫败感。将自己强制性地置于别人的阴影之下,会逐渐侵蚀掉自己的信心,迷失自我。而这种一而再的信心的丧失很容易泛化到生活的其他方面,人们会偏执地认为自己在各方面都不如意,进而越来越消沉、悲观甚至颓废下去。当然小商的心态只是造成她巨大压力的主观因素,其客观因素也需要引起我们的重视。随着社会的进步,教育问题越来越为人们所关注。国家的大力支持与教师待遇的提高,使得更多的人选择教师这一职业,其职场压力不容小觑。由于许多学校已经实行教师聘任制和末位淘汰等政策,每年都会有许多新鲜血液注入教师队伍,相对的也会有一些人被淘汰掉。教师职业再也不是原来人们印象中的铁饭碗。并且教师也已经不是一本书就可以教到老的职业了。新时代的教师需要跟上时代的步伐,积极吸纳新的思想,与时代共同进步。新教材的实施正在考验着每一名教师的学习和适应能力。在这一方面,年轻的教师比较有优势。他们一般具有高学历,素质相对也比较高,精力充沛,刚进入职场有较高的热情和干劲,学习能力较强,比较容易就掌握了课改新教材的内容和思想。并且年轻的老师比较受孩子们的欢迎。相对来说,他们与孩子们的代沟较少,孩子堆里流行的话题他们也能知之一二,容易和孩子们打成一片进而获得学生的好感和信任。这些都无疑给小商这样的老教师造成了不小的心理压力。

同时由于毕业班的工作比较繁重,小商有时候在学校处理不完的事情还会带到家里去完成。每天忙的不是批改学生的作业和卷子,就是备课或是学习新课程。工作到深夜那是常有的事。老公对此很有意见,经常说小商"您怎么就这么忙?是不是改天让您当校长呀?""拿自己班里的孩子比自己的孩子还上心。"得不到家人的理解和支持,小商真是有苦说不出。自己担负着众多孩子成长和升学的重任,有多少双眼睛在注视着,社会、学校、家长、学生哪个不是对小商寄予了厚望,这过高的期望使得她的压力真的很大。要求严了,学生受不了,家长会指责老师管得太严;抓得不紧,学生成绩一旦不理想,学生自己失落不说,家长也会跟着埋怨老师,说"没有教不好的学生,只有不会教的老师"。同时学校领导也会找小商"个别谈话"施加压力。上述种种哪一点不都是在压迫着教师已经脆弱的神经呀!

第五章

人生豪迈不应有悔
——生活因素

本章案例

刘老师今年30岁,是一名优秀的初中班主任,平日里对待工作认真负责,极少出现差错,对待同事也很是热情,对待学生更是细致关怀、和蔼可亲。但是最近大家发现刘老师工作上经常犯些低级错误,如记错开会的时间等等,对待学生也不太耐心了,大家看着她憔悴的样子都很担心。后来了解情况之后才知道,原来刘老师的公公生病了,从老家来省城住院治疗,虽然婆婆负责看护公公,她还是需要分身去医院照顾。家里突然多了两口人,还有一个是病人,无论是家务上还是经济上都增加了很大的负担。丈夫也因为父亲患病心情不好,常为一点小事责备刘老师。刚上初中的儿子,由于最近没时间管,刘老师已经接到儿子的班主任好几次批评的电话了,说儿子写的字都已经飞起来,这么好的孩子一定要好好教,不能养成不好的习惯。刘老师觉得自己快被生活压得喘不过气来了……

本案例中的刘老师遇到了哪些问题,又该如何应对?

第一节

拿什么拯救你,我的家庭
——家庭压力源

家庭是很重要的,家庭压力也是生活中压力的重要方面。怎样能够化解家庭中的压力,提高家庭幸福感呢?让我们一起来重新认真审度我们的家庭,相信这也是改变家庭生活,减少家庭压力源的开始。

一、家庭

人类几千年的文明证明家庭就是社会的DNA。世界家庭大会秘书长阿伦·卡尔森在该组织会议的开幕式致词中说道:"人类的身份促使我们奔向家庭生活,奔向婚姻和子女。宗教信徒可能会把这种现象解释为创世纪时神之旨意产生的后果;相信科学的人则会把它解释为人类的一万多代进化的结果。但是,他们的结论都是一致的:人类必须是家庭性的。"

(一)家庭的功能

家庭的一个十分重要功能是生育并抚养孩子。社会的期望是孩子应该出生并成长在一个结构性的家庭中。研究还表明,稳固的家庭结构中的孩子还容易在各个方面——身体上、心理上、精神上、经济上和社会上——取得成功,具有巩固的大家庭支持的孩子更善于应对生活中的挑战。

家庭还应该提供经济支持。每一位具有劳动能力的家庭成员都应为家庭的衣、食、住、行等各项费用提供支持。例如夫妻两人各自担起不同的责任,可以共同挣钱、分担家务;也可以一个家庭成员负责内务的管理,另一个负责赚钱购买生活物品。而孩子在成长的过程中,也得到了家庭成员(父母、兄弟姐妹或其他家庭成员)的支持。

最后,家庭还应该提供情绪情感方面的支持。在家庭里,我们享受着爱,获得安全感,体验着归属感,家庭帮助我们远离孤独,让我们学会如何关心别人、照顾别人。在家里,我们可以做最真实的自己,可以把自己的缺点一一展露,而不用担心被批评,还会觉得自己仍然属于这里,这里的人依然爱着自己,虽然自己有那么多的缺点。在遇到困难的时候,家人会给我们帮助;在需要倾诉心中苦闷的时候,家人给我们安全的倾诉场所。

上面所描述的家庭的功能是从理论角度来说的,我们可以先把研究放在一边,用我们自己的智慧和心去想一想。有什么能比由真正彼此关爱、互相照顾的家人组成的家庭更能实现个人幸福、社会和谐的呢?汶川大地震中,有多少家庭的父亲、母亲、兄弟姐妹都在地震中遇难了,只剩下一个可怜的孩子幸免于难。可当我们的心转向那些幸存的孩子时,或许他才是失去的最多、最不幸的人。我们并不是担心他们没有吃的喝的,没有住的地方,或者是没有人照顾,而是他们失去了这个世界上根本无法替代的东西——血脉相连的亲情和家人。

我们也知道,许多家庭并不是像上述描写的那样美好。有的家庭有家庭暴力,有的家庭在精神、物质或情感上很贫穷。那么什么样的家庭才是功能良好的家庭呢?

(二) 功能良好的家庭

什么样的家庭能够叫作功能良好的家庭呢?一位家庭观察者、作家霍华德(Jane

Howard)发现一个功能良好的家庭具有以下特点:

1. 家庭中有一个领导:家庭中应有一个核心人物,能够团结和领导其他家庭成员。其他人也愿意团结在他的周围。

2. 他们有一个"接线总机":家庭成员中应有一个人始终知道其他家庭成员在做什么,了解其他成员的动向。

3. 他们不限制家庭成员的交往:功能良好的家庭鼓励家庭成员与家庭外的其他人交往,他们认为有的需要是可以通过那种方式满足的。

4. 他们非常好客:他们明白这样一个道理:主人需要客人,正如客人需要主人一样,并且有一群荣誉家庭成员。这些客人成为家庭成员附加的支持系统。

5. 他们多角度处理困难:当遇到困难的时候,他们能够灵活地多角度地处理问题,不会让困难成为影响家庭关系的问题。

6. 他们非常重视礼节:家庭成员一起度假,一起参加葬礼,并在其他方面发展家庭成员的联结感和连贯感。

7. 他们互相挚爱:家庭成员之间会拥抱、亲吻、认真地握手。他们能迅速地表达对彼此的爱,并相互照应。

8. 他们有一种空间定位感:有一所房子、一个城镇,或是其他可以把他们联结在一起的一个地方。即使是经常外出的家庭成员也可以有一个和这个地方联结在一起的地方,在那里他们可以找到自己。

9. 他们和后代联系在一起:家庭成员知道他在他们之前发生了一些事情,他们也知道有些与他们联系的事情在他们死后仍然会继续。

10. 他们尊敬长辈:祖父母及其他长辈亲戚在这些家庭中得到了尊敬和照顾。他们的经验和智慧以及他们本人的价值都得到了实现。

看完上面的良好家庭的特征,我们可以明显感觉到那是一种西方的文化产物,和我们的家庭理念有一些区别,但一些核心的、本质的东西还是相通的。也许你正在寻找与自己的家庭不相符的地方,找到后还在埋怨自己,这是人之常情。在对比自己的家庭之后,我们应该保持客观与理智,找出需要改善的地方并努力付诸实践去改善它。

一味的责备与埋怨是于事无补的,甚至还会影响我们想去改变的心情。

那么家庭成员做些什么能够造就一个快乐、健康的家庭呢?

——彼此依靠

——彼此信赖

——彼此宽容

——彼此照料

——彼此赞美

——互相关心

——互相安慰

——互相帮助

——互相尊重

——互相坦诚

——共同娱乐

——共同工作

——共同探讨

也许你要问了:就这么简单?是的!就是这么简单!也许还有的人会这样想:我看了半天书就是要了解这个?但是,我相信大家随后会逐渐认识到:是的,这正是自己所需要的。事情简单却不平凡,重要的不是事情是否简单,而是我们在看待这些简单小事时,所流露出的态度和信念。

(三)如何看待自己作为家庭成员的角色

家通常在我们看来是个可以卸下所有包袱,可以休息的地方。劳碌了一天的我们希望一进家门看到的是干干净净的地面,整整齐齐的桌椅,高高兴兴的家人……

但是现实的情况通常是:家里的家务是需要付出努力整理的,而且还是一项繁琐的劳动;孩子的教育也是一项巨大的劳动,不仅耗费体力还需要脑力;处理与家人的关系也是一项不轻松并需要技巧的任务。理想与现实的冲突对我们的打击很大,于是无助的我们开始在小事上责备、抱怨甚至责罚我们的家人。这就是我们常听到的角色冲突即个体不能满足多种角色要求或期待而造成的内心或情感的矛盾与冲突。

家庭给了我们巨大的满足,给了我们安全感、归属感和安慰。同样的,我们也应为这种巨大的满足感而付出、而努力、而牺牲。《摩诃婆罗多·薄伽梵歌》中有一句话是这样说的:"仅仅因为应该给予而给予,在适当的时间、适当的情况下给予那些值得给予的人,并不思回报,这是高尚的给予。耿耿于怀,或是期望得到好处、得到回报而给予,则是自私的给予。"无论工作场所还是家庭,都是需要我们付出与贡献的地方,从今天开始,让我们在踏进家门的那一刻起记住这是一个需要自己付出和努力的地方,并开始做一些小事使家庭生活更美好,如记得说"谢谢"、"对不起",尽量物归原位,保持整洁等等,还可以搞一些大一点的活动,如和孩子一起参加活动或者比赛、周末与家人外出野餐等等。

总之,家庭生活不能一味地索取,应该懂得付出和奉献,幸福的家庭生活一定是家庭成员一起努力的结果。

视窗 5-1

小活动　了解我们的家庭

为了了解在家庭中经常发生的,自己可能没有注意到的行为,帮助我们检验自己的行为,改善那些对家庭关系影响不良的行为,请准备一支笔和一张纸,完成下列步骤。

第一部分:列出 6—7 种家庭成员经常做的事情——通常是让家人生气的,带来不良后果的。

1.
2.
3.
4.
5.
6.
7.

第二部分:列出6—7种家庭成员经常做的事情——通常是令家人开心的,带来较好结果的。
1.
2.
3.
4.
5.
6.
7.

通过上面的罗列,我们会发现大家所认为不好和好的行为通常都是大同小异的,无外乎就是以下几种:不好的行为如乱放东西,满腹牢骚,听别人说话的时候心不在焉,别人说话时随意打断,说话不算数,再三提醒别人做某事。同样的,被认为是好的行为恰恰与此相反。

列出了认为好和不好的行为之后,我们可以和家里人一起做一个表格,总结出哪些是不可以做的、别人不喜欢的事情,哪些是可以做的、家里人都很高兴的事,贴在墙上与家人共勉。

二、家庭压力理论

家庭研究社会学家鲁宾·霍尔(Reuben Hill)在其"压力下的家庭"(Hill,1949)及"压力下的家庭面面观"(Hill,1958)等文中将危机分为两类:一是因家庭外在因素而引起的危机,称之为"家庭外因危机",例如:地震,洪涝,战争等;一是因家庭内在因素而引起的危机,称之为"家庭内因危机",例如:离婚,暴力,疾病等。霍尔所讨论的危机状态是指作为人类基本群体的家庭,受到外在环境因素或家庭成员所造成的事件影响而引起的不平衡状态。霍尔的"ABCX模式"如下图所示:

$$A \leftrightarrow B \leftrightarrow C \leftrightarrow X$$

(压力来源或　　(家庭用来适应　　(家庭对该压力情境　　(家庭危机)
　压力情境)　　　压力的资源)　　　所下的定义)

在上述理论模式中,霍尔对压力来源所下的定义为:当危机产生时,家庭对此危机在心理上或资源上,没有或仅有极少的事先准备,因此,当家庭面对危机时,他们无法应变,此时家庭便产生了压力。通过后人陆续的研究,相关压力与危机理论学者将家庭危机发展过程大略分为四个步骤:[①]

1. **对生活事件下定义**。在此,生活事件指压力来源或者家庭需要。它包括:

(1) 家庭成员中某人或某些人因为经验生活事件改变,带给家庭系统不平衡的状态。

(2) 家庭所面对的困境:指家庭在适应生活事件的改变过程中,所必须面对的困境。

(3) 过去家庭曾面对的压力:此种压力可能属于积累性或与目前压力无直接关系的生活事件,它能成为目前压力的导火索或加强其压力程度。

2. **家庭与个人解组**。当因生活事件改变而导致对家庭的需求程度超过所能负荷时,便造成家庭或个人的解组。这也是对压力的一种反应,例如,当工作不顺心时,心理一定会有些波动,从而引起悲观、退缩,这些反应代表个人已经无法解决内心的矛盾与紧张,但这也是最容易接受外界帮助的时期。此时,若是内心的紧张焦虑无法克服,就会造成压力程度的增强,导致家庭冲突及极不愉快的气氛。

3. **重组时期**。在经过的挣扎与斗争之后,接踵而来的是整顿时期。整顿时期的第一个步骤是个人与家庭成员对压力情境重新认识与重下定义。

4. **寻求并接受别人的协助**。健康的家庭并不是没有困境的家庭,但是此种家庭遇到困境时不但能够坦然面对,而且能够运用有效资源来克服。

三、家庭压力源

(一) 双生涯家庭

双生涯家庭指的是由均从事领有薪金的职业的夫妻二人组成的家庭。现如今双

---

① 蓝采风:《挑战压力》,中国纺织出版社2001年版,第134页。

生涯家庭已是非常普遍的现象,越来越多的女性和男性一样参加工作,接受高等教育和专业训练。作为初中教师,教师要扮演答疑解惑者、学生学习的指导者、学生心理的保健者、班级纪律的管理者等角色,有的还肩负着学校的领导职务;在家里,教师扮演着家长、孩子、丈夫、妻子等角色。每种角色都要求教师具备强烈的责任感和奉献精神。由于教师本身的工作繁忙、精力有限,因此,很容易造成角色冲突,增加教师在工作和生活中的压力。

对双生涯家庭而言,虽然每个家庭中成员的职业会有所不同,但总体来讲,压力的来源又较为类似,大致可归纳为两种:一为内部压力,指压力来源于家庭内部原因;二为外部压力,指压力来源于家庭之外。其中内部压力又包括角色超负荷、角色认同、角色周期等问题;外部压力包括职业特点、社会要求等。

角色超负荷:在双生涯家庭中夫妻两人都有专职的工作,回到家中还有繁琐的家务,有的还有孩子教育问题,这样看来双生涯家庭的成员角色负荷是过重了。对双生涯家庭研究最有名的美国社会学家拉伯波特(Rapoport)夫妇指出,以下 4 个因素将决定双生涯家庭对角色超负荷的感受和对压力程度的不同经验(Rapoport & Rapoport,1967):1.家庭对生育子女的期待程度及对生活情趣的重视程度;2.夫妻对家庭生活水准高低的向往程度;3.夫妻两人对家庭内部重新分工合作后的满意程度;4.夫妻于工作中造成心理上的过度负荷,进而形成生理上过度负荷的情况。如果可以对上述几条作出良好的安排,相信双生涯家庭能够对家庭功能起到正面的影响。

角色认同:即便是在如今的社会中,"男主外、女主内"的观念还是根深蒂固的。也有一种与之相反的提法叫作"双性角色",指男女均可互相扮演对方的角色而不失去原来的性别角色。[1] 例如:在家庭中,女性既可以出去赚钱,担当家庭的经济来源之一,同时还可以担当贤妻良母;同样男性不仅要保持传统意义上的男性的角色,还要扮演起"家庭煮夫"。照理论而言,双生涯家庭中的男女都会遇到上述的角色认同问题,而且女性所面对的角色认同冲突压力较男性高。

---

[1] C·奥诺雷著,初丽岩译:《压力之下:在苛求的世界里养育子女》,华东师范大学出版社 2010 版,第 25 页。

角色周期:指双生涯家庭如何将个人生涯周期与家庭生活周期相互协调。例如有的女性结婚后就将全部精力投入家庭与儿女上,有的则是结婚多年后,各方面做好准备才开始要孩子。无论是何种的安排,双生涯家庭应互相协调好家庭生活周期与个人生活的周期,以减少生活压力。

职业特点:双生涯家庭中由于夫妻两人的工作空间和时间的差别也会产生压力。例如:有的夫妻工作不在一个城市,或者一方经常出差,这便造成空间上的差别;有的夫妻工作时间颠倒,或者一方经常晚归,这会造成时间上的差别,从而带来了压力。最后夫妻两人在职业上的地位的不平衡也会造成家庭压力。

社会要求:双生涯家庭也逃不过社会传统观念对他们的评价,夫妻在各自的工作、能力、知识水平等方面仍要被传统的社会观念所评价,在这其中无论男女都要面对。研究也证实:超越传统的社会规范会造成个人的不安与罪恶感。[1]

(二)孩子教育

身为教师通常承受着社会的压力,具有一定的完美主义倾向。夸美纽斯称赞教师是太阳底下最光辉的职业,我们也一向赞誉教师为"人类灵魂的工程师",这一方面是对教师的赞扬,同时也是社会对教师的一种无形的压力。逼迫教师向完美主义者看齐,使他们背上了沉重的包袱,同时他们也用完美化的标准来要求自己的孩子,不允许孩子不优秀,对孩子提出极高的要求。而孩子为了迎合、取悦父母,就需要做出很多的努力,承受着比其他孩子更大的成长压力。

美国教育协会主席麦克古瑞曾经说过:"心理枯竭感受正打击着无数具有爱心、理想,乐于奉献的教师,使他们逐渐放弃自己的专业工作,这个重大的疾病正在折磨着教师职业。"心理枯竭不仅会导致生理耗竭、心智枯竭、情绪衰竭,还会使这种状态延续到家庭,迁怒于孩子。身处身心枯竭状态的教师,出于职业责任可能还是会将满腔的热

---

[1] C·奥诺雷著,初丽岩译:《压力之下:在苛求的世界里养育子女》,华东师范大学出版社2010版,第25页。

情投入在学生身上，但当面对自己的孩子时，也许就会将不愉快发泄到孩子身上，对孩子冷漠、急躁、斥责，甚至打骂。

> **视窗 5-2**
>
> 身为教师子女的双重压力
>
> 相比较而言，教师子女是一个特殊群体。他们在青少年时期承受了双重压力，觉得学校、家里没什么区别。
>
> 由于升学压力，这种现象以初中教师家庭最为突出。它给孩子带来无限烦恼，甚至会对孩子的个性成长产生更大影响。当然，并不是说所有的教师子女都面临教育悲剧，但教师在家庭中如何完成角色转换，善待自己，不苛求子女，值得每一位做教师的父母思考。下面是一位教师家庭子女的内心独白，发人深思。
>
> 人人都说我长得像个"老师"。老师该长什么样？我不知道。也许我相貌端庄，一身"正气"，仿佛随时准备给别人以谆谆教导？这也难怪，我来自教师家庭，免不了沾染上某种"气质"——尽管我自己并不喜欢这种评价。
>
> 多年的成长道路中，因为父母是教师，我就比别人多承受了双重压力。父母一直带高中毕业班，高考升学率是最大的目标。他们要强上进，是各自教学领域的佼佼者，多次获得区、市级优秀称号。他们工作勤奋，早出晚归，有时候甚至就住在学校。他们严以律己，也以同样的标准来要求我。
>
> 从初中起，我每周都要做大量的课外练习题，爸爸最会给我布置作业了。我当时住在爷爷家，爸爸每周末都要检查我上一周的作业完成情况，判完作业，再划出下一周的练习题。我深知他们对我寄予的殷切希望——由于"文革"，他们不能报考自己喜欢的院校和专业，当老师是惟一出路。他们希望我实现他们未竟的理想。我理解这种愿望，同样也可以想见我学生时代的生活，十多年来，所有的课余时间我都在题海中度过。
>
> 最让我害怕的还不是作业，而是家长会、老师期末评语和爷爷"告状"。其实，我学习成绩向来很好，也一直都是班干部。老师从来不管我。但每次到了期末，总得象征性谈点缺点和不足吧。那时的老师还不像现在，评语亲切动听得近乎肉麻。记得一次班主任在堆砌了一批"好词"之后，写道："有点小散漫。"这下可不得了，那天我还在院儿里美滋滋地玩呢，就被爸爸妈妈叫进屋，狠狠批了一通。什么地方"小散漫"？是不是上课和同学说话？跟谁说的？说什么了？他

们是多么会教训人啊！深挖思想根源，句句直指要害。爷爷也会在一旁偶尔帮腔——他是初中教师。后来怎么收场我已经忘了，只记得一颗小小的心在瑟瑟发抖。如今每次想起那段生活，还会立刻想起爸爸妈妈严峻、冰冷、声色俱厉的神情。这种印象经年累月，难以磨灭，并让我形成一种深刻概念：只有学习好，我才有价值，他们才会爱我。

由于工作成绩出色，他们长年被学校分配带"乱班"，也习惯用对待"差生"的方式对待我。其实我有那么差吗？我长大成人后对自己有一个基本客观的评价：学习不算最拔尖，可也在前几名；性格敏感、内心世界丰富；属于有点小散漫的"乖乖女"，是完全不用老师操心的那种类型。可父母却不这么看，你考了95分，为什么不考个100分？一看到我稍有不足，立刻想到我会"变坏"，走向"歧途"，未来"一败涂地"。

可以想见我在青春期时的家庭气氛。除了学习，按他们意愿行事，没有其他选择。不知是不是叛逆心使然，16岁，我这个"乖乖女"开始了一场"早恋"。天哪！这简直是全家的灾难。我听尽了这个世界上最恶心的辱骂字眼，书包、日记随时都得接受审检。其实，这段"恋情"总共才持续了三个月，但此后三年的高中生活，我一旦考不好，父母就会把这件事拎出来，翻来覆去地数落一番。

后来，父母把我转到了自己的学校。其实，是否转学也让他们权衡了好久。主要是怕我成绩不好，给其他老师"拉分"，让他们丢人。最终，他们决定还是要把我转过来，毕竟在眼皮底下盯着比较踏实。

从此我生活在父母的"显微镜"下，一举一动都逃不脱父母的掌控。自习课上，我问邻桌一句话，再一抬头，就能看到父母正从门口窗户上"监视"我。各种考试，同学们还不知道分数，父母已经开始了对我的训斥。按说此时我应当怀有"地狱"般绝望的心情吧，可也奇怪，我反倒满不在乎。反正家里和学校，环境同样恶劣，都没指望。

所幸后来我以优异的成绩考上大学，没有当他们万分担心的升学率的"分母"，反而成为他们的骄傲。他们逢人便夸我听话、学习自觉、不让人操心。看着他们从心底洋溢出的笑容，我简直难以置信。从那时起，他们再也不管束我了。是啊，他们一生的教育任务都完成了，仿佛我通过了一场考试，便立即具备了主宰自己生活的全部能力。

在我填报的志愿中，没有一个是师范类的。父母的教师身份让我对这个职业产生了一种复杂的情绪。我知道，并不是所有的教师都会简单粗暴地对待自己的子女，也不能用现代教育的眼光来要求那一代父母。但遗憾的是，一些伤害已经造成了。尽管时光流转，我与父母之间越来越呈现和睦美满的景象,可我内心深处,却对他们的教育方式,乃至价值观充满深刻的不认同。

采自:《中国青年报》2013年1月23日

(三)婚姻状况

无论是单身还是已婚教师,压力影响因素的重要性没有太大的差异,但一些影响方面在不同婚姻状况教师间的差异较为明显。未婚教师和已婚教师的压力感存在较大的差异。主要是因为单身教师除了教学没有太多的其他方面的事情,可以一心扑在教育教学中;而已婚教师要料理家务、照顾子女、处理家庭其他事务、考虑自身进一步发展等,因此单身教师在工作各方面均显示出较已婚教师要小的压力。

第二节

熙熙攘攘,皆为利往
——经济压力源

虽然大部分教师的生活条件有了很大的提高,但与教师含辛茹苦的工作相比,报酬还是不等值的;在收入方面,虽然稳定,但与从事其他职业的人相比,特别是与社会热点行业比,教师的收入仍然偏低。

一、孩子抚养

几乎对所有的家庭来说,抚养孩子都是一项巨大的经济负担。早在 2005 年,著名社会学家徐安琪便在中国社科院社会学研究所刊物《青年研究》上发表调研报告称,把一个孩子抚养到大学毕业,父母的直接经济支出高达 48 万元,当然,这还是 6 年前的数据。

付老师月收入不到 3 000 元,自去年 7 月幸福地当上爸爸后,前所未有的经济压力扑面而来:"到目前为止,每个月光小孩的花费就得 6 000 多元:买进口奶粉,一个月得 2 000 多元;请保姆,每个月 3 000 元,再加上玩具、衣服、尿不湿……要不是长辈支持,靠我们小两口还真养不起一个孩子!"

付老师的爸爸是一家钢铁公司的股东,孩子的日常开支,当爷爷的负担了一多半。儿子5个月大时,付老师给他报了一个早教班,一年半要两万元,加上这笔开支,迄今他们已花在孩子身上7.5万元。想想今后漫漫长路,付老师压力重重。

无独有偶,任老师夫妻俩正为两岁半儿子选幼儿园的事发愁:"想送孩子上个好点的幼儿园,比我们上大学时都贵!像省政府机关幼儿园、师大实验幼儿园,每个月要1000元,进双语班,学费还要加倍,照此计算,4年下来,光是交给幼儿园的费用就得9.6万元!"

实际上,随着生活水平提高、生育率降低,"育儿成本高涨"在世界范围内是普遍现象。不过,在部分发达国家,政府的生育补贴和高福利政策,一定程度上削减了家庭的育儿压力。据了解,在美国一个中等家庭每年用于抚育孩子的钱,大约占家庭税前年收入的20%左右,而在中国普通工薪家庭,这个比例可能达到35%甚至50%以上。与此同时,近些年来,中国商品房房价一路飙升,普通家庭经济支出骤增,生儿育女便愈加不堪重负。网易2009年年底的一项调查表明,超过八成的中国年轻家长感到抚养孩子的经济压力太大。

扣除物价上涨因素,中国家庭育儿成本的直线上升,还与特殊国情下中国父母的育儿观念有关。分析受访家长的育儿支出结构可以看到,在50万元这个区间,孩子的生活费约占3/5,教育费约占2/5;超过50万元这一区间的,所增成本大部分是投入到了教育上,此外,还有为孩子结婚买房的支出。

而在教育消费上,家长更是舍得投入。在一些社会早教机构,尽管一年的学费动辄上万元,课堂上仍人满为患。抱定了"不能让孩子输在起跑线上"的想法,再"天价"的幼儿园也有家长给孩子报名。而等孩子到了入学年龄,父母们又开始不惜重金为孩子跨学区择校、上各种辅导班。

二、患病

曾经看到过一则新闻,长春应用化学研究所子弟初中5年1班的班主任周老师得病4天后,来到学校上课时才得知:她被学校解聘了,原因是请假不及时。不仅是周老师不服被辞退的理由,她带了5年的学生也都不忍心老师的离开。

教师职业是一个集脑力劳动与体力劳动于一体的职业,辛勤的园丁们在繁重而辛劳的教学中,由于职业的特殊性,身心备受疾病的困扰。教师工作的特殊性决定"小病"要忍,不能轻易地请假,这导致很多老师由小病拖成了大病,教师队伍的健康状况堪忧。而这不仅仅是身体上的疾病,还包括由于压力过大引起的心理疾病。同时,教师请病假还要扣工资、扣奖金,很多教师坦言自己病不起。根据有关调查数据表明,七成的教师处于亚健康状态。高强度的工作给教师的生理和心理都造成了不小的压力,以致出现了教师职业病。

(一)慢性咽喉炎

粉笔末这类东西让老师吃够了苦头,除了咽喉,声带也是老师"容易受伤"的部位之一。说话多、喝水少、粉笔微尘的吸入是导致教师多发咽喉炎的主要原因。教师应注意科学用嗓,修正讲话的方式,胸式呼吸改为腹式呼吸。讲课中,注意声量,切勿大声或急切地说话;课间休息时让声带也休息一下;常用温开水、薄荷口含片润喉;少食辣椒等刺激性较强的食物以及巧克力等糖分过高的食物,多摄取一些清肺养阴、化痰散结的食物。

(二)静脉曲张

教师需要长时间地站立授课,下肢静脉内的血柱形成静脉内的压力,使静脉血不易向心脏回流,而向足部倒流,导致下肢静脉曲张。讲课时,教师应将身体重心交替由一只脚移到另一只脚上,始终保持一只脚处在休息状态,并可慢步走动;要充分利用课间休息时间活动活动双腿,促进血液循环。慢跑、关节屈伸活动、腿部按摩,都可以预防静脉曲张。

（三）颈椎、腰椎疾病

教师长期伏案工作时精力高度集中，备课时间较长，容易造成颈部肌肉的紧张，时间一长就会形成颈部肌肉和韧带的慢性损伤，严重者会演变成颈椎病。而坐时腰椎压力是站立时腰椎所承受压力的好几倍，时间长了，容易导致腰椎间盘突出。所以，在坐姿上应尽可能保持自然的端正，调整工作中的姿势与时间长度，适度运动、充分休息，做些扩展胸部、扭动腰肢、活动四肢等的运动。

（四）心理疾病

在人们心目中，教师就像是智慧品德完美的化身。在一片对教师职业的歌颂中反映了人们对教师职业的崇敬，与此同时也在无形之中给教师群体施加了巨大的压力。这种压力长期累积下来，就容易导致心理疾病的产生。心理学专家认为，心理枯竭已经成为现代社会中的一种职业病，而教师正是这种心理疾病的高危人群之一。心理枯竭会使教师经常体验到疲劳、烦躁、易怒、过敏、紧张、抑郁、多疑等消极情绪，心理枯竭所伴随的成就感降低，会使他们斗志消沉，不再追求工作上的成就和进步，延误自身的发展。心理健康，也是教师的素质要求，一旦教师背上了沉重的心理包袱，就难以胜任教学工作的需要。

教师健康问题应该得到全社会的关注，教育行政部门和学校有必要展开对教师健康知识的宣传和普及工作，提高教师的自我保健意识，不断提高教师的总体健康水平。改善教师的工作环境，如使用无尘的粉笔，为教师准备课间休息的场所和创造良好的工作竞争环境等。同时也要提醒广大教师在日常工作中要劳逸结合，关爱自己，紧张的工作之余，适当运动对于防治职业病有一定的效果。有条件的教师最好每年能进行1至2次体检，发现疾病可及时防治，以免延误病情。

三、经济压力的干预

应对经济压力,最有效的方法应该是提前做好预算和计划,防止超出预算造成债台高筑。如果不能及时付清银行的欠款,不仅会伤及个人的经济信誉,还会引起法律上的纠纷,承担一定的法律责任。进行有效的经济预算可以让我们掌握自己的财政大权,而不是让欠债牵着自己的鼻子走,弄得狼狈不堪。做出几年预算的第一步是计算去年的消费情况。如果无法获得去年的消费情况,可以从现在开始记录两个月的收入和支出情况,然后列出以下几点:

1. 列出每个月的工资总额。

2. 列出每个月期望的消费总额。

3. 尽可能地每个月存一些钱,具体的数额取决于每个月的收入和支出的差额。

4. 如果欠债,每个月要还一些钱。

收入的百分之多少用于哪种消费要视自己的实际情况而定。但是总体的原则是收入的20%—35%用于住房消费,15%—30%用于吃饭,3%—10%用于穿衣,6%—20%用于交通,2%—6%用于娱乐,5%—9%用于存款。如果你发现自己难以坚持自己的财政计划,有必要强迫自己坚持,可以在每个月拿到工资后,将之分类装进各个信封中,只在相应的信封中取钱用,当然实在不够用时可以向其他的信封借钱使用。若是总是频繁地借来借去,你就应该考虑适当地修改自己的计划。下面几条可以帮助我们更好地执行自己的计划:

1. 按时还钱。这不仅养成良好的习惯,还可以避免交付大量的利息。

2. 控制消费。不要随身携带信用卡,不用的时候将它放在家里。

3. 货比三家。例如加油的时候可选择较便宜的而不是只是图个方便。

4. 去超市前列好清单。照单买东西,不要在里面东看看、西瞧瞧。

5. 可选择网购、团购等较为便宜的购物方式。

第三节

乱花渐欲迷人心
——其他压力源

一、角色压力

角色是当我们拥有某一特定身份时,别人期望我们表现出与该身份相符的行为。角色压力通常是由于角色冲突(见图5-1)及角色模糊(见图5-2)造成的。

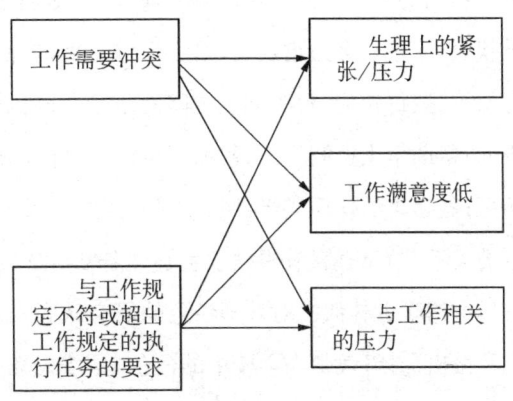

图5-1 角色冲突

(资料来源:Ann Edworthy,2000)

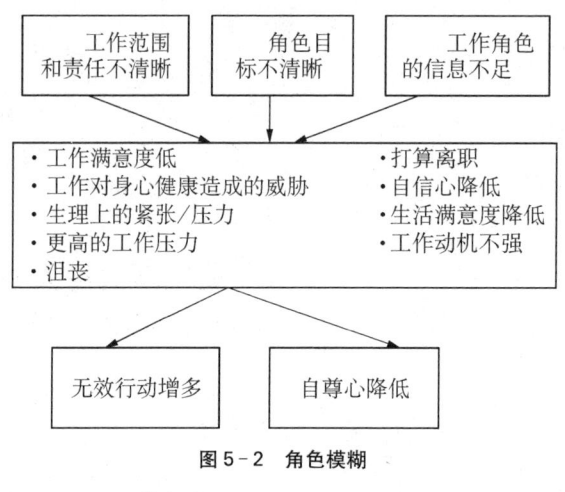

图 5-2 角色模糊

(资料来源:Ann Edworthy,2000)

社会赋予教师太多的角色。霍宜尔在其《教师角色》中指出教师应扮演"教学方面的专业角色",既是学科专家,又懂教育方法,并具有专业态度;还应扮演"领导角色",寻求恰当的领导方式以促使教学成功。[1] 威腾博格认为教师角色应包括:做社会模范的代表,促进社会道德进步;给学生以正确的评价与判断;指导学生发现学习方法;学习知识、获得技能;解决学生之间的争论;查明破坏规则的学生;帮助学生确立目标及方向;帮助学生控制行为;帮助学生建立自信;帮助形成团体学习氛围并做好团体领导角色;做学生的代理父母,照料并指导学生;反对成人给予学生挫折感;与学生建立温暖的关系并互相信赖;根据学生心理需要给学生情感帮助。[2]

台湾学者林清江对教师角色的研究认为,教师在教室中的角色,是协助学生社会化及做出选择;教师在学校中的角色,是传授知识与方法,参与组织决策,平衡学生情绪;教师在专业团体中的角色,是研究及价值的统整;教师在社区中的角色,是协调社区关系,导向社区行动;教师在社会文化中的角色,是促成社会流动,参与文化革新,促

---

[1] N·戈培尔,J·波特合著,万喜生译:《教师的角色转换》,湖南教育出版社 1991 年版,第 36 页。
[2] 同上书,第 88 页。

进社会的全面发展。① 在我国,无论横向看还是纵向看,教师角色都很复杂。横向看,教师不但要承担传道授业解惑者、辅导者、顾问、评价者等等教学角色,还要承担组织者、管理者、沟通者等行政角色;纵向看,社会发展与教育进步不断赋予教师新的角色,不断对教师提出新的要求。先是要求教师既要教书,又要育人;随着社会进步和知识更新加快,又要求教师做终身学习者,参加各种在职培训;随着学校之间竞争日趋激烈,学校要求教师具有服务意识,做学生及其家长的服务者;随着对学生问题解决能力和创新能力培养的倡导,又要求教师自己首先应是具有创新能力的人,从而巧妙地做学生的引导者、促进者;随着教改的逐步深化,对教师的研究能力要求越来越高,教师还要成为研究者②……教师被期望承担的角色如此之多,当角色难以协调或角色难以明确时,便产生角色冲突或角色模糊。

二、家庭重大变故

家庭重大变故是指人们在日常生活中遇到的各种各样的社会生活的变动,如结婚、升学、亲人亡故等。家庭重大变故的测量方法使用的是生活事件量表(LES)。

下面是每个人都有可能遇到的一些日常生活事件,究竟是好事还是坏事,可根据个人情况自行判断。这些事件可能对个人有精神上的影响(体验为压力、兴奋或苦恼等),影响的轻重程度是各不相同的,影响持续的时间也不一样。一次性事件如失窃、流产要记录次数,长期性事件如夫妻分居等不到半年记一次,超过半年记2次。请根据自己的情况,实事求是地在最合适的答案上打钩,没有的请注明"未经历"。

---

① 叶澜主编:《教师角色与教师发展新探》,教育科学出版社2001年版,第89页。
② 新课程实施过程中培训问题研究课题组:《新课程与教师角色转变》,教育科学出版社2001年版,第3页。

表 5-1　LES（生活事件量表）

生活事件名称	事件发生时间			性质		精神影响程度				影响持续时间				发生次数
	未发生	一年前	一年内	长期性	好事	坏事	无影响	轻度	中度	重度	极重度	三个月	六个月	一年	一年以上
例：房屋拆迁			√			√		√					√			1
家庭有关问题															
1. 恋爱或订婚															
2. 恋爱失败、破裂															
3. 结婚															
4. 自己怀孕															
5. 自己流产															
6. 家庭增添新成员															
7. 与爱人父母不和															
8. 夫妻感情不好															
9. 夫妻分居（因不和）															
10. 夫妻两地分居（工作需要）															
11. 性生活不满意或独身															
12. 配偶一方有外遇															
13. 夫妻重归于好															
14. 超指标生育															
15. 本人（爱人）做绝育手术															
16. 配偶死亡															
17. 离婚															
18. 子女升学（就业）失败															

续 表

生活事件名称	事件发生时间			性质		精神影响程度				影响持续时间				发生次数
	未发生	一年前	一年内	长期性	好事	坏事	无影响	轻度	中度	重度	极重度	三个月	六个月	一年	一年以上
19. 子女管教困难															
20. 子女长期离家															
21. 父母不和															
22. 家庭经济困难															
23. 欠债 500 元以上															
24. 经济情况显著改善															
25. 家庭成员重病、重伤															
26. 家庭成员死亡															
27. 本人重病或重伤															
28. 住房紧张															
工作学习中的问题															
29. 待业、无业															
30. 开始就业															
31. 高考失败															
32. 扣发奖金或罚款															
33. 突出的个人成就															
34. 晋升、提级															
35. 对现职工作不满意															
36. 工作学习中压力大															
37. 与上级关系紧张															
38. 与同事邻居不和															
39. 第一次远走他乡异国															
40. 生活规律重大改变（饮食、睡眠）															

续表

生活事件名称	事件发生时间				性质		精神影响程度					影响持续时间			发生次数
	未发生	一年前	一年内	长期性	好事	坏事	无影响	轻度	中度	重度	极重度	三个月	六个月	一年	一年以上	
41. 本人退休、下岗未安排具体工作																
社交与其他问题																
42. 好友重病或重伤																
43. 好友死亡																
44. 被人误会、错怪、诬告、议论																
45. 介入民事法律纠纷																
46. 被拘留、受审																
47. 失窃、财产损失																
48. 意外惊吓、发生事故、自然灾害																
如果您还经历过其他的重大生活事件，请继续填写																
49.																
50.																
51.																

研究已经证明，当个人生活事件分值较高时，个人患病率约为79%。所以我们一定要适应生活事件的改变。

本章案例解读

案例中的刘老师,在面对突然增多的家务,家人的患病等生活事件时,对于自己工作和家庭中的角色压力骤增的情况一时无法应对,进而引发了生理上的改变,如易怒、烦躁、记忆力减退等。当我们遇到这种情况的时候,应当积极适应家庭事件的改变,及时与家人沟通,寻找共同面对的方法,不要将委屈和辛苦埋在自己的心里。

第六章
压力是这样"炼成"的
——职业因素

本章案例

　　谢老师是位初中英语教师,已任教十余年。她工作认真负责、一丝不苟,对学生也是严格要求,做事情总是力争完美无憾。由于任教的学校是一所乡镇中学,学生素质差别很大,有一小部分学生经常逃课、打架,家长对子女的要求也不尽相同:有的家长工作很忙没时间管教子女,有的家长一有空就在棋牌室筑"长城"。谢老师自尊心很强,总是追求第一,为此她付出了大量的时间和心血。她的付出也有收获,她课讲得很好,获得过很多荣誉,但她认为自己的收获与付出不成比例。学生成绩稍有下降,她就急得夜不能寐。慢慢地,她感到日益疲乏,对以往热爱的教育事业也渐渐失去了兴趣。

　　除了工作的压力,职业认同感的缺失也给谢老师造成了一定的困扰。与同学相比,谢老师自感能力不差、素质不低,可是工资比人家少,生活质量更谈不上,维持生计而已;她常因为没有给孩子充裕的物质条件而愧疚,再想到自己工作量又大,于是心里充满委屈,抱怨常困扰着她。还让她感到困扰的是同事间的关系,同事特别是同科老师存在着一定的竞争关系,随着她在教育教学上的日益成熟,她感到同事间的合作越来越少,而小动作却层出不穷。

　　本案例中,谢老师出现了哪些问题?她的问题表现在哪些方面?本章即将展开探讨。

第一节

辛勤园丁不好当
——初中教师的工作特点

我国的教育改革正全面进行,改革势必给教师带来压力。一方面,教师要满足教育制度和教育政策的要求,例如教师聘任、末位淘汰、职称评定等对教师产生很多压力;另一方面,教师教书育人的角色承载着太多学生和家长的期待。心理健康、业务能力强的教师能适应形势,变压力为动力;而心理脆弱的教师,会因压力过大而产生心理、生理疾病。加之传统的教育模式与现代教育教学观念的冲突,改革很难达到理想的效果,使教师们感到了危机,承受着越来越大的压力。当今社会就业竞争更趋激烈,社会对教师提出了更高的要求,在这一前提下,初中教师的工作呈现出以下特点。

一、工作时间长

从职业竞争方面来看,初中教师的压力首先体现在较大的工作量造成工作时间过长。在新课改背景下,教师要花更多的时间和精力处理教材,在原有课时量不变的情况下,要增加许多额外的工作量。在素质教育的要求下,教师还要组织更多的学生活动,并参加各类培训、进修、研讨与比赛等。素质教育和新课改是教育改革的方向与核心,教师有义务与责任全力参与。但关键是,面对教育改革的这些变化,学校对初中教师工作量的计量方式与标准却没有改变,这使得教师的实际工作量往往超出了学校对其工作量的考评,教师在这种形势下感觉到工作得不到重视,无人理解,心理负担不断加重。有关部门对新形势下初中教师工作量的研究较少或者不太科学,以至于工作量标准的计量方式不太符合实际。①

《劳动法》第三十六条规定:国家实行劳动者每日工作时间不超过8小时、平均每周工作时间不超过44小时的工作制度。第四十条规定:用人单位在下列节日期间,当依法安排劳动者休假——元旦、春节、清明节、国际劳动节、端午节、国庆节,以及法律、法规规定的其他休假节日。

但有调查发现,目前我国中小学教师的工作时间严重超出国家规定,劳动强度之大令人难以置信。有些学校教师一天的工作时间长达15个小时:早晨5点50分到上午11点25分,中午12点至下午17点15分,晚上17点40分至21点10分。在许多学校,双休日对教师来说是一种奢侈,甚至连寒暑假也被用来为学生补课和参加各种培训。据相关数据统计,我国中小学教师人均日劳动时间为9.67小时,比其他岗位的一般职工日平均劳动时间高出1.67小时,其中睡眠时间比一般职工平均少1小时,娱乐时间少0.5小时左右,积累起来,年超额劳动时间为420小时。②

教师职业的特殊性决定了他们的工作难以简单地用8小时来衡量。教师职业具有时间的延续性和空间的延展性,无法做到像某些职业一样上班是上班,下班就完全自由和放松。教师的课堂和课余时间的界限十分模糊,很难真正轻松起来。教师的工作时间不仅固定而且比较长,长时间的忙碌和超负荷的工作使教师心有余而力不足,大量的检查、活动、会议、评比让教师应接不暇、疲于奔命、难以应付,而学生的安全问题则像一个紧箍咒,紧绷着教师脆弱的神经,这一切让压力离教师越来越近。

---

① 刘峰:《新课程背景下中学教师管理的策略》,《教育纵横》2010年第9期,第6页。
② 朱永新:《困境与超越——教育问题分析》,人民教育出版社2004年版,第274—275页。

初中教师的工作经常是超负荷的,工作超负荷不仅体现在数量方面更体现在质量方面。数量方面是指个体感到工作量大以致无法在规定时间内完成;质量方面是指个体感到缺乏必要的技能去有效完成工作,因此初中教师必须抽出时间来补充技能方面的不足。教师承担着班级的管理者、知识的传授者、新知识的学习者等多种角色,还需要不断地转换角色,这就需要教师发展多种能力,如专业能力、管理能力等,因此,教师原有能力水平与发展能力之间的矛盾也是重要压力源。几乎所有的研究结果都显示:工作超负荷会导致个体产生工作倦怠感,尤其在情感耗竭和非人性化方面影响最为显著。

二、工作繁杂

教师的大部分时间都是在学校中度过的。教师不仅要完成教学任务,还要完成领导的管理任务,处理好与同事之间的关系等等,工作繁复冗杂。

初中教师的职业活动主要包括三部分:教育教学活动、科学研究活动和人际交往活动。

教学是教师工作的基本内容,教师一般都要担负某学科的教学任务。教师教学活动的内容结构主要表现为确定课程的教学目的,设计教学内容的结构体系,安排与实施教学过程,选用教学方法,对自己的教育影响的有效性和学生学习活动质量做出评价等。

现代教师的基本要求是既要搞教育教学又要从事科学研究。教师要不断丰富自己的文化科学知识,创造出新的、前所未有的精神财富。初中教师的科研重点是:对自己所教专业、学科作理论上的探讨,进行学科基础理论研究;依据专业、学科的理论进行应用性研究;解决自己在教育教学中遇到的各种问题,探索育人规律,进行教育科学方面的研究。

初中教师的人际交往主要包括与学生的交往,与领导、同事的交往以及与学生家长的交往等。在教师的工作过程中,来自学校领导的支持、同事的支持、家庭成员的支持以及学生的支持都会影响教师的工作倦怠。① 初中生,这一刚脱离童年时代进入青春期的群体往往不能风平浪静地安分学习,总有太多琐碎的事情等待老师来处理,这让初中教师的工作非常繁杂。

教师在学校里的工作任务繁多,令人应接不暇,共有四个大类18个项目。它们是:课堂教学任务,包括6项:备课、讲课、批改作业、辅导学生、查询资料、出练习题;学生管理任务3项:课堂纪律管理、学生行为管理、班级管理;学校布置任务5项:学习、进修、开会、管理某些仪器档案等、应付各类检查;课外教学任务6项:兴趣小组或活动课、各类补习班、编资料、监考、教育科研。这些工作任务并非仅涉及个别教师,而几乎是所有教师的工作内容,而且只有上课有课时津贴,班主任有管理班级的津贴,其他都是免费工作,没有报酬,不计入工作量。②

初中教师尤其是班主任和毕业班老师的工作有一些共同点:工作负荷大、要求高、责任重。班主任不仅要对班级的学习成绩负责,而且要对班级的纪律、安全和学生的行为表现负责,要保证一个班级全体学生不出一点差错。这个责任是非常艰巨的,工作也是相当繁重而琐细的。初中教师肩负着升学的重任,在升学率的重压下,每个教师都不敢放松。虽然考试制度在改革,但语数外作为中小学教育的重点内容——主课,一直是课时最多的学科。目前不仅没有减负,反而来自各方面的要求更高了。所有这些因素都是加重这部分教师压力的重要原因。③

三、工作量大

目前,应试教育的影响并未消除,我国传统的应试教育在一段时期内仍将存在。因此,现在正是处于应试教育向素质教育转换的时期,在这一时期内人们的思想比较

---

① 张大均,江琦:《教师心理素质与专业性发展》,人民教育出版社2005年版,第16—17页。
② 姚立新:《教师压力管理》,浙江大学出版社2005年版,第67页。
③ 同上书,第10页。

复杂,对教育的要求标准也同样杂乱,这让教师时常处于矛盾之中。学校仍追求考试分数和升学率,以致无视课程标准和课程计划,随意增加课时、任意拔高教学难度的现象时有发生,这样的教学环境如何能让教师减压,如何能让学生减负,如何能真的实现国家所提倡的素质教育?由此看来,要减轻初中教师过重的工作压力,学校要率先树立正确的教育观念,严格执行课程计划,合理安排教师工作量,而有关教育行政部门要加强对落实课程计划和教学大纲的督导与检查,防止不规范行为导致教师工作压力增加的现象。

另外,初中教学管理繁琐,每一条款均有量化分和经济奖惩。有教师们坦言:这些规章制度多是为了领导们便于管理,而不是以人为本。对他们的考评实际上是一种监控机制和动力机制,将教师束缚在评估体系的各种项目和规则之内。另外,学校部分领导专业能力缺乏,没有自己的教育思想和治校理念,单纯地成为执行上级政策的工具和看管教师的监工。可见,学校管理制度繁琐,重视行政权力而排斥民主参与和教师专业自主是导致教师情绪不良、产生工作压力的重要原因。

学校管理的功利化加重了教师的工作压力,教师职业负载了太多历史文化和社会舆论所给予的角色压力。做一名好老师,社会和家长是这样期待的:"要给学生一杯水,自己要有一桶水","捧着一颗心来,不带半颗草去","燃烧了自己,照亮了别人"。做一名好老师,专家是这样指导的:"没有教不好的学生,只有不会教的老师","没有差生,只有差异"。教师的职业特点决定了教师需投入大量的精力与情感,而其成就常常无法立即体现或获得公正的评价。正如有教师这样说:"我一直在接受各方面的考验,一言一行如履薄冰。"面对这样的压力体验,学校往往因为单纯的经济利益而站在了教师的对立面,并没有给予老师真正的理解与支持。

科学技术的发展,物质条件的极大丰富,使当今时代成为一个现代科技理性主宰的时代,我们身边几乎只有一种声音、一种尺度、一种评价方式,那就是"效率"。受其影响,学校的管理开始追求效率化、客观化、精确化,并把它们作为教师管理科学化的标准。管理者认为,只有量化才科学,才有说服力,才能摆脱人为因素的干扰和不正之风。科学管理注重量化考评,学生量化、班级量化、教师量化、部门量化,但学校往往在片面追求量化的过程中走向了过于精细化和繁琐化的极端,并且学校的量化管理又往往与考试成绩和升学率结合在一起,并按照这样的组织目标去设计一系列考评量表,制定各种繁琐的规章制度。① 近些年来国家采取了各种措施和手段要求给学生"减负",但与此同时,社会、家庭和教育行政部门又更加强调要"减负不减质"。以前不少教师习惯于通过加班加点来保证学生的名次,如今这条路被堵死了,如何保证不减质?教师内心承受的紧张和焦虑是不可名状的。此所谓学生"减负",教师"增压"。同时,由于社会不良现象对学校的冲击,教育教学工作变得越来越复杂,工作难度也变得越来越大。

---

① 任思莹:《教师职业倦怠的成因及对策研究——以成都X实验学校教师个案为例》,四川师范大学硕士学位论文,2008年,第6页。

第二节

问君能有几多愁
——多方面的人际压力

初中教师在学校里扮演多种角色,发挥着多方面的作用,因此承受着多方面的心理压力。过高的教育要求、过重的工作负荷、不相符的劳动付出与报酬以及敏感的人际关系等都给初中教师造成了不小的压力。

角色是人们的社会地位和身份的外在表现,是人们的权利和义务的规范以及相应的行为模式,任何一种社会角色都具有一整套的特殊的权利和义务,并与一系列的行为模式相联系。我们承担了某种角色,就要按照这一角色所要求的行为模式行事,否则,人们就会认为我们没有很好地扮演这一角色。

期望角色是指社会或团体对某一特定角色的一种理想期望,也称为理想角色。如社会对教师角色的期望包括:应当学高身正、为人师表、教书育人等等。当一个人的行为符合其角色地位及与之相适应的行为模式时,就实现了社会的角色期望,就会受到群体和社会的接纳与赞许;反之,当一个人的行为不符合社会的角色期望时,就会受到群体和社会的谴责和排斥。① 各种群体对初中教师的不同角色期望给他们造成很大压力,处理不好这些压力,很容易造成职业倦怠。

一、来自领导的压力

初中教师之所以压力程度较高,与来自领导的过高要求是分不开的。初中生少不经事,一不小心就容易惹起祸端,领导在管理学校的时候往往操之过急、缺乏人性化,一切事情归咎于教师的管理,致使教师的工作压力增大。②

大量研究证明,在与职业枯竭有关的工作资源中,最重要的就是社会支持。拥有强大的社会支持系统的人身心都比较健康,更不易枯竭。许多研究发现,提高教师们可用的社会支持是防止教师身心枯竭的有效策略。从支持的来源上讲,西方的许多研究都发现,来源于领导(如校长)的支持的重要性远远大于同事和其他人的支持。③

上级政策与实际要求相悖给教师增加压力。上级要求搞素质教育,但又用升学率进行学校评比;要求划片招生,但又比较普通学校考生升入重点学校的数量。升学率是受各方面因素影响的,其中一个重要原因是生源,初中学生的知识基础和学习能力有很大差异。某所学校在生源较差的区域内,教委规定其按划片招生,计划外学生一律不准收,但同时又希望这所学校成为全市窗口学校。于是,学校对教师教学成绩进行量化赋分,教师的教学质量决定其评优、晋级和奖金的发放,甚至关系到每个人的"饭碗",有的学校还搞末位淘汰。教师的工作量越来越重,背负的心理压力也越来越大。

学校领导的管理机制一方面会激发教师的工作积极性或"斗志",另一方面也有可能阻碍教师之间和谐关系的构建。教师与上司关系的不和谐是压力的另一个重要来源。因为上司能够从物质上对教师的工作和生活施加影响,可以控制教师的职务和工

---

① 曾琦:《新课程与教师心理调适》,教育科学出版社2004年版,第54—55页。
② 徐尊英:《新形势下缓解教师职业压力和倦怠的途径》,《教学与管理》2007年第2期,第34页。
③ 王芳、许燕:《中小学教师职业枯竭状况及其与社会支持的关系》,《心理学报》2004年第5期,第568页。

作权限,给予或撤销教师提升的机会,提供或拒绝对于教师能否成功申请其他工作产生决定作用的有利推荐。而教师劳动的特殊性,则使教师难以拓展立体式的人际关系网,有的教师缺乏可靠的社会支持系统,"所有的问题都自己扛"。这无形中加剧了教师的压力。①

科学的学校管理体制将有利于营造公平、公正、公开、健康的学校氛围。在这种氛围下,教师对问题的归因将更多地指向内部因素(本身的能力、努力水平、投入工作的程度等),而较少归结于一些外部因素(如其他教师的阻挠、领导的无能或偏见等)。这种归因有利于良好人际关系的建立。但事实上,当前许多学校的管理机制不健全,尚停留在"人治"而非"法治"的阶段,领导在处理问题时更多地掺入一些主观的因素(如私人关系、同乡、校友等等)。这种状况可能导致教师对问题做出偏颇的归因,即不论利益分配是否不公平,一些教师也会主观认定利益分配是不公平的。这必然会引起这些教师与领导及其他教师间人际关系的紧张。②

二、来自同事的压力

研究表明,教师的工作压力与其所拥有的社会支持存在着极其显著的负相关,社会支持越多,表现出的压力与职业倦怠越少,因此建立良好的社会支持系统对教师的工作压力具有缓冲作用。建立良好的社会支持系统主要包括:对教师职业形成良好的公共信任氛围,建立对教师的合理期待,对教师的工作多一些理解、宽容、支持与配合,重视并进一步提高教师教育的质量,因为高质量的培训是提高教师素质、缓解教师职业压力和倦怠的间接途径。③

初中教师同事之间的交流机会不多,不能形成良好的社会支持,从而加大自身的

---

① 姚立新:《教师压力管理》,浙江大学出版社2005年版,第61页。
② 张大均、江琦:《教师心理素质与专业性发展》,人民教育出版社2005年版,第137页。
③ 姚立新:《教师压力管理》,浙江大学出版社2005年版,第293页。

压力感。由于学生的思想和行为本身是评价的难点,加之教育时效滞后,致使教师要获得同事及领导肯定的认可、正确的评价和积极的支持并不那么容易。同时,教师的工作具有个体性的特征,备课、上课、做思想工作等多是自己一个人完成,同事之间彼此交流的机会并不多,致使教师交往的需要难以满足。另外,教师间竞争的加剧必然要求教师投入更多的时间与精力于自己的工作当中,教师的工作比以往更加繁忙。许多教师对竞争的认识过于偏颇,没能处理好竞争与合作的关系,而将竞争与保密、自私和自闭对等起来。知识分子的"文人相轻"、"自命清高"等传统习气也阻碍了教师之间必要的交流,不利于发展良好的人际关系。

市场经济体制的确立,打破了以往平均主义的状态,形成了多劳多得、少劳少得的竞争机制。这种机制不可避免地导致人与人之间利益的冲突,从而造成教师之间人际关系的紧张[1]。

在现实情景中,不少初中教师面临着一种不良的组织环境:没有参与学校管理、决策的机会,缺乏领导和同事的支持,没有自主决定的机会,因评估标准不明确而造成评价失误,对责任范围和责任程度不明确,这些都是导致教师产生职业压力的重要因素。

初中教师工作时间长,工作繁杂,这使他们很少有时间与同事沟通交流,无法满足交往的需求,难以获得良好的社会支持。因此,初中教师不但承受内部压力,还要承受外部环境的压力,内外压力很容易使其产生工作倦怠。

三、来自家长的压力

从家长对教师的要求来看,现在的家长对教育的重视程度越来越高,这使得社会为当今的教师减压绝非易事。因为与以前的教师相比,最大的不同是教师所面临的工作对象变了。

首先,是独生子女教育的问题,这是过去的教师教育不曾遇到过的难题:第一,孩

---

[1] 张大均、江琦:《教师心理素质与专业性发展》,人民教育出版社 2005 年版,第 136 页。

子只有一个,这个孩子就是一个家庭的希望,家庭的未来。这个孩子有出息,家庭就有希望;这个孩子没出息,家庭就没希望。如果一个班级有 50 个学生,老师就得承受 50 个家庭希望的重压。第二,孩子只有一个,如有半点闪失,整个家庭都难以承受。这样的闪失,哪个家庭也承受不了。

再次,现在的独生子女可以说是集万千宠爱于一身,什么都见过,什么都玩过,在"见多识广"的学生面前,要保持师长的师道尊严不再是一件容易的事。更为严峻的是,独生子女都是在大人堆里长大的。他们早把大人琢磨透了,对付大人,他们有的是招数。所有这一切都会转化成压力,压在教师身上。学生家长对子女期望值的日益提高,使得教师的心理承受能力难以适应。由于大多数家庭只有一根独苗苗,家长往往把上代人甚至几代人的希望寄托在孩子身上,普遍存在"望子成龙"、"望女成凤"心理;由于独生子女政策的全面推行,家长普遍对"小皇帝"、"小公主"的安全问题忧心忡忡。这种消极的心理状态日积月累并投射到教师身上,往往使教师感到战战兢兢、如履薄冰。这可能是班主任与非班主任在恐惧和焦虑因子上存在显著差异的主要原因。

现在,教师与学生家长的交往不再像以前那样单纯。由于商品经济社会重利轻义、友情淡薄、等价交换等现象较为突出,自然也反映到一些家长的言行举止上,致使不少教师觉得当今的师生关系和情义变得不再像从前那么单纯。

公共信任对于教师的职业抉择和工作表现有着深刻的影响。只有在一种高度公共信任、理解的氛围中,教师才会表现出坚定的信心和十足的干劲,进而产生高度的自尊感,进而把教学视为自己追求的一种事业。为此,要采取切实有效的措施提高教师的福利待遇和社会地位,使之感受到教师这一职业为社会所尊重,从而增强教师角色行为的光荣感、自豪感,减少和避免角色冲突。

四、来自学生的压力

从职业特征来看,教师工作实际上是一项长期的、紧张的、创造性的精神劳动。初中教师的教学对象正处于心身发展和受教育的关键时期,这要求老师们必须系统地向学生传授知识,同时又要鼓励学生发挥其主动性、创造性去探索未知世界。

初中教师面对的初中生产生了不少变化,这让他们在教育教学过程中产生了不少压力。

1. **生理变化导致心理变化**

随着青春期的到来,初中生在生理上出现了急剧的变化,这必然给他们的心理活动带来巨大影响。初中生的心理往往处于矛盾状态,其心理水平呈现半成熟、半幼稚性。其成熟性主要表现为他们产生了对成熟的强烈追求和感受,这源于身体的快速发育及性的成熟,在这种感受的作用下,他们在对人、对事的态度,情绪情感的表达方式以及行为的内容和方向等方面都发生了明显的变化,同时也渴望社会、学校和家长能给予他们成人式的信任和尊重,不能再把他们当小孩子看待。

初中生产生了一种强烈的成人感,思维的批判性明显增长,进而产生了强烈的独立意识,他们对一切都不愿顺从,不愿听取父母、教师及其他成人的意见,常处于一种与成人相抵触的情绪状态中。这一方面表现在他们不愿轻易地接受别人的意见,对别人的思想、态度及意见经常要做一番审查,甚至有时持过分怀疑和批评的态度;另一方面表现在他们开始严肃认真地对待自己的思想和主张,能够有意识地调节、支配、检查和论证自己的思想。

2. **思维方面的变化**

初中生思维的片面性主要表现在其思想的偏激与极端上,不能全面、辩证地分析问题、解决问题,而是抓住一点而不计其余。这种思想的片面性,首先反映在他们对人、对事的态度上的狂热。"明星崇拜"便出现在这个年龄阶段,少男少女们常搜集大量的、他们所崇拜的明星照片,甚至在发式、服装、姿态及言行举止上都去竭力模仿某位明星,从中获得心理上的满足感,而没有明确意识到自己在现实生活中的身份及所应追求的目标;其次,思维的片面性还使初中生在思考、分析问题时极易钻牛角尖,经常陷入思想的泥潭而不能自拔,严重者会出现心理障碍。

3. **个性特点的变化**

随着初中生生理和智力发生一系列特殊变化,其个性发展上也出现了许多新特点,表现在自我意识、情绪情感、日常心态以及与父母及同伴的关系等诸多方面。总体来讲,初中生个性的特点有两方面,其一是不平衡性;其二是极端性或偏执性。

初中生个性上的主观偏执性表现为:一方面,他们总是认为自己是正确的,听不进别人的意见;另一方面,他们又感到别人似乎总是用尖刻挑剔的态度对待他们。因此,当听到别人在低声讲话时,便断定他们是在议论自己;当看到别人面露微笑时,又认为他们是在嘲笑自己;如果某位老师多看了他一眼,就会认为是自己做错了什么……总之,他们觉得周围人时时刻刻都在品评他,这种想法使初中生感到压抑、孤独而且神经过敏。初中生这种突然高涨的自我意识,使得其个性出现了暂时的不平衡性。

4. 产生逆反心理

逆反心理是初中生普遍存在的一种个性心理特征。这种特征主要表现为对一切外在力量予以排斥的意识和行为倾向。随着初中生自我意识的高涨,他们更倾向于维护良好的自我形象,追求独立和自尊,但他们的某些想法及行为不能被现实所接受,屡遭挫折,便产生一种过于偏激的想法,认为行动的障碍来自成人,由之产生反抗心理。

初中生的这些变化给教师教育教学方法的转变提出了更高更新的要求和挑战,教师必须把握学生的心理变化,转变教学方法,对学生加以正确引导。现实往往是,教师很难处理师生关系,付出一片真心却换不来学生的理解,这无疑成为初中教师的又一个压力源。

一项对百名教师与学生的随机调查是:"你热爱学生吗?"90%以上的教师回答是:"是。"然而在向百名教师所教的学生询问"你体会到老师对你的爱了吗?"时,结果却有90%的学生回答是:"没有体会到!"

教师们纷纷感叹师生关系令人尴尬:现在的独生子女越来越难教,不"听话"又很娇气不能吃苦;学习好的学生十有八九认为是自己智商高、自身努力的结果,教师没有功劳可言,如此不免让教师产生一种不被接受的失落感;成绩差的学生其家长总是倾向于埋怨教师没有尽到责任,常常用较为隐喻的说法提及"自己的孩子以前学习是如何的好",言下之意似乎是"怎么一到你这就不行了?"这总让教师产生一种不被理解的委屈感。

师生间固然需要讲求自由、平等,但对那些尚缺乏教育经验的年轻教师来说,与学生交往有时实在难以把握好"度",过于讲民主,学生会更加张狂;不讲民主,学生会说你专制。对违反校纪校规且屡教不改的"顽固分子"进行以理服人、以情动人的谈话,他大多转身就忘;如果你一时耐不住火,他立马会说你体罚或是违反了《未成年人保护法》……这些不愉快的相处让物质相对贫乏的教师总感到精神也难以满足,那种"桃李满天下"的骄傲和欣慰似乎已成为温馨的回忆。①

随着信息化时代的到来,文化传播的途径越来越多,学校与外界的围墙已不复存在,学生获得信息、知识的渠道增多。他们在学校接受教育的同时,也面临着社会上美与丑、文明与愚昧、先进与落后、规范与不规范的尖锐矛盾冲突,接受的信息可谓良莠不齐。由于他们的选择能力、明辨是非的能力及自制力都有限,正确的人生观、价值观、世界观都还未定型,导致容易出现所谓的"5+2<0"(5代表一周中的5天在校时间,2代表周末在家和社会上的时间)的情况。"5+2<0"指的是由于家庭和社会的不良影响抵消了学校的教育效果。虽然学生的知识面广了,可受不良信息影响而出现的问题也多了,在日常生活及学习中容易表现出厌学、偷懒、沉迷网络、撒谎、自负、自私等不良现象。②与此同时,现今学生的个性越来越张扬,思想呈现多元化趋势,自主意识、叛逆意识增强,对同伴交往过分敏感和热衷,他们中的相当一部分娇惯脆弱,受不得半点委屈,经不起些许挫折,学习和生活中稍有不适,便产生强烈的逆反心理。他们已经不满足于从教师的大道理中选择人生,不再从各种各样"说教式"的"圣经"中认识自我,这一切都会对教师的工作提出挑战,迫使教师群体不得不调整自己以适应教学实践的要求。

传统的师生关系受到了前所未有的彻底颠覆。从近似于父子君臣的不平等关系,到相互平等的朋友关系;从知识能力的授受关系,到平等对话的互动关系,这些都直接导致了教师神圣权威地位的日益淡化甚至丧失,从而使学生工作变得前所未有的复杂

---

① 朱永新:《困境与超越——教育问题分析》,人民教育出版社2004年版,第276页。
② 姚立新:《教师压力管理》,浙江大学出版社2005年版,第46页。

和艰难。在多元价值取向和道德取向的宏观环境下,在师生之间追求平等的氛围中,学生往往把平等扭曲成为纪律上的放松。社会舆论对学生又过多地强调关爱,缺少必要的惩戒,对于扰乱秩序、打架骂人、抽烟喝酒的违纪学生,学校老师几乎是束手无策。长此以往,教育的挫败让教师备感倦怠。

教师教育和交往的对象是正处在成长中的、独立意识越来越强的学生,他们的思想和行为不易为教师所控制,而教师每日都必须面对和解决学生中的矛盾、不良行为、厌学情绪、较差的学习成绩以及对学习的消极态度等难题,这些都容易使教师产生压力感、厌倦感和疲惫感。

第三节

欲与天公试比高
——教师的职业要求

一、来自竞争与待遇的压力

如何评价一所初中学校,如何评价一位初中教师?学校的教学质量、教师的教学质量是社会评价的一个重要指标。何谓教学质量,大多数情况下它被直接等同于考上重点高中的比例及数量,升学率还是社会衡量学校和教师的标准。

造成教师大面积心理疾病的原因并不是教师的工作之苦,很大程度上是评价机制带来的压力。尽管我们提倡终身教育,学校应该关注人的发展和成长。但在教育改革中,各级各类的评比日益多起来,如教坛新秀的评比,"红烛杯"青年教师评比,公开课、优质课的评比,等等。教师的教学质量决定其评优晋级和奖金的发放,甚至关系到个人的"饭碗"。

构建学校特色文化校本教研是促进教师专业发展的有效途径,它可以结合学校的师情、生情、校情,并与本校培训有机结合起来。校本教研促教学,以校本教研抓业绩,能够较好地促进教师专业素质的提高和学校教育教学质量的提高,也是新课程改革不断深化的大势所趋。新课程改革初衷是好的,但是在不影响教学成绩的情况下,不断突破自己、改变自己,对很多教师来说是有难度的,伴随改革难度而来的就是教师工作压力的不断增大。

教师在课堂上应该营造一种对话情境,只有这样,才能建立起师生平等的关系,才能有利于教师的教学。叶澜教授说得好:教师写一辈子教案也成不了专家,而坚持写三至五年的教学反思便有可能成为名师了。教学反思不是一般意义上的回顾,而是思考、反省、解决教学中存在的问题,也是教学研究的一部分。① 但要做到这一点,对很多初中教师而言是有相当难度的。

日趋激烈的职业竞争带来的危机感使教师感到有些喘不过气来。教师来源的日趋多样化、教师资格证认证的真正实行、待业教师群体的初步形成、学龄儿童的逐年减少,这一系列变化使不少教师感到铁饭碗行将被打破,职业安全感大幅下降,"下岗威胁"已成为一部分教师的心病,加上少数校长把聘任制作为整治教师的"杀手锏",更使一部分教师承受巨大的心理压力。

教师工作压力和倦怠产生的首要社会根源就是教师的工资待遇低,社会地位不尽如人意,导致教师在行业比较中产生心理不平衡。早在20世纪80年代,国际上就把教师职业定位为"专门职业",我国自上世纪80年代以来也提出了教师专业化发展这一命题或要求。但实际情况是,与教师职业相对应的社会地位仍未得到有效的改善,这在一定程度上加剧了教师的职业倦怠。

在当前社会急剧变革的时期,重商主义浪潮冲破了传统士农社会的身份等级制度,教师的社会经济地位也处于重新定位、不断调整的过程中。传统教师由于"士"的身份天然具有的精英、优越意识已经面临危机。教师面临着比以往任何时候都更为复杂和艰难的职业适应任务。然而,与对教育的高期望相比较,迫于财政压力,国家和地方对教育的投入却处于较低水平,这在一定程度上造成教师身处责任绝对增加的同时,赖以工作的资源却相对减少的不利环境之中。教师社会经济地位偏低的事实使教

---

① 沈翰:《课程改革背景下教师职业倦怠之再审视》,《当代教育科学》2008年第2期,第107—108页。

师不得不想方设法地致力于获取相对丰富的资源和良好的待遇。在此情况下,如果教师不能正确对待和适应现实,就容易导致行为问题的产生。这种争取提高待遇的欲望会使初中教师产生不小的压力。

二、争取业内荣誉的压力

期望值或成就动机高的个体对工作投入程度高,且希望承担更多的工作,恰恰是这些人在没有获得预期的成就时容易体验到情感耗竭,会呈现出非人性化应对方式及个人无效感。工作压力大的初中教师往往具有较高的期望值或动机,如果经过努力发现没有达到预期目的,则会越来越感到情感枯竭。初中教师面临很多评优、进修等压力,他们都想在教学上表现优秀,争取获得各种荣誉,竞争的激烈往往使他们感到压力倍增。

教师对自己不切实际的职业期望及教师的自身素质或能力水平不能适应职业的要求,是造成过度职业压力的主要原因之一。实际上,目前很多教师的素质或能力水平与自己的期望或要求(即他们的理想自我与现实自我)之间差距较大,这就使得教师的内在要求与能力水平之间的矛盾凸显出来。人们都愿意自己拥有解决工作问题的技能,对自己职业能力的任何怀疑都会引起对自身价值的否认,因而感到威胁和压力。有的教师由于认识不到自己能力的局限性,因而缺乏准确的标准来衡量自己的成功或努力,若不断地提高自己的期望值,就会过分费力地苛求自己,总是对自己的工作表现感到不满意或失望,很难从已经完成的工作中获得轻松之感。倘若一个人觉得自己发挥了所有的潜能却没能产生预想的结果,无能为力和知识匮乏的感觉便会油然而生,就会感到自身的教学技能和能力素质不能适应教学的要求,压力便会不期而至。这种对自己职业适应性的怀疑往往与教师个人不切实际的过高自我期望有关,且更多地发生在年轻教师而不是有经验的教师身上。

随着社会对教师监督的不断增强,教师的职业压力也越来越大,他们中的绝大部分人的成绩或付出无人知晓,可每一点差错都会被新闻媒介和各种机构所渲染,"差师"的称谓即是此种态度的产物。如果一个教师不幸被评为"最差教师",产生的后果可想而知。社会对教师强调更多的是贡献,教师是集许多角色于一身的特殊职业,教师似乎什么都是,但恰恰不是"我"自己。社会埋怨如今的教师或学校只教"存量知识"而不教"创造知识",这虽是实话,但这绝不是教师或学校单方面的问题,也应有社会体制的问题。

选拔人才通过"考试",学校招生靠"升学率",致使教师无所适从。特别是有人宣称"没有教不好的学生,只有不会教的老师",就这样把不成功的教育责任都推到教师身上。而这种两难境地和不被理解则是教师产生心理压力的重要因素。[①]

自尊水平与工作压力有很强的相关,因为个体都有自尊的需要,任何损害自尊的否定性信息都会给个体造成压力。而自尊水平低的个体更易受到否定性信息的威胁,因而更容易产生倦怠感。初中教师面临领导的评价、同事间的比较以及家长的压力,他们希望通过努力工作争取到良好的业内荣誉,以期维护自尊,但有时过高的要求和压力往往会适得其反,维持高自尊需要更多的努力,强大的压力使他们很容易产生倦怠感。

三、职业生涯发展的压力

从自身专业成长的迫切要求来看,教师这个职业要求每一位从业者每时每刻都应该不断提高自己,在思想上要与时代接轨,跟上时代的步伐;在从业的素质要求上,也要不断地增加知识储备,以便能为学生提供更多、更科学先进的知识。教师还要面临着职称评定和职务晋升等难题:对于学历的要求,对于授课任务量的要求,对于教学成果、科研课题的要求等等在逐年攀升,要想实现目标绝非易事。

教师的职业生涯包括个人参加工作到完全退出工作这一期间所有的工作活动与工作经验,这是一个按顺序组成的完整过程,在职业发展的不同阶段,教师所体会到的

[①] 姚立新:《教师压力管理》,浙江大学出版社2005年版,第49—50页。

职业压力是有显著差异的。

1. 职业发展早期阶段的压力

早期阶段从教师参加工作起，一般经历大约 5 到 8 年的时间。处于这个阶段的教师，普遍感到来自职业生涯起步发展的压力。他们多半进入工作岗位不久，还处在探索性地了解学生、了解学校运作的氛围，追求自己的言谈举止像一个教师，得到同事、领导、学生的肯定是他们的主要愿望。这个时期，由于教师新进入学校，对工作不熟悉，缺乏教育教学的经验和技巧，工作虽然努力但成效有限；对教育工作预期较高，有理想化的倾向，因此，对学校、领导、学生有过高的要求；有的教师对现有职业抱持观望心理，进而导致有换工作的倾向，一旦工作受挫，容易悲观失望，甚至消沉退缩。

2. 职业发展中期阶段的压力

处于这个阶段的教师经过前一阶段的探索和积累，对自己的职业发展方向已有了较为清醒的认识，追求与抱负也趋于明朗化。这个阶段，他们最为关心的是学校所提供的成长、发展和晋升的机会。这个时期，教师能比较清楚地知道自己的特长和能力，看问题也趋于理智、客观，对学校提供的职业生涯发展要求相对较高。同时也很容易感受到来自职业竞争与职业发展前途不确定等方面的压力。现代学校竞争激烈与人才年轻化的特点，也会导致通常所说的职业"高原"现象有提前发生的趋势。

3. 职业发展晚期阶段的压力

这时候的教师已在某种程度上达到了自己职业生涯的高峰期，但是，随着年龄的增长，职业发展的停滞不前，他们会感到一定的职业危机，导致职业维持的心理压力趋于沉重。面对不断加入的新生力量，老教师的自身年龄与知识老化所带来的潜在危机感不容忽视。[①]

另外，新手型和熟手型两类教师的压力水平远远高于专家型教师。新手型教师刚刚走上工作岗位，随着身份的转变、角色的转换及责任的加大，他们往往无所适从，一旦出现不顺心、不如意，就会产生精神疲惫，以致冷漠地对待学生。熟手阶段是教师成

---

① 姚立新：《教师压力管理》，浙江大学出版社 2005 年版，第 348—349 页。

长中的关键期,多年的从教经历,一成不变的课堂和学生,加之专业知识没有得到更新,熟手型教师会感到厌倦,觉得枯竭,进而产生职业倦怠。

对熟手型教师来说,学校可设计充实有效的专业发展活动,以缓解和消除职业倦怠现象。比如:组织教师参加校内或校际间的研讨会,让教师之间彼此交流教学的经验和体会,消除其在专业探讨方面的孤独感、无助感;邀请国内外著名学者讲学,使之开阔视野,提高科研意识,激发追求专业发展的热情和内驱力;为教师的进修培训提供时间和教育资源,使之提高教学能力和技巧,增强专业自信等等。因为学生的纪律问题是引发教师倦怠的一个重要原因,学校可结合实际情况,培养教师的组织能力、管理能力和处理偶发事件的能力等。

本章案例解读

看过本章篇头的案例，我们应该认识到该老师面临的情况是许多初中教师共同面临的问题，具有一定的普遍性。该老师力争在教育教学中成为一名好老师，经过努力也确实取得过一些成绩，但在教学生涯中遇到一些烦心事，遭受一些挫折，久而久之产生职业倦怠，失去工作的快乐，没了幸福感。造成这种现状的最主要原因是她太过于严格要求自己，事事争取第一，像是被绑在追求名利的快车上，不能停止，收获越多、越怕失去、越怕落后，所以产生了很多无谓的压力。

职业认同感是一个很重要但是易被忽视的心理需要。教师每天工作的内容主要是备课、上课、改作业、处理学生问题、应对家长以及处理一些文书工作，这些工作看上去繁杂而且琐碎，不仅不能带来智力上的激发，反而会使人感到枯燥，因此很容易感受到工作压力。

源于职场的激烈竞争，是产生同事间关系淡漠的首要原因。同事之间容易形成利益关系，如果对一些小事不能正确对待，就容易形成矛盾。由于老师都比较注重自己在学校中的声誉，这种暗中形成的竞争也是造成教师工作压力的重要原因。

第七章

甩不掉的影子
——个体因素

本章案例

李亚男是某县城一名初中一年级教师,已经有4年的教龄,教学认真负责,工作成绩经常得到领导的赞赏,只是和同事的关系不算很融洽。亚男出生在一个军人家庭,父亲是一名军官,母亲是军队的医生。她的父亲想要个男孩,但是由于计划生育政策而没有实现,于是把亚男当成男孩子一样培养。父母从小就对她严格要求,希望她能出类拔萃,因此亚男逐渐养成了一种争强好胜、追求完美的个性,凡事不甘人后。她总是认为自己能够把每一个学生都教好,坚信每一个学生都能考出好成绩。在平时的教学中,她总是严格要求自己,讲课有严密的逻辑,不允许自己在课堂上讲错一句话。因此她经常在备课上花费别人数倍的功夫,在其他老师备完课休息的时候,她还在埋头备课、钻研课程。回到家后,亚男虽然感觉到很疲惫,但是还要给孩子做饭,照顾父母,做家务等。由于老公经常到外地出差,家里所有的担子常常落到亚男一个人身上,有时候她感觉很累,压力很大,经常一个人在家偷偷地抹眼泪。每到快期末考试的时候,亚男更是加班加点批改学生的作业、模拟试卷,或是利用中午放学的时间给部分成绩差的学生补课。有时候看见别的老师给学生补课,她就会很紧张甚至充满敌意,担心自己的教学成绩会落后于其他老师。因此,李亚男和其他老师的关系并不是很融洽。有一次,她的教学成绩因为一个调皮捣蛋不学习的孩子而落到中下等水平,这让她感觉很挫败。亚男也为此感叹:"当个初中老师压力怎么这么大啊!"

本案例中,李亚男老师出现了哪些问题?对这些现象该做何解释?本章即将展开探讨。

第一节

播种人格,收获压力?
——教师自身的人格特征

一、AB 型人格的特点——人格对压力的影响

在同样的客观条件下,每个人所感受到的压力主观程度不同。压力的产生有其客观原因,也与个体自身因素有关,特别是个体的人格因素。心理学家认为存在两种与压力有关的人格:A 型人格和 B 型人格。

(一)A 型人格

国外研究者认为,A 型人格的人比其他类型人格的人在生活中感受到更大的压力。其原因在于 A 型人格的人普遍具有以下几个特征。

1. 社会地位的危机感

A 型人格的人在生活中总是紧张而忙碌地工作着,他们好像从来不知道疲倦。其原因在于他们所特有的内在自尊的缺失,进而产生社会地位的危机感。他们感到自己经常被迫与别人比较,也常常流露出不自信的目光。同时,A 型人格的人常对自己有着不切实际的高期

望,并且对自己非常苛刻,因此他们强烈地驱使自己不停地做更多的事情,获得更多的东西以维护或提高自己的自尊水平,同时用以证明自己的社会地位。

很多具有 A 型人格的初中教师对自己的要求过于严格,他们在工作生活中不断地追求上进,生怕落在别人的后面。他们希望能够做出成绩来,得到领导的肯定和赞赏,获得更多的荣誉,所以具有 A 型人格的教师所感受到的压力一般比较大。

2. 时间紧迫感

A 型人格的人由于自身的高危机感和低自尊,通常不停地超负荷工作。他们常会感到身不由己、惴惴不安。A 型人格的人普遍认为摆脱困境的唯一方法就是提高速度、加快节奏。最为典型的表现就是"多向思维与行为",即同时思考和做多件事。

A 型人格的初中教师,在其生活、工作中风风火火,想快速、高效、完美地完成各项工作。这必然会给自己施加很大的心理压力。

3. 高攻击性

A 型人格的个体,其成就动机一般比较高。当他们感到受控制或受威胁时,就会产生过度的攻击性,而很少考虑他人的感受或权利。若是 A 型人格的人在其奋斗过程中遭遇挫折,则会变得非常沮丧,这会使他们的自尊心进一步受损,导致更多的攻击行为。

因此,A 型人格的初中教师在其未达到教学目标或是遭遇教学瓶颈时,往往不能正确地调整自己的心态,他们或是找"拉后腿"的学生出气,或是一味苛责自己。教师们每日处于"恨铁不成钢"或是沮丧的情绪之中,压力也随之而来。

4. 泛化式敌意

A 型人格的人通常具有泛化式敌意。泛化式敌意是指越来越多的琐事使人长期感到愤怒。A 型人格的人总是容易看到他人的阴暗面,并对他人表示怀疑和不信任。不管看到什么,只要他们判断它是错误的,就会引发这种泛化式敌意。几乎生活中的任何情境都可能引发他们的这种反应,如吵闹的课堂环境、打哈欠的学生、表现出个人癖性的同事、政府的法规、执法不严格的警察、高速超车等。

> **视窗 7-1**
>
> **泛化式敌意同事**
>
> 具有 A 型人格的年轻教师小张，走在回办公室的路上心情很是低落。因为班里一个调皮的孩子在全班同学面前给他弄了个恶作剧，让教学经历尚浅的他很是难堪。当他刚走到办公室门口时，恰巧听见里面同事们都在哈哈大笑，敏感的小张以为同事们都在暗地取笑他被班里孩子捉弄的事情。于是，他心里更加不痛快了，只是坐在自己的座位上生闷气，对其他同事视而不见，从此也对其他同事产生心理隔阂。而实际上，真实情况原来是办公室的某个同事在讲笑话，老师们全都因为这个笑话而大笑。

5. 其他特征

除上述探讨的几种主要特征外，A 型人格的人的特征还包括：思考与谈话时倾向于使用大量的数字，不会使用想象、暗语和明喻，热衷于竞争，做事专注又富于变化性，追求完美等。

（二）B 型人格

相对于 A 型人格，B 型人格较少感受到生活中的压力。一般情况下人们会把 B 型人格同不思进取和懒惰的形象联系在一起。事实上，这种对 B 型人格的印象是相当不准确的。B 型人格的人普遍具有下面的特点。

1. 无时间紧迫感

国外学者 Friedman 和 Ulmer 认为 B 型人格的显著特点是"对时间亲切的容忍力"，即无时间紧迫感，他们很少体验到时间的紧迫感，他们珍惜时间又勤奋努力，似乎能把时间利用得游刃有余。B 型人格以"长远眼光"看待他们的生活，更多关心日历，而较少关心手表上的分针和秒针。B 型人格的人有足够的安全感，因而他们不会强迫自己赶进度来完成每项任务。

B 型人格的初中教师认为自己有足够的时间和精力来把工作、生活上的各种事情处理好。在别人看来是火烧眉毛的事情,他们则会认为着急也不能解决问题,需要慢慢来。因而在平时的生活中他们往往会不急不慢,有条不紊地做事情。

B型人格的初中教师更愿意将任务委托于人,因为他们会接受他人以及属下的多元化做事方式。他们在班级工作上也会大胆地放权给班干部,相信他们能够更好地处理与同龄人之间的关系。B型人格的初中教师通常喜欢沉思,他们珍惜时间,但又不像A型人格的教师那样对未来焦虑不安,他们休闲地享受生活,并热爱他们关心的人。

2. 无敌意心态

与A型人格不同,B型人格的人不需要控制他们周围环境中的每个人和每件事,因为他们具有较高的自我安全感,可以容忍周围其他人的思维和行为的多样性。

B型人格的初中教师很少因为日常生活事件的自然发生而对他人表现出敌意心态。他们好像对任何人都很好,即使是班里很调皮的学生或是学习成绩靠后的学生。他们似乎有着宽广的心胸,很多事情在他们看来都是可以理解的。

3. 自尊感

B型人格与A型人格最重要的区别就是B型人格拥有足够的自尊。B型人格的人在生活中充满无条件的爱和情感,在成长过程中,他们坚信自己是有价值的人,而不考虑自己的成就如何。因此,他们觉得没有必要去催生强烈的内驱力去不断地取得成就,来赢得人们的赞许。然而这也并不意味着B型人格的人没有成就动机或是工作不努力,而是不管是否取得一些成就,B型人格的人都会感到坦然自若。他们的自我期望水平与他们所感知的能力水平之间会保持平衡状态。当B型人格的人在给予或接受来自他们身边亲密朋友的爱和温暖时,他们的自尊水平会进一步提高。① B型人格的初中教师的工作满意度是比较高的,他们经常会以"人类灵魂的工程师"自居,他们会认为教师工作是光荣而崇高的。他们对待生活和工作的态度是宽容的,也能够享受生活和工作中的乐趣。

---

① [美]沃特·谢弗尔著,方双虎等译:《压力管理心理学》,中国人民大学出版社2009年版,第178—179页。

视窗 7-2

A 先生与 B 先生的一天

潜在压力事件 1：早上七点，闹钟没响，睡过了头。

A 先生

反应：急忙刮胡子，穿好衣服，没吃早饭就离开家。

想法：我不能迟到，这将会把我的一天都弄得一团糟。

结果：急急忙忙离开家。

B 先生

反应：打电话告诉同事他将会迟到 30 分钟。做好上班的准备，并像平时一样吃早餐。

想法：这不是个大问题，我有办法补上迟到的 30 分钟。

结果：轻轻松松离开家。

潜在压力事件 2：早上八点，高速公路上遭遇堵车。

A 先生

反应：猛按喇叭，紧握方向盘，试图超车，然后加速。

想法：为什么那辆卡车不驶入慢道？真气死我了。

结果：血压和脉搏升高。到达后，工作起来心烦意乱。

B 先生

反应：等待交通堵塞结束。在等待的同时，边放松边听广播，然后按正常速度行使。

想法：我才不会为此而感到不安呢，因为我不能够改变交通堵塞的现状。

结果：保持安静与轻松状态，到达后工作起来神清气爽。

潜在压力事件 3：生气的同事对我的工作错误大发雷霆。

A 先生

反应：表面上有礼貌，但言语行为显示出没有耐心和不满。

想法：我不能容忍这个傲慢无礼的家伙。这样的忍耐使我大为恼火，我还怎么工作。

结果：同事依旧怒气难消。A 先生被惹怒了，没能够处理好日程表上的事情。

B 先生

反应：放松而又认真地倾听，同时保持冷静与风度。

想法：他生气也有道理，在这个问题变得更加严重之前应认真处理好这个问题。

结果：同事怒气已消，他感谢B先生听他讲完，B先生也很高兴顺利地处理完这个问题。

潜在压力事件4：中午休息。

A先生

反应：边工作边在办公室吃午餐。找不到所需的文件。打电话找人，但人又不在。

想法：我从来不能从所有这样的工作中摆脱出来，我还得费力处理掉工作直到晚饭时间。

结果：由于恼怒，在工作中屡犯错误。

B先生

反应：在公园漫步20分钟，然后在里面吃完午餐。

想法：像往常一样，午休后我恢复了精力。当我让自己的心态放松时，我会工作得更好。

结果：恢复到良好状态，能迅速恢复头脑清醒，继续工作。

潜在压力事件5：晚上11点，睡觉时间。

A先生

反应：难以入眠，失眠2个小时。

想法：为什么我不能做得更多呢？我让自己和家人感到失望。

结果：早上睡醒后精神疲惫而又郁闷。

B先生

反应：迅速入睡。

想法：这真是愉快的一天。很高兴我防止了一些潜在问题的发生。

结果：神清气爽而又愉快。

二、成就动机与压力——动机对压力的影响

动机是指引起和维持个体的活动、并使活动朝向某一目标而展开的内部心理过程

或内部动力。人的各种活动都是在动机的指引下,并指向某一目标而展开的。研究发现,成就动机与压力有着密切的联系,具有高成就动机的人会比低成就动机的人感受到更大的压力。

成就动机的强弱影响着工作效果、工作效率。一般情况下,大家都会觉得工作动机的强度越高,说明工作积极性也越高,对教学活动的影响更大,教学效率会更好;反之,成就动机的强度越低,则教学工作的效果和效率也越低。然而事实并非如此。心理学家的研究指出,动机强度与工作效率的关系不是线性的关系,而是呈倒U型曲线关系。也就是说,成就动机的强度有一个最佳水平,此时的工作效果和效率最高;一旦超过了这个顶峰状态,动机程度过强时就会对活动的结果产生一定的阻碍作用。当然,如果动机过低,也不会有高效率的活动的。那么,为什么动机水平过强时,会对工作不利呢?这是因为动机水平过强时,会让个体进入一种我们平常所说的过度焦虑和紧张的状态,也可以说产生了压力。例如,一个教师在说课比赛时想要获得好成绩的动机过分强烈,以至于十分紧张,从而产生了"怯场"的现象,干扰了记忆和思维过程,竟然一下子想不出自己本来十分熟悉的问题,接着会万分焦急,产生压力,结果说课成绩并不理想。所以当成就动机过于强烈时,会影响个体正常水平的发挥,这无益于工作效率,同时也容易造成压力过大。

心理学家耶基斯和多德森的研究表明,成就动机强度的最佳水平不是固定不变的,而是根据任务性质的不同而变化。工作任务比较简单时,较高的成就动机强度可达到最佳水平;工作任务比较复杂而困难时,较低的成就动机强度可达到最佳水平。

缺乏成就动机的初中教师在教学工作中一般不是很积极,他们仅仅是完成最基本的教学目标,领到工资,因而他们感受不到较强的心理压力。高成就动机的教师会很积极主动地做好教学任务,提高自己的教学成绩,努力让自己成为众多教师中的佼佼者。但是高的成就动机也会伴随着压力的产生。想要比其他老师做出更多的成绩就要付出更多的努力,而且时时刻刻都想着要做得比别人好。同时,高成就动机的教师既然已经付出了比别的老师更多的努力,就自然会期待比其他老师收获更多,因此他们也时刻关注着最后的结果,生怕最后的成绩会达不到自己的预期。所以,成就动机很高的教师在生活工作中会感受到更多的压力。由此可见,保持适当的成就动机对于初中教师来说必要的。

第二节

想法、做法决定最后的结果
——思维方式与做事风格

一、完美主义——事事追求完美会很有压力

对于完美主义者来说，生活从来都不是轻松的，并且几乎没有什么乐趣可言。他们认为真正的快乐来自对完美状态的不懈追求，并通常以非常高的标准来要求自己。但有时候想要达到完美的状态是很难的，或是需要付出更多的努力。一个人的时间和精力总是有限的，面对生活工作中的各类事情，如果事事都要去追求完美，显然是不太可能实现的。但是完美主义者就是这样的人，他们追求自我完美。因此，和其他人比起来，完美主义者在生活中会感到更多的压力。

完美主义者可以分为外在完美主义者和内在完美主义者。外在完美主义者总是对他人吹毛求疵，认为他人难以达到自己的行为标准，别人的行为和他们的标准之间总是存在着差距，所以完美主义者经常被沮丧和敌意所困扰。内在完美主义者则把持续的、过分的期望值施加于自己的身上，他们对于自己的心理习惯所付出的代价不仅使他们做事的效率降低，还会导致健康恶化、

自我控制减弱、人际关系恶化和低自尊等。这种类型的完美主义者还可能受到许多潜在的严重情绪障碍的伤害，包括抑郁、成就焦虑、考试焦虑、社交焦虑、写作焦虑以及强迫症等。[①]

1. 完美主义者的特征

完美主义倾向者通常采用"全或无"的思维，认为事情非对即错。完美主义者害怕犯错误，并且对错误往往反应过度。他们常常因为周围的人很少能符合自身的要求而与其格格不入。完美主义者过度概括化，担心一个负面行为就会导致不可避免的失败。他们内心充满了自我惩罚以及一些可预见的令人沮丧的影响。

完美主义者在自己和他人的关系中，过于关注"应该"。下面这些"应该"就是他们经常对自己说的话：

我应该是慷慨、体谅、庄严、勇气、无私的典型。

我应该是完美的爱人、朋友、家长、教师、学生、配偶。

我应该在任何困难前面表现得镇定自若。

我应该能够找到一个迅速解决问题的方法。

我不应该感到难过；我应该总是平静和幸福的。

我应该总是自然而然的，并能同时控制住自己的情感。

我不应该有某些情绪，例如恼怒和嫉妒。

我应该平等地爱我的孩子。

我不应该犯任何错误。

我的情感应该是始终如一的——一旦我感受到爱，我就应该总感受到爱。

我应该完全依赖自己。

我应该坚持己见，同时不应该伤害任何人。

我应该不知疲倦或从不生病。

我应该总是保持高效。

[①] [美]沃特·谢弗尔著，方双虎等译：《压力管理心理学》，中国人民大学出版社2009年版，第158页。

有完美主义倾向的初中教师试图将工作、生活的各个方面都做到自己最满意的程度，他们在教学过程中争取不犯任何错误，不遗漏任何一个知识点，最大限度地照顾所有的学生，让每一个学生都能够掌握所有的知识点。因为他们相信这一切都是有可能的，只要他们努力就能够实现他们的预期目标。在生活中他们也对自己严格要求，做每一件事情都非常认真，追求一种完美的状态。而身边的同事、学生们却不都是像他们一样追求完美的，有些同事在工作中敷衍了事，在生活上马马虎虎，有些同学拖拉懒散。这些在他们看来都是不能理解的，他们看不惯这种对工作、生活、学习的态度，并从内心中鄙视这种态度，时刻警告自己不能和他们一样。

2. 完美的陷阱

完美主义看似是好的，事事追求一种理想的状态。但是完美主义者在追求一种理想状态的同时也会产生各种其他的问题。下面几个方面就是与完美主义者同时存在的问题。

拖沓　完美主义者在完成工作的过程中，甚至在刚开始工作的时候就会遇到麻烦。他们倾向于拖沓，因为他们想把工作都做得尽善尽美，因而所有的任务都显得非常庞大。

努力过度　与完美主义相关的另一个特征是面面俱到的倾向。在这种压力下，当准备一个演讲或是书面报告的时候，完美主义者就会在其中加入比实际所需更多的信息。

储藏　一些完美主义者很难抛弃一些东西。他们常担心扔掉的一些东西在他们今后还会用到，同时他们也不会区分哪些东西最有用。

防御性　完美主义者竭尽全力地避免犯错误。即使一个绝对不可避免的错误，他们也是很难认可的。他们因此变得非常具有防御性，毫不费力地说出"但是"、"然而"以及其他借口，以致其他人听不明白在他们的陈述中所认可的成分。

挑剔　完美主义者不仅对自己的期望很高，对其他人或事的缺点也有挑剔的倾向。尽管大多数人都想要一个完美的伴侣，但他们普遍接受生活是不完美的，也不会花太多的时间和精力为配偶的小毛病而烦恼。

具有完美主义倾向的初中教师,由于他们过于追求理想的状态,在任何事情上都花费不少的时间和精力,这就使他们显得很忙碌,效率很低。但是学校、家庭中的事情,他们又必须都要去完成,因此他们就感觉到生活中的压力很大,尽管自己已经非常努力,但很多事情还是落在了别人的后面。

二、拖沓——拖拉懒散压力不小

拖沓是指推迟我们知道必须完成的事情,并且习惯于这样做。拖沓常常是由于任务繁重、使人不悦而将其延期到以后的某个时间。拖沓的习惯常以两种方式让人感到苦恼:一种是拖延会导致外部麻烦,例如,不按时支付账单或不按时把任务完成。另外一种是内部的,它会使拖延者感到内疚、后悔或者自我谴责,甚至绝望。①

有时候人们会使用拖沓这种生活方式来固守一种感觉糟糕或者不成功的生活脚本。不管成为拖沓者是一个怎样的过程,个体已经形成了一套不断强化的信念,心理学家简·博克(Jane B. Burka)和莱诺拉·袁(Lenora M. Yuen)把它称之为拖沓模式:

我必须完美。

我做每一件事都应当容易,不需要费很多周折。

什么事都不做比去冒风险或失败更加安全。

如果事情没做好,就说明这件事根本不值得去做。

我必须避免挑战。

如果我成功了,有些人就会受到伤害。

如果这次我做好了,我就必须一直做好。

遵循其他人的规则就意味着我在屈服,将不能控制自己。

我不能让任何人或事顺其自然。

如果我暴露了真实的自我,人们将不会喜欢我。

---

① [美]沃特·谢弗尔著,方双虎等译:《压力管理心理学》,中国人民大学出版社2009年版,第162页。

只有一个正确的答案,我会一直等待直到发现它。

拖沓完全是自我对话的结果,通常由害怕引起(如害怕失败、害怕成功、害怕痛苦、害怕亲密)。当然它也可以仅仅是因为习惯于舒适、习惯于不够努力、生活懒散而引起的。在现实生活中,拖拉懒散的习惯往往与一个人的性格有很大的关系,而且这种懒散习惯的形成受到很多因素的影响。但是这种拖沓的行为会导致很多不必要的麻烦,从而造成压力。具有拖沓习惯的初中教师可能在各个方面都落在别人的后面,一旦规定任务期限到了,他们必然会手忙脚乱地赶进度,因而完成任务的效果很可能比别的教师要差。这就会引来一系列的批评,最后的结果是他们的压力经常处于比较高的状态。

第三节

无法摆脱的过去
——成长经历

一、生活脚本——生活是否会像电影一样安排好了

伯恩(Eric Berne)认为几乎每个人从青少年时期开始就会产生生活脚本——关于思考、感觉和生活的蓝本。如同一名演员遵循舞台脚本一样,人们按照他们自己的生活脚本摸索着前进。

生活脚本产生于童年和青少年期,来自父母和其他成人传达的早期信息以及自己早年所做的决定。早期信息来源于他人的榜样、奖励和惩罚,以及自己的归因模式。因为个体有选择的能力,所以个体不仅仅是一个消极的信息接受者。选择是可行的,包括接受、拒绝或对早期信息进行修正。很多人虽然成长在充满破坏性的家庭中,周围充斥着抛弃和暴力的信息,但他们仍然可以生活得很好,这是因为他们选择了优良的生活计划。

生活脚本具有内在的局限性,因为它们遏制了真实的和自发的天性。生活脚本可能会通过以下几种方式

造成不良压力。

1. 直接导致生活不愉快、失败、遗憾、不努力、压抑、厌烦、疾病或孤独。这些是平庸乏味的生活脚本。

2. 直接导致悲剧——自杀、监狱生活,或者由于酗酒、世故、心脏病导致的过早死亡。这些都是悲剧性的生活脚本。

3. 不恰当的或有害的处理方式,间接导致平庸或悲剧性的生活——对他人施加暴力、毒品、精神分裂症、冲动性花费或强迫性过度饮食。

生活脚本部分反映了周围文化和亚文化的规范和价值。然而,每一脚本在很多方面都是独一无二的。一个人通过重复强迫性劳动时钟维持这种脚本——重复强迫性冲动即成为自己所熟悉的人和做自己熟悉事情的内驱力,这一内驱力可能比"快乐原则"更为强大,体验自己所熟悉的事情甚至优先享受生活——并不是出于选择而是出于习惯。有一个悲剧性的事实可以说明重复强迫性冲动的力量:将近90%的虐待自己孩子的父母是在重复他们被父母虐待的历史——这一模式正在对220万年龄在3—17岁的美国儿童造成伤害。[①]

并不是每个人都有生活脚本,但只有少数人被父母培养成为有自我指向的人,即自己决定信奉什么以及怎样去生活——而不是由孩童时代所形成生活脚本控制。然而大多数人还是被生活脚本所束缚,不是一生都盲目地遵循这一脚本,就是设法冲破脚本的限制以获得自由。自身潜力的充分发挥依赖于不受脚本控制的生活,通过有意识的努力和他人的支持,我们可以把生活脚本抛弃,至少重新设计其主要方面。很多成人获得了成功——达到了真正的真实性、自主性和自我指导。

对于初中教师来说,生活脚本对他们的影响是非常大的。中学教师的工作是很有周期性和规律性的,而且这样的生活脚本是很固定的。初中教师们一般都能比较准确地预料到5年后甚至是10年后的工作、生活情形。这种不会有很大变化的生活脚本,会让不少初中老师感到单调和乏味,甚至有些教师会感到很平庸。

---

① [美]沃特·谢弗尔著,方双虎等译:《压力管理心理学》,中国人民大学出版社2009年版,第35页。

二、家庭教养方式——家庭教养方式会影响你的一生

心理学研究发现,家庭教养方式对孩子的未来有重要影响,家长不同的教养方式会培养出不同修养、不同性格的孩子。每个家庭都有自己个性化的教养方式。早在1978年,美国心理学家戴安娜·鲍姆林德即提出了家庭教养方式的两个维度,即要求性和反应性。要求性指的是家长是否对孩子的行为建立适当的标准,并坚持要求孩子去达到这些标准,反应性指的是对孩子和蔼接受的程度及对孩子需求的敏感程度。根据这两个维度,可以把教养方式分为民主型、专制型、放纵型和忽视型四种。

一般而言,民主型是对孩子最有利的一种教养方式。家长会给孩子提出合理的要求,并对孩子的行为进行适当的限制。与此同时,他们会表现出对孩子的爱,并认真听取孩子的想法。在这种教养方式下长大的孩子,有很强的自信和较好的自我控制能力,并且会比较乐观、积极。

专制型的家长要求孩子无条件服从自己。在这种教养方式下长大的孩子,会较多地表现出焦虑、退缩等负面情绪和行为,但他们在学校中可能会有较好的表现,比较听话、守纪律。

放纵型的家长对孩子则表现出很多的爱与期待,但是很少对孩子提要求和对其行为进行控制。在这种教养方式下长大的孩子,容易表现得很不成熟且自我控制能力差。

忽视型的家长对孩子不很关心,对于孩子,他们一般只是提供食宿和衣物等物质条件,而不会在精神上提供支持。在这种教养方式下长大的孩子,很容易出现适应障碍,他们的适应能力和自我控制能力往往较差。

这四种类型的教养风格是极端的表现,现实中,家长的教养风格可能是其中一种或两种混合,也可能父亲和母亲持两种不同的教养方式。我们看到民主型教养方式是一种最好的教养方式,放纵型教养方式比较常见。对孩子一生产生比较严重负性影响

的是专制型和忽视型教养方式。

惩罚性的、苛刻的、专制的、消极的教养方式会导致孩子常常体验到抑郁,因为父母只关注孩子的失败,而不理会他们的成功。在这种环境下长大的孩子对失败和自主性的威胁十分敏感。而忽视的教养方式则会使孩子对丧失关系和被抛弃十分敏感。这两种教养方式都不能培养孩子的安全依恋,他们无法形成建立亲密关系所需的安全的内部认知工作模式,因此长大成人后,在人际交往和社会功能方面会出现适应障碍。

家庭环境对人成长会产生影响,而父母的教养方式是家庭环境中非常重要的一个因素。初中教师从小受到的家庭教育,特别是父母的教养方式会影响他们日后的生活工作态度和处理问题的方式。在民主型父母教养方式下成长起来的初中教师,在心理上应该是最健全、最健康的,他们通常对生活比较乐观、向上,能够以包容的心态去面对工作中的各种现象和问题。而在专制型、放纵型、忽视型父母教养方式下成长起来的初中教师,他们的心理状态容易出现问题,而且在遇到困难的时候往往不能有效地疏导自己内心的情绪,并且缺乏安全感,容易产生心理问题,和民主型父母教养方式下成长起来的初中教师相比,通常会有较大的压力。压力的产生并非只有客观的原因,更重要的是一个人面对困难时的心理状态,由于从小的家庭影响,一部分人缺乏适应社会的能力,所以容易产生压力。

视窗 7-3

忽视型教养方式下的初中教师

王鹏是一名初中教师,在学校教数学,是个很内向的人,平时和其他老师的沟通比较少,上完课就在办公室一个人低着头看书、备课,下班就直接回家,学校组织的各种教师集体活动他也基本不参加。他觉得和其他老师、领导相处起来很不自在,觉得和他们没什么要说的,也不愿意和他们主动交流。平时工作上有什么困难,王鹏都不想麻烦其他的人,可能别人一指点就可以马上解决的问题,他却非要一个人低着头琢磨,有时候一中午也想不出解决办法。一次评职称的时候，他感觉自己工作比较认真，工作成绩也还是不错的，这次晋级有很大希望。但是最后的结果令他很失望，他感觉压力很大，自己平时工作已经很努力了，这样工作都不能晋级，以后要怎么努力啊。

其实王鹏今天的状况与小时候家庭中父母的教养方式是有一定联系的。妈妈早年下海自己开了一个小商店，爸爸是一名工程师，家里经济条件相当优越，爸爸因为工作的关系经常在外，妈妈又特别爱打麻将。有一次，王鹏饿了要吃饭，妈妈又正在麻将桌上不想下来，于是拿出十元钱，对他说，自己买去，王鹏只能哭丧着脸，拿着那十元钱，悻悻地走了。而且，因为爱打麻将，妈妈经常将他一个人关在家里自己玩。作为一个独立的、有思想的个体，孩子需要尊重和理解，需要关心和爱护，而王鹏则因长期不受父母重视，被父母忽视，形成一种内向自闭的性格。

三、生活事件——特定生活事件不可小觑

外国学者赫尔姆斯和瑞德认为，一个人的良好身心状态与本人在一定时期内所经历的生活事件的数量是相关的。经历重大生活事件的人往往会产生焦虑、紧张等情绪，其内在的压力也会变大。赫尔姆斯和瑞德率先编制了测量压力的生活事件量表，后来的一些研究也采用了不同类型的生活事件来用作压力的测量工具。

霍姆斯和拉赫提出了一张个人需要适应的43件生活事件的列表。这些事件是按一定的顺序进行排列的，其中"配偶去世"对于寡妇来说是最需要适应的一个因素，并且它被赋值为100个生活变化单位。通过下表你可以很快地统计出在过去一年里，在你身上发生了多少这类事件。它们合计的分数越高，你就越有可能经历高水平的压力。非常有趣的是，表中所列的很多生活事件都是愉快的事情，但它们仍然需要你去做出调整，不然它们也会给你带来压力。

表 7-1　社会重新适应评价量表（改编自 Holmes & Rahe, 1967）[①]

排名	生活事件	指数值
1	配偶去世	100
2	离婚	73
3	分居	65
4	入狱	63
5	亲密家人去世	63
6	自己受伤或生病	53
7	结婚	50
8	被解雇	47
9	婚姻复合	45
10	退休	45
11	家人健康状况变化	44
12	怀孕	40
13	性方面的困难	39
14	家庭增加新成员	39

---

① 刘晓明：《高校教师压力管理》，中国轻工业出版社 2010 年版，第 68 页。

续 表

排名	生活事件	指数值
15	工作调适	39
16	经济状况变化	38
17	好友去世	37
18	工作性质变化	36
19	与配偶争执次数的变化	35
20	大量贷款或抵押	31
21	丧失贷款抵押品的赎取权	30
22	工作职务发生变化	29
23	子女离家	29
24	亲姻间的纠纷	29
25	杰出的个人成就	28
26	配偶开始或停止工作	26
27	学业的开始或结束	26
28	生活条件的变化	25
29	个人习惯的修正	24
30	与上司相处困难	23

续　表

排名	生活事件	指数值
31	工作时间或工作条件的变化	20
32	搬家	20
33	转校	20
34	娱乐方式变化	19
35	宗教活动变化	19
36	社交活动变化	18
37	少量贷款或抵押	17
38	睡眠习惯变化	16
39	家人相聚次数变化	15
40	饮食习惯变化	15
41	休假	13
42	圣诞节	12
43	轻度违法	11

用生活事件来预测压力的研究，具有直观性和简洁性，总体来说比较受欢迎。使用生活事件量表测量压力也已经成为确定一个人是否承受压力的主要方法。很多压力现象可以从家庭成员、朋友以及自己的身上发现。比如，人们在应对压力源后，会出现身体上的不舒服。实证研究已经证明，特殊的生活事件能有效预测多种生理性、心

理性以及行为结果。

　　但是用生活事件量表测量压力也存在不少的问题，在大多数研究中，用生活事件量表测量出的压力和对身体的影响的相关性比较低。很多人试图改变这样的情况，他们对这个量表进行了适当的修改，并且对一些更重要的条目进行了加权，省略了不符合需要的条目，拓展了生活事件的广度，减小了评估的主观性。

　　在经历重要的生活事件尤其是负性生活事件后，人们的身心状态都会受到影响，初中教师也不例外。经历的生活事件越多，初中教师的心理压力就会越大。尤其是年轻的初中教师在踏入工作岗位后，将会面临一系列的生活事件，如结婚、生子等，而且还可能面临一些突发的负性生活事件，从而造成压力。

第四节

摘下性别有色眼镜
——性别刻板

一、性别角色期待——定位好自己的角色很重要

(一) 男性角色刻板印象与压力

道格·胡波·汤姆森在他的《男性角色的刻板印象与压力》一书中描述了男性在美国社会被期待扮演的角色和这种角色期待如何演变为个人压力。以下是他总结的男性"行为特点"刻板印象的特征:①

1. 坚强有力——大多数男孩和男人被培养成为只能表现坚强的人:他们必须能够"解决问题"和"消除问题"。

2. 隐藏情绪——"男儿有泪不轻弹"。这种信念很早就被根深蒂固地灌输到男性头脑之中。

3. 应该挣大钱——大多数男性被劝阻不去选择那些挣钱少的职业。男性被灌输了他们必须挣钱养家的

---

① [美]理查德·布鲁纳著,石林译:《多变世界中的压力应对》,高等教育出版社 2008 年版,第 105 页。

观念。

4. 做合适的工作——男孩从小就知道,如果喜欢那些不恰当的职业(如幼儿园老师、护士、秘书、图书馆管理员等)就会被认为是"奇怪"的人。

5. 强烈的竞争意识——男孩很早就知道,作为一名男性就要成为一个有竞争力的人。

6. 胜利——男性被灌输"做任何事情都要赢"的思想。无论是在小社团还是会议室,男性必须要有不顾一切地超越和获胜的观念。

受传统思想的影响,社会要求男性必须比女性承担更多的责任,要求男性能够有成功的事业,能够成为家庭中经济上的顶梁柱,因而角色期待使得初中男教师背负着更大的角色压力。相比于其他的行业,教师的工资水平比较低,而且提升的幅度和速度有限。很多初中男教师的收入并不比其妻子高,更比不上公司、企业里的白领,也没有公务员头上的光环,因而承受着很大的压力。

视窗 7-4

一个初中男老师的压力——工作量 vs 工资待遇

陈老师,今年26岁,某城市实验初中的计算机老师。"在学校,我们这个年龄段的男教师是绝对的苦力",陈老师一脸无奈,"除了每周的固定课时,随时都会被抓来加班,特别是我这样的单身汉,遇到大大小小的检查都是第一时间的第一人选。"据了解,自从工作以来,陈老师几乎没有享受过完整的公共假期。无论是学校老师听课还是学校迎检,他都必须随叫随到,而且常常加班到深夜。在该校创建省级规范化学校期间,他曾连续一个月吃住在学校,安装机器、检测线路、制作课件、培训教师、搬运资料,打各种各样的零杂儿,每天平均睡眠不足6小时。在学校读书时酷爱运动、身体素质一向很好的他在那次迎检结束后得了严重的失眠和偏头痛,视力也急剧下降。但当提到工资待遇时,陈老师一脸苦笑,"还是最基本的那一块,加班很少有加班费。在领导眼里,这些大概都是给我们年轻人锻炼的机会吧,觉得我们吃点苦是应该的。在女教师眼里,我们是男人又年轻,当然应该多做。但有时想想真的很不平衡,我们的劳动无论在精神上还是物质上都得不到应有的尊重。长此下去,我们的工作丧失了动力和激情,只有机械的应付和满腹的牢骚。真的,到底有多苦只有我们自己知道。"

类似陈老师的遭遇在城市初中里很具代表性。由于城市初中的男教师比率较之农村偏低,所以在就业方面他们往往占据优势。但一旦进入用人单位,则会成为整个学校工作的万能贴。繁重的脑力劳动和体力劳动让他们殚精竭虑、精疲力尽,而相应的工资待遇却往往不尽如人意。加之特殊的角色定位,使他们欲辩无言,陷入深深的苦闷之中。在农村初中这种现象更为突出。不说工作量和工资待遇失衡,在某些常年拖欠教师工资的地区,初中青年男教师竟成了"拖你不商量"的重灾区。因为对当地政府或学校而言,他们是最容易"体谅上级困难"的年轻一族。

初中教师地位之卑微早已是不争之事实。初中男教师为社会所轻视也是司空见惯。一是经济地位决定了社会地位,相对低廉的收入(大城市如此,农村更差,中小城市相对好些),在金钱至上的社会环境中当然不会有高的地位可言。二是初中教师的工作本身就很琐碎,尤其是兼做班主任的教师,既是任课老师又是保姆,被各阶层优秀男士、靓丽女士所鄙视。

(二)女性角色的变化

近年来女性问题越来越为世界各国所关注,几乎所有的国家和地区都在讨论女性与男性的地位、状态、平等之类的话题,其根本背景在于性别角色差异的存在。性别角色的差异在中国的传统文化中是根深蒂固的,男性与女性不只是生理上的差异,更有心理上、社会上和政治上的不同。操持家务,为家庭需要而进行生产劳动,似乎女性的美德与个人价值仅存于家庭事务中。女性以"夫唱妇随、相夫教子"、主持家务作为自己与生俱来的天职。社会主义市场经济的建立和发展,给职业女性带来了更多的社会发展的参与和竞争机会,新的社会原则和价值观将锻炼出女性新的品格和价值取向。现代中国,职业女性的生活是丰富的,她们在外与男性一样,从事社会活动和社会劳动,在家庭中为传统意识上的贤妻良母,是家庭生活的中心人物。两种角色的统一,不仅给职业女性带来了精神上的满足、社会承认的愉悦,而且也带来了实实在在的物质报酬和女性状况的改善,但同时伴随而来的也有传统角色的困惑和无形的压力。

教师面临的学生升学考试及升学压力是众所周知的，而实际上，教师的教学质量取决于许多因素，但人们常常以学生成绩来衡量教师的教学水平。一位刚刚参加工作不久的中学老师指出，尽管近几年来高校一直在扩大招生比例，但是名校竞争、重点高校竞争成了新一轮的焦点，中考招生名额虽比往年有所增加，但竞争依然激烈。一些刚刚走上教学岗位的教师，教育、教学经验不太丰富，尽管付出很多，但付出与收获未能成正比，几年的辛苦换来的却是"领导不理解，学生不配合，家长不满意"。[1]

传统文化、社会经济的历史渊源，造成社会对女性的低价值期待已是普遍的事实，这使得初中女教师渴望成功又害怕成功。今天的初中女教师作为女性群体的一部分，也毫无例外地受到传统文化、社会现实的种种禁锢。她们渴望获得婚姻、家庭的成功和情感的满足，她们排斥"女强人"形象，自觉或不自觉地接受传统的女性价值观念，以快乐、平淡、充实的生活作为人生追求。教师面对教育、教学双重任务，每天备课、上课、批改作业的程式化运作，离学校较远的教师仅在上下班途中就要花费很多时间，早上6点出门，晚上6点进家门，回到家里疲惫不堪，与家人沟通缺少时间与耐心，造成家人的不理解，家庭矛盾时有发生。

有不少初中教师内疚地抱怨："管了别人的孩子，却耽搁了自己的孩子。"老师们出于职业的责任感，心中总是挂念学生的成长，承担住校生管理的老师，还担当了部分应由父母承担的监护人的职责，孩子的安全问题也成了他们关心的重要内容。

> **视窗 7-5**
>
> 我享受不到当老师的乐趣
>
> 许老师是一名初中女教师，她经常向朋友倾诉："我非常喜欢当老师，这也是我当初选择当老师的理由，可工作了5年，我发现自己越来越找不到工作的乐趣了。每天按时上下班，每天都

---

[1] 《中小学教师压力管理研究》，杭州市教育局课题组，2003年。引自 http://www.docin.com/p-91651668.html。

要把相同的知识重复很多遍,还要不断地学习新的教学方法。现在讲究素质教育,老师们不能留太多作业,但教学成绩还是最后的硬指标。现在工资待遇不是很好,晋职称太慢,与同事、领导的关系也不好处。"

教师承担着班级的管理者、知识的传授者、新知识的学习者等多种角色,各种角色之间还需要不断地转换,这需要教师发展多种能力,如专业能力、管理能力等,因此,教师原有能力水平与发展能力之间的矛盾也是重要压力源。工作与进修的矛盾,岗位聘任、职业竞争的压力不断加大,评职称受挫,教师的付出与得到的报偿不一致等等,种种矛盾困扰着一部分教师。另外,从工作性质来说,教师的工作相对封闭,其职业特点造成人际交往范围狭窄,特别是那些课堂教育缺少管理经验的初中教师更是不知不觉进入了不良循环的怪圈:学生不听话,学习成绩下降,老师生气,产生紧张、焦虑等躯体症状,久而久之,造成教师个体经常出现不良心境;与领导抵触,同事关系紧张,师生关系疏远,造成家长不满。这些教师每天生活得很沉重、很累,享受不到职业带来的乐趣。

二、压力的性别差异——女性更主动寻求解决办法

当今社会,人们普遍认为男人面对的压力比女人要大。因为按照中国传统观念,男人要肩负养家糊口的重任,而且社会也对男性有着更高的角色期待。英国牛津大学的几位科学家研究发现,成年男性比成年女性更容易感受到压力,其实在他们出生之前就已经决定。研究发现男性胎儿比女性胎儿在母亲子宫孕育期间释放更多的压力荷尔蒙。[①]

然而现代大多数女性已不仅仅是相夫教子的家庭主妇,越来越多的女性开始追求

---

① 引自网络:http://www.81988888.com/newsid145677.

自己的事业,开始和男性平等地竞争。同时也有越来越多的职业女性抱怨她们承受的压力远远高于男性。几乎一半(49%)受调查女性说自己的压力在过去五年有所增加,而男性只有39%左右。她们经常会因压力过大而头疼或失眠。

男女在面临压力时的处理方式上有很大区别,这会对人们感知到的压力大小产生影响。一般来说,女性比男性更愿意表达自身的压力,并且更加主动寻求缓解压力的办法,所以女性的减压能力通常比男性强。女性减压的一种很好的方法就是倾诉。心事一旦说出来,倾诉者便得到了很大的情绪舒缓。女性善于倾诉的心理根源,在于女性潜意识中肯承认自己的无助与软弱,并且积极处理自己的情绪。而男性受"有泪不轻弹"、"有苦不轻吐"的男权强势文化的影响,遇到压力自己硬挺,不善于去找别人倾诉、宣泄。因此男性对待压力的处理方式会引发比较大的压力。

本章案例解读

从人格特征方面来看，李亚男基本上属于 A 型人格。这种人格类型的人非常要强，工作起来也很有动力，但是相对于其他类型人格特征的人来讲，A 型人格的个体在生活、工作中一般会体验到更大的压力。同时，李亚男也有完美主义倾向，完美主义者往往喜欢吹毛求疵。在工作过程中，完美主义者会举步维艰，他们想把每项工作都做得尽善尽美，因而所有的任务都显得非常庞大而复杂。正如李亚男在上课的时候对自己的严格要求达到了近乎苛刻的程度，因此在备课过程中，她就会比其他的老师有更大的压力。家庭教养方式对人的影响是长远的，李亚男从小就被当作小男孩来培养，而且父母管教比较严格，这样的家庭造就了李亚男要强的性格特点。同时特定的生活事件也会引发人们的压力，李亚男班里的一个同学没有考好，影响了她的总体教学成绩，从而加大了她的压力。

第三编

压力应对

第八章
我的地盘我做主
——运用自我的力量应对压力

本章案例

教师被誉为太阳底下最光辉的职业、人类灵魂的工程师,他们用知识甘露,浇灌我们理想的花朵;用心灵清泉,孕育我们情操的美果。作为"真的种子,善的信使,美的旗帜",自古以来人们就毫不吝啬地用最优美的语言来赞颂教师。然而,今天教师作为"传道授业解惑"的使者,却越来越受到"工作压力"的困扰。王老师是某初中三年级的教师,平时做事就是个急性子,一遇到事情就紧张、焦虑。还差一个月学生就要中考了,王老师每天焦虑不安,一会儿担心自己的工作做不完,一会儿又担心学生考不好,在办公室里来回踱步,工作效率明显下降。王老师为什么会有这么大的工作压力?他应该怎样为自己适当减压?

本案例中,王老师出现了哪些问题?对这些现状该做何解释?本章我们将谈谈在压力事件下人们的心态表现,以及在面对工作压力时怎样以信任的心态、积极的自我对话、良好的时间管理的方式来缓解压力。

第一节

境由心生
——压力下的两种心态

面对压力,不同的教师有不同的反应模式,有的教师"清风徐来,水波不兴"、"宠辱不惊,看庭前花开花落;去留无意,望天上云卷云舒";有的教师却"风雨欲来山满楼","黑云压城城欲摧",不同的反应模式体现了人们在压力面前不同的心态。下面我们将具体阐述面对压力的两种不同心态——敌意心态和信任心态。

一、敌意心态

敌意的本质并不是对于向他人无缘无故开枪、刺杀等一类暴行的愤怒,而是日常生活中完全正常的人,在思想和行为上表现出来的生气、恼怒和激怒,也就是对他人动机和价值观不屑一顾。具有敌意心态的人常常容易产生愤怒,并且把愤怒发泄在他人的身上。[①] "敌意心态"所包含的三个主要因素有:(1)愤世嫉俗的态度,这是对他人的动机、意图和价值的基本不信任;

---

① [美]沃特·谢弗尔著,方双虎等译:《压力管理心理学》,中国人民大学出版社2009年版,第151页。

(2)经常不断地产生愤怒情绪;(3)以过激的语言和行为表现出不满情绪的倾向。同样,我们也了解到敌意心态会危及人的健康——甚至会缩短人的寿命,对我们的身体健康具有很大的危害性。有敌意心态的人常带有一种愤怒的倾向,面对不同类型的情景,他们倾向于看到他人动机和意图的阴暗面,而看不到别人身上的闪光点。他们常会被一些事迅速惹恼,而没有敌意心态的人对这些事几乎不露恼怒之色。

敌意心态常用问卷来测量,目前使用最广泛的问卷是由 Cook 和 Mediey(1954)从明尼苏达州多项人格测验中抽取 50 个项目重组而形成的。很多研究显示敌意心态有害健康,而且敌意越大,对健康造成的不良影响越严重。另外,敌意心态还会对心理和人际关系产生有害影响。例如,犹他州立大学的史密斯通过一项研究发现,敌意越大,烦恼和消极生活事件越多。敌意心态可能对人的心理健康有一定程度的伤害,并且由敌意心态产生的孤立感会使人的压力进一步增大,对健康的危害进一步增大(Timothy Smith,1988)。美国职业压力协会的统计表明,压力及其所导致的疾病、缺勤、体力衰竭、精神健康问题每年耗费美国企业界 3 000 多亿美元。目前我国虽无类似的统计资料,但从一些调查发现的问题来看,压力过大导致的身心健康问题的损失不容忽视①。现代应激理论认为,来自个体内外环境的应激(即压力)长期作用于个体,将使个体产生程度不同的身心应激反应,包括紧张、焦虑、恐惧、愤怒、敌意、抑郁等情绪反应,以及丧失自信、自我评价过低等认知反应。教师如果长期处于强度过大而且超出个体应付能力的应激状态下,对其身心健康将产生消极影响,教师心理不健康,将会影响学生的心理健康。

具有敌意心态的人在人际关系中容易处处碰壁,他们不能以宽容、友好的态度与别人交往,长此以往,人们也会自动疏远他。孟子曰:"爱人者,人恒爱之;敬人者,人恒敬之。"所以,与人相处要注重真心相交,以信任的心态而不是敌意的心态面对别人。

---

① [美]沃特·谢弗尔著,方双虎等译:《压力管理心理学》,中国人民大学出版社 2009 年版,第 151 页。

二、信任心态

威廉姆斯(Williams)对于信任心态的描述性定义如下:信任心态使人相信人性本善,大多数人会平等友好地与其他人相处。具有这样信念的人很少表现出不满,不会故意地去挑其他人的毛病,不把别人往最坏处去想,信任心态使人相信人们大部分是好的,并期待经常去发现人们的善意。因此,信任心态让人很少感到憎恨、苦恼和愤怒。由此可见,持有信任心态的人待人友好、体贴、友善,几乎从不对人怀有恶意。[①] 优秀的教师在需要的时候能承受巨大的压力,是因为他们在压力下具有信任的心态。信任心态是教师身心和谐、心理健康的法宝。那么,教师究竟怎样才能抱持信任心态呢?

(一)教师维持信任心态的法宝 A——正直

小孩子看电影,很多内容虽然不懂,但总忘不了问父母亲谁是好人谁是坏人。我们在世为人,先不说当不当得了伟人、富人、名人,至少也应该做个好人。古人说的"大德必寿"虽未必可信,但道德修美、品德端方的人由于自身行为和社会规范相一致,也就不需要有那么多矫饰和掩盖,心理负担于是就小得多,心境也平顺、松弛得多。而做伤天害理的事情则是一种恶性循环,干了不义的事需要用更多的不义来掩盖,内心世界总是充满紧张而惶惶不可终日。这就是"君子坦荡荡,小人长戚戚"的原因。其实人往往很复杂,小偷、强盗很少有希望后代子承父业的。强盗白天杀人越货,晚上还要到教堂忏悔一番,企图卸掉心理包袱。所以有人说"清白的良心是一具温柔的枕头",这句话如此真实、有道理。一个人能达到的道德高度与他的权力、地位和财富都无关。对于我们,即使看见坏人得了再大的便宜,也不必为自己做了好人而后悔。教师只有

[①] 刘玉新:《工作压力与生活》,中国社会科学出版社2011年版,第215页。

具备了一颗正直的心,才能在学生面前树立良好的榜样,引导学生更好地发展。

(二) 教师维持信任心态的法宝 B——宽容

我们所谓对环境的适应,主要是对人际关系的适应。我们的烦恼也多半来自人际关系的紧张。而宽容则是处好人际关系的不二法门。宽容的核心是体谅、理解、与人为善,自己生活的同时,让别人也生活。清代有个叫张英的人在京城做官,老家的人因为砌墙和邻居寸土必争,去信向他告状。张英提笔写了一首诗:"千里修书只为墙,让他三尺又何妨? 万里长城今犹在,不见当年秦始皇。"邻居很惭愧,也让了三尺,于是家乡就有了六尺巷保存至今。郑板桥的"难得糊涂"被奉为至理名言;不少供奉弥勒佛的寺庙门口都有一副楹联:开口便笑笑古笑今凡事付之一笑,大肚能容容天容地于人何所不容。世界上没有完全相同的两片树叶。每个人的认识角度、利益取向、成长经历、文化背景既然皆不相同,怎么可能事事处处都对自己的心思? 善于忍让三分显然是一种美德,老虎并不介意于被划归"猫科"。再说,人非圣贤,谁能无错? 自己今天否定昨天的情况也经常发生。所以,只要不涉及重大原则问题,完全用不着过分较真。为人尖刻不等于深刻,"彰人之失,显己之明"并不能让人产生敬意。红楼梦里有句话说得好,"聪明太过则不如意事常有"。还有一句话"聪明反被聪明误",这些前人智慧现在看来并不过时。因为"一口闲气咽不下","一时面子放不下"而锱铢必较、睚眦必报,放纵体内有害的激素狂奔疾走,损害的只是自己的健康。

需要特别提醒的是,我们说宽宏大量是一副良药,包括对别人的宽容,也包括对自己的宽容。既要能"大赦别人",也要会"豁免自己"。人的一生充满了失去的机遇和错误的选择,工作失误、行为失当、用人失察,有时在重要场合说了句不得体的话,失手打碎了一件贵重东西,都会让我们久久地陷入懊悔和自责中难以释怀,其实在认真总结了教训后就应该原谅自己,让自己尽快解脱和"过关"。有种值得特别警惕的"灵魂毒药"便是嫉妒。嫉妒是对别人幸运的一种烦恼。嫉妒心可以容许一个陌生人发迹,但不原谅一个身边的人上升。如果说宽容是强者的心态,嫉妒便是弱者的毒药。当嫉妒唤起的有害激素在体内潜滋暗长,我们的各个器官将浸泡在它持久的文火煎熬中。因此,陷于嫉妒的人是比被嫉妒者更加可怜的。

宽容对教师来说尤其重要,教师的工作不仅仅是教学生书本中的知识,更要教他们做人的道理。学生总免不了会犯错,如果教师对学生的错误无论大小,都严惩不贷,久而久之,学生与教师的距离将越来越远。

(三) 教师维持信任心态的法宝 C——快乐

快乐的时候,我们的神经系统、内分泌系统和免疫系统进入最佳状态。有益的化学信使成群结队沿着大小血管痛快地奔忙,为我们清除废料、修补损伤、消除疲劳、贮存能量。"快乐"的确是一种建设性的情绪。但"快乐"究竟有没有客观指标? 譬如说,是不是根据你的财富多少和权力大小,就能对应查出你的"快乐指数"? 这样的标准是不存在的。多少人顿顿山珍海味,但却没有好胃口;住着金窝银窝,可惜彻夜失眠;身边偎红依翠,但偏偏暗疾缠身。一个贫苦农民有了一万元的时候会在梦中笑醒;而一个亿万富翁只剩下一万元时却会跳楼自杀。我们常道:"只眼红人家鞋好,不知道人家脚疼。"有句话说得好:"我平凡,但我很快乐。"当然,快乐也并不是完全靠主观心理体验,基本的条件还是需要的。有人概括为"有事干、有钱花、有人爱",倒也通俗简洁。特别把"有事干"列为快乐之首,很有几分见地。人的快乐首先来源于创造,工作应成为生活的第一原则,而"忙"则是保持身心健康和快乐的灵丹妙药。一身娇肉懒骨,终日无所事事的人必定百病丛生。不少人退休后就是因为不适应角色转换,心理失去了寄托,一下就"闲"病了。因此,生活永远不能失去目标。同时在追求目标的过程中,虽然需克服困难,却时时能领略生命的快乐和酣畅,不要等到实现了目标后才去享受生活。

教师的快乐源泉有很多,教学评估中取得了不错的成绩;自己的工作得到了领导的好评,得到了学生的认可;学生为逗老师开心调皮的小动作……教师在快乐的同时也就把这份快乐传给了学生。

（四）教师维持信任心态的法宝 D——豁达

教师要保持信任心态，就需要具有豁达的情怀。上中学生物课时，我们在显微镜下观察一滴水中的万千小生命，每个小生命都那么生机勃勃、自得其乐。如果从遥远的外太空看地球，我们赖以生存的世界不也就是一滴水吗？哪个"小虫"又是你和我呢？在广袤的宇宙和浩瀚的时空中，每个人真的很渺小。你明天早上可以不起床，但太阳依然照常升起。在人类历史的长河中，我们的存在同样只是短暂的瞬间。认识到我们只是比我们更重要的事物的一部分，就会感到"自我中心主义"多么可笑，就会拥有更大的心理容量，不再为身边的琐碎小事而耿耿于怀。我们在自己的小天地里有许多"无比严重"的事情，放在大尺度的背景下看，其实也不过是"茶杯里的风波"。如果今天有些"决不能善罢甘休"的事，五年后也许就已经微不足道。因此，有了宽阔的眼界和博大的心胸，我们往往就能经得住一些事情，少一点"忧谗畏讥"、"叹老嗟贫"，多一点"穷通不较"、"宠辱不惊"。遇事拿得起、放得下，在顺境逆境中都保持更高的境界。

很多人都买过彩票，谁都知道中头奖的概率太小了，只有几十万分之一。然而，我们每个人却都曾经中过一次比彩票困难千万倍、昂贵千万倍的头奖，这个奖就是我们的生命。每个生命的孕育都是几十亿精子中唯一优胜者的凯歌。再说，你的父母亲在茫茫人海中结识的概率又何等微小。如果更往上推，倘若不是数千年前某场农民战争中，你的祖先侥幸躲过了敌人的长矛，他身后的绵绵子孙便都会一笔勾销了。所以，请牢牢记住，你的出生绝对已经是世上莫大的奇迹，不管你长得高也好、矮也好，单眼皮也好、双眼皮也罢，都是大自然妙手偶得、独一无二的佳作，都是值得千般庆贺和万般祝福的事情。"上帝记得每个人的名字"，认识了这一点，才能悦纳自我、善待自己，珍惜自己现有的一切。决不要因艳羡别人而妒火中烧，也不要为取悦别人而奴颜媚骨，更不能在遇到挫折和不幸的时候自暴自弃，甚至一念轻生——那真是最不可饶恕的罪过和对自然、对父母最大的忘恩负义。

教师具有豁达的心态，就能轻轻松松尽情投入到教学中，同时，学生也会被教师所感染，以自己最大的热忱投入到学习中，培养学习的兴趣，享受学习的乐趣，不把学习成绩看成是自己学习的唯一目的。

（五）教师维持信任心态的法宝 E——爱心

人性最深刻的需求是对爱的需求。当我们的心温柔地一动，浸沉在浓浓的爱意中时，我们大脑中的上万种神经肽就会闻风而动、热烈呼应，调整它们复杂的配比，营造出体内理想的生化环境。而这种爱又常常和感激交织在一起：感激养育我们的父母和社会，感激那些为我们提供衣食住行的大众，感谢为我们的成功播下最初种子的人们，感谢同事对我们的照顾，感谢学生对我们的信任……当我们带着感情看世界，心理的体验就常常会有所不同。当我们春风得意、百事顺遂时，脾气总会特别好。这是因为我们觉得命运待我们不薄，便产生了回报世界的爱心。而憎恨和愤怒则是一种暴烈的破坏性情绪。就有这样一个人，饭里的砂子硌了他的牙，竟然气呼呼地非要翻箱倒柜找一把老虎钳把这颗砂夹碎不可，孰不知强烈的敌意和报复心首先会啃噬他的健康。如果常年在暴跳如雷、恨意难平的情绪中度日，这样的生命是短促的。这不仅是一个脾气和性格的问题，还是一个人人生态度的问题。留心一下会发现，我们一个时期的心情大致都有一个"背景色调"和"衬底音乐"，爱就是温热的暖色和深情的旋律。

我们的心理若能常常陶融于爱的暖流之中，就能在生活中如鱼得水了。特别当这种爱化为对别人的帮助和对社会的奉献时，我们从中获得的美好感觉往往胜过其他的心理愉悦。行善是快乐的最可靠源泉。对于我们的心理来说，做好事不仅是很高尚的，同时也是很"滋补"的！教师每天生活在对同学的热爱与关心之中，自然如沐春风。

（六）教师维持心理健康的法宝 F——坚强

从科学的角度看，坚强是我们耐受强度和心理承受能力的量度。人生百年，谁也不会总是一帆风顺,不如意事十之八九。社会动荡的严酷岁月自不必说,就是平常的日子,我们也难以避免。生活总是好时光和坏时光的交替与混合。挫折和失败对于一个人不仅不可避免,甚至不可缺少。"没有挨过饿的人不会有深刻思想。""人生的交响乐只有加进痛苦的低音才浑厚丰满。""一个跟头跌出强人。""少年得志,人生之大不幸也。"……人们竟然用千百条谚语赞美挫折和失败,可见它具有巨大的人生价值。许多企业在招收雇员时就更看重有无失败的经历。不谈"文王拘而演周易"等历史故事了,如果没有"文化大革命"中老一辈领导人的坎坷失志,就不会有今天改革开放后的繁荣昌平。所以,"一个人在困境中能比顺境中学会十倍的东西",这的确不是夸大其辞。

有副对联说,"能受天磨为铁汉,不遭人嫉是庸才",我们相信坚强的人永远不会有山穷水尽的时候。人类意志中最可敬的品质,便是不论遇到什么挫折、失败甚至苦难,都能指挥自己沉着迎战,蹶而复起、越挫越勇。我们的心理大厦不管多么高大华美,如果没有足够的抗灾抗震能力,都是不能算合格的。教师在工作中面临着考试、评职称等等的压力,需要有足够的毅力积极面对,这样才能在困难面前仍然保持极大的教学热情投入工作。

以上我们把心理品质的诸多要素比作法宝,然而,人的心理总有四季变化、晴雨交替,再健全的心灵也难免会有"感冒"的时候,这就需要我们适时进行自我调节,缓解紧张、释放压力。人际交往的"黄金法则"说:"想要人们怎么待自己,就要怎样对待他人。"所以,在与人相处的过程中,如果我们曾经是一个不相信别人的人,那么从今天起我们要开始相信。就像那首歌唱的那样:"我相信自由自在,我相信希望,我相信伸手就能碰到天,有你在我身边,让生活更新鲜,每一刻都精彩万分,I do believe!"

第二节

认识你自己
——自我对话

一、理解自我对话

王老师和李老师都是中学老师,他们在各自的中学兢兢业业工作了十几年。近日来他们都面临着评职称的压力,结果在激烈的竞争中,他们都没有评上中学一级老师。王老师非常懊恼,他认为之所以自己没评上是因为自己能力不足,从此更是战战兢兢,总怕自己做事情时会出错。相比之下,李老师虽然觉得非常遗憾,但是他觉得自己肯定还有哪些地方没有做好,于是他开始自我反省,找别的老师给自己提意见,努力改进自己的缺点,争取在各个方面都做到最好。

心理学家认为,人们感到不安并不是因为事件本身,而是由于人们对事件的看法。上面这个故事说明了两个简单的道理:1.是你对压力源的诠释而不是不良压力事件本身引起了不良压力;2.我们能控制对压力源的诠释。

我们的思维在不断地运转——思考下一步将做什么,刚才做了什么,当前感觉如何,其他人对自己的看法是什么,我们的感觉告诉了我们什么,怎样处理将发生的事件等,这个过程就是自我对话的过程。①

与压力有关的自我对话就是,如果我们认为别人是不值得信任的、自私的,那么,不值得信任和自私就可能是我们从别人那儿得到的东西。例如,同样面对领导布置的一项任务,如果我们认为自己有能力胜任手边的任务,那么我们就可能避免过度焦虑,并最终会成功;相反,如果我们自我怀疑,当事情没有按我们预想的方向发展时,我们就会责怪自己,特别是当看到事情朝坏的方向发展时,我们会感到无能为力,甚至可能因此而抑郁。自我对话是生活中不可缺少的一部分,我们可以学会管理我们的自我对话。

塞弗(W. Schafer)总结了人们在产生消极自我对话时的反应:

1. 当压力源被解释为威胁时会产生不良压力。压力源可以被解释为来自你生活中的任何一种威胁。

关于生命与安全:"我可能会被这个家伙打一顿。"

关于基本需要:"失业会使我的收入减少。"

关于自我价值:"孩子考试分数低,意味着作为老师的我是失败的。"

关于形象和名誉:"如果在这个会议上我不能给出一个机智的答案,我同事会认为我的能力不够。"

关于接受和赞同:"如果我不能把这件事情做好,他们会不愿意与我一起共事。"

……

有时候我们会把压力源解释为威胁,并因此而感到暂时的沮丧,这是正常合理的,但是如果把遇到的每一个压力源都解释成威胁,视为洪水猛兽时,就会导致不必要的痛苦。

2. 当我们觉得自己无法影响周围环境中的人或事时,通常做出"我对这个事情无能为力"的反应。

---

① [美]沃特·谢弗尔著,方双虎等译:《压力管理心理学》,中国人民大学出版社2009年版,第288页。

"学生们上课不认真听讲,对此我无能为力。"

"没有办法能够改变学校较低的教学质量。"

……

3. 当我们察觉到自己无力对压力情境中的反应进行控制时,有可能做出"这个事情糟糕透顶"的反应。

"我对所有的考试都感到焦虑,我不适合参加考试。"

"当她使我生气时,我控制不了自己的情绪。"

"我不能处理好这件事。"

"如果这件事发生了,我会精神崩溃的。"

……

在我们的日常生活和教学中,大量的压力可能都源自我们对压力源的曲解,当学生上课对我们的教课内容提出问题时,我们可能会把这个问题理解为学生对我们权威的质疑;当学生上课不好好听课,坐不住时,我们可能不加分析地认为这是对课堂的挑战;当学生作业没有写完时,我们有可能不加询问就认为学生是故意的,是对我们的不尊重……

二、消极的自我对话

自我对话在我们的生活中不可或缺,人们需要不断地对压力源的本质以及它们对自身经历的可能影响进行评估和鉴定。简而言之,我们在思考着它们,思维的内容会直接影响情感的、生理的和行为的反应。

生活中充满着挑战、艰苦,有时甚至十分困难,但人们时常会把事情想得比实际情况更糟。下面列举了几种常见的消极自我对话模式,[①]这些消极的自我对话模式常常使人感到痛苦。

---

① [美]沃特·谢弗尔著,方双虎等译:《压力管理心理学》,中国人民大学出版社2009年版,第290—291页。

1. 否定化：忽略情境的积极方面，而仅仅注意其消极方面。

扭曲的自我对话：这份工作真是让人烦恼不断。

合理的自我对话：这份工作有许多消极方面，但同时它也有许多好的方面。

2. 可怕化：把一个困难的或令人不满的情境转变为糟糕的、可怕的和不能容忍的事情。

扭曲的自我对话：这个学生考得这么差，以后肯定没出息，教他都是浪费。

合理的自我对话：这次考得差说明这个学生知识掌握得不扎实，或是有什么特殊情况，看来得好好专注一下，让他尽快能把成绩提上去。

3. 灾难化：几乎认为最坏的事情一定会发生。

扭曲的自我对话：这次参加教师公开课比赛没拿到奖，这下子所有的人都知道我不行了。

合理的自我对话：这次参加教师公开课比赛表现得不好，可能是因为我准备得不充分，下次好好准备，争取得奖。

4. 过度概括：把单一事件的结果概括为大多数甚至全部事件都是如此。

扭曲的自我对话：这个事件的结果表明我完全不会与学生交往。

合理的自我对话：从这件事情中我认识到了在与学生交往过程中我应该注意的问题。作为一个教师，我的经验又丰富了。

5. 最小化：把某物的价值或重要性降到实际以下。

扭曲的自我对话：论文虽被接受，但它的质量完全没有达到我所期望发表的水平。

合理的自我对话：这篇文章可能不是我最好的论文，但它仍然是让我满意的。

6. 责备：把事情的责任尤其是消极的责任归结于别人，即使自己应该为此负责。

扭曲的自我对话：如果学生都能主动地学习，那么我就会更快乐。

合理的自我对话：如果学生能做到主动学习就好了，为了实现这一点我需要不断地鼓励他们，教他们学习的方法。

7. 完美主义：许多情境中，对自己、他人或者两者都提出不切实际、难以达到的标准。

扭曲的自我对话:学生必须遵守课堂纪律,并且应当按照我的要求学习。

合理的自我对话:学生偶尔会淘气,这是可以理解的,我要引导他们好好学习。

8. 绝对化信念:希望事情按照你想要的结果出现,否则就会不可避免地感到烦恼不安。

扭曲的自我对话:如果我的生活是有意义的并且是快乐的,那么我就必须一直被别人赞许和接受。

合理的自我对话:在大多数时间里自己被别人赞同和接受是令人愉快的。但是,我的快乐并不是建立在这个基础之上的。

9. 个人化:认为别人的行为或情绪完全是自己引起的。

扭曲的自我对话:我知道他之所以沮丧是因为昨天我的评论中所表达的意见。

合理的自我对话:将来我会把类似于昨天的事情处理得更好。同时,我也没必要因为他的反应而过分地烦躁。

10. 评价人的价值:在单一行为的基础上,评价自己或他人的全部价值。

扭曲的自我对话:在昨天那种情境下我确实把事情弄糟了。我是多么糟糕啊,这再次证明我是一个无用的人。

合理的自我对话:在昨天那种情境下我没有把事情处理好,但如果我从中吸取经验教训,下次我就能做得更好。

11. 控制谬误:认为快乐是建立在哄骗或者强迫别人按照你认为应当怎样做的基础上。

扭曲的自我对话:我不能从我的工作中获得乐趣,除非我能使我的学生像我想的那样刻苦和有效地学习。

合理的自我对话:我将继续努力使学生认真学习。同时,我对自己的工作满意与否不会仅仅建立在学生是否刻苦学习的基础上。

12. 非此即彼的思维:事情总是有黑或白、对或错、好或坏,没有中间状态的存在。

扭曲的自我对话:在这个测验中,我要么成功,要么失败。

合理的自我对话:在这次测验中,只要我尽了自己最大的努力,我就不会有太多的遗憾。

13. 绝对正确:一直试图证明自己的观点和行动是正确的,错误是无法想象的。

扭曲的自我对话:我必须确定学生家长明白我在说什么并且认可我。

合理的自我对话:我没有必要在这里证明自己,因为我的自我价值不是建立在别人怎么看待我的基础上。

14. 对公平的错误的见解:当世界没有按照你所认为的公平行事时感到怨恨。

扭曲的自我对话:这次考试的试卷上出现了许多问题,因此这次考试是完全不公平的。

合理的自我对话:我认为试卷上出现了一些问题,然而,这是我无法改变的事情,我没必要为这些事烦恼。

15. 应该:过分要求别人、自己或两者都应该做什么或应该有什么。

扭曲的自我对话:我应该换种方式表达,我怎么会那样表达。

合理的自我对话:我希望下一次自己能更有效地处理那种情况。

16. 放大:把某件事的效果看得比实际情况大。

扭曲的自我对话:班里的学生成绩考得比其他班都低,我是一个多么糟糕的老师啊!

合理的自我对话:这次考试成绩没有考好,真不幸,我需要好好寻找考不好的原因,争取下次考好。

三、管理愤怒

当我们把压力解释为威胁,对别人持敌意心态时,在压力面前我们就不能理智地分析,有时甚至会发怒,伤害别人也伤害自己。

愤怒有积极愤怒和消极愤怒之分,我们认为消极愤怒是有害的,并且它是个人生活经历中几乎可以避免的部分;相反地,积极愤怒是建设性的、积极的经历。下面,让我们通过以下两个例子来分辨两者的区别。

消极愤怒：①

1. 我想要一些东西："你必须按照我认为你应当做的方式行动。"
2. 我没得到它："你没有迎合我的期望。"
3. 这使我非常不满："你刚才做的事情使我非常恼火。"
4. 这是不能容忍的："我不能容忍它。"
5. 你应当为我的沮丧负责任："你使我变得如此疯狂。"
6. 你应该受到惩罚："我会教你下次不要对我再做这样的事情。"

积极愤怒：

1. 我想要一些东西："我喜欢上课时学生们保持安静。"
2. 我没法控制它："总有几个学生一直在捣乱。"
3. 这使我非常不满："这些学生的行为使我非常愤怒。"
4. 这是不能接受的："我再也不能忍受他们的捣乱行为。"
5. 我被激发起来去做一些事情来改善这种情形："我准备找这些学生聊聊天，了解他们捣乱的原因，采取措施制止他们的捣乱行为。"
6. 我将会采取有用的行动以消除令我沮丧的根源。

消极愤怒能导致敌意和攻击的冲动，并且令自己烦恼不安。积极愤怒以自信为基础，从而引发一种以积极的方式改变环境的动力。人们变得愤怒并因此而采取行动，我们周围的世界变得越来越美好。因此，有时积极愤怒是建设性的并值得拥有的，而消极愤怒是有害的，并且是需要避免的——它们是人类彼此之间造成的伤害的源泉。

掌握怎样有效处理愤怒的一个关键是，认识到它常是一个继发的情绪，是对先前更强烈情感的一种掩饰，而那种更强烈的情感由于某种原因，我们把它隐藏起来了。通常这些情感包括下列几个方面：沮丧、恐惧、自我怀疑、感到被排斥和孤独、防御、罪恶感、受伤害。

消极愤怒通常是由知觉到的危险、沮丧或不公正行为所引起的反应。最难进入意

---

① ［美］沃特·谢弗尔著，方双虎等译：《压力管理心理学》，中国人民大学出版社2009年版，第300页。

识的是已经暴露的、被证明是错误的、被质问和怀疑的愤怒,它们是对自我价值的威胁,威胁越大,潜在的愤怒越强。消极愤怒作为一种掩饰的情绪,处理起来的关键是找出被隐藏的情感以及造成这种情感的原因,进而采取措施消除这种情感。

哈佛学者马尔登曾说过,"人们的不安和多变的心理,是现代生活多发的现象"。在生活面前,我们要善于控制自己的愤怒,理智地思考我们遇到的事情。

第三节

时间不等人
——时间管理

近年来,竞争在日益加剧。当今的中国人见面时,常使用的问候语已经不是十几年前的"吃了吗?",取而代之的是"最近忙不忙?"

教师作为高压力职业之一,同样深受工作压力拖累,我们常常听见老师抱怨"这么多工作压得我喘不过气来"。为什么教师会觉得工作繁重,常常时间不够用呢?究其原因,不仅仅在于工作负荷大,还在于缺乏合理的时间管理。

我们经常不能很好地安排自己的时间,有很多时间管理的技巧能帮助自己很好地利用人生最宝贵的财富——时间。时间一旦流逝一去不复返,无论我们如何努力也无法挽留它们。如果我们浪费了时间,那么世界上没有哪家银行可以让我们提取以前储蓄的时间来弥补这段被浪费掉的时光。常常我们付出的时间与得到的效果不成正比,如何有效地利用时间呢?接下来的一系列有效管理的技巧或许对你有益。

一、不当的时间管理模式

研究者描述了"时间管理不当的 7 项致命过失":①

困惑:我该去哪儿?

犹豫不决:我该做什么?

扩散:心理和生理上超负荷。

拖沓:将事情留到明天去做。

逃避:逃到幻想中的乐园。

中断:先放下这个。

求全责备:我没有把事情做得完美。

如果我们存在上述模式中的一种或几种,说明我们时间管理不当,我们应该对此好好注意,并且采取适当的措施来提高我们时间管理的有效性。

二、有效的时间管理策略

中学教师要面对中考的压力,面对学校考核的指标,面对学生家长的过高期望,他们的工作任务相当繁重。绝大多数中学教师的工作时间超过 8 小时,如果加上晨读和晚自习,许多中学教师的在校时间甚至超过 12 个小时。中学教师每天要查资料、写教案、登台讲课、批改作业、收各种费用、找学生谈话、接待家长来访、检查卫生、撰写论文等等。由于这些工作中有常规的教育教学工作,有日常事务性工作,还有各种临时性、突发性工作,各种繁杂事务一大堆,所以中学教师总是在忙忙碌碌,疲于奔命。但是,许多中学教师在抱怨工作时间长的同时,却又深感时间不够用,有很强的时间紧迫感,似乎永远没有足够的时间来完成必做和想做的事情。这种情况让中学教师的每一天

---

① 陈佩杰、张春华:《压力管理理论与实务》,北京大学出版社 2008 年版,第 69—70 页。

都充满压力和混乱,工作和生活因此受到严重影响。为什么会出现这种情况呢?

一方面,教师较大的工作量、繁琐的工作流程与教师有限的时间和精力相矛盾;另一方面,大量时间与精力的投入与其相对较小的工作成效不相称,这导致教师的自我效能感降低。大多数中学教师表示累不要紧,只要有所值,有所回报。但繁忙却低效的工作使得教师难以获得成就感与满足感。要解决上述两个问题,不仅需要教师考虑如何在有限的时间里完成更多的工作任务,提高教师的工作效率,还需要教师思考如何在有限的时间内实现最大的工作价值,赢得最大的工作效益。解决这个问题的最佳途径就是寻找有效的管理时间的方法。[①]

(一) 确定做事的优先顺序

管理大师彼得·杜拉克认为,做正确的事(效果)要比把事情做正确(效率)更重要。如果想把事情做正确,就不要盲目地去做事情,要分清事情的轻、重、缓、急,弄清楚应该先做什么,后做什么。通常人们衡量日常活动的优先顺序有两个标准:紧急性和重要性。所谓紧急性是由事务的最后期限决定的;重要性是由事务的价值决定的。著名的第四代时间管理理论提出者史蒂芬·柯维,通过大量的调查研究发现,日常的事务可以分为四大类:第一类是重要又紧急的事务,第二类是重要不紧急的事务,第三类是不重要却紧急的事务,第四类是既不重要也不紧急的事情。通常人们把大部分时间都花在第三、四类事务上,常常忙了半天,付出了不少时间和精力,却没有把最重要和最有价值的事做好。对于中学教师来说,实施有效的时间管理,应先将每件工作依其重要性和紧迫性进行排序和分类,把事情分为 ABCD 等级,然后再按顺序和类别依次处理这些事情。重要而且紧急的事:比如下一堂课的资料还没有备齐、有许多作业要批改,这样的事永远放在第一位,马上去办,决不拖延;重要但不紧急的事:比如过几年要评职称,需要撰写论文,就可以先好好规划一下,再整理积累的书报资料,按计划

---

① 韩宏莉:《中学教师时间管理的八条策略》,《教育理论与实践》2009 年第 7 期,第 19—20 页。

有步骤进行；紧急但不重要的事情，比如不速之客来访，需迅速处理，不要花费太多时间；不很紧急也不很重要的事，比如上网聊天、欣赏喜欢的歌曲、看喜欢的电影，可以利用小憩的时间做。总之，中学教师要养成先权衡事情的轻重缓急再去做事的习惯，不要让不重要的事占用过多时间，以致捡了芝麻丢了西瓜。

（二）专注于当前的事情

做事不太专注的时候，人们往往会花费成倍或者更多的时间才能完成，事倍功半。所以，假如我们想要节省时间、高效利用时间，专注就成了必不可少的能力。教师应尽量做到每一段时间专心处理当前的每一件事情，在工作的时候，永远保持专心与专注的状态，做好自我管理。为什么要保持专注的状态，这是因为当我们不专注的时候，将有限的时间和精力大量消耗在与我们的根本目标不相关的事物上，比如抱怨天气的恶劣，抱怨学校的管理与教师的待遇、发呆、做白日梦、沉湎于对过去之事的懊悔中……最终，我们将不断远离预定的目标。自我管理的重要环节就是把注意力集中在当前最有价值的事情上，关注需要完成的任务、完成事情的方法，这样就能提高做事情的效率，一直到这件事的结束。

（三）制定明确详细的工作计划

制定明确详细的工作计划对教师来讲很有必要，教师需做好一天、一周、一个月、一学期、一学年的计划，分类推进、按部就班、有条不紊，避免眉毛胡子一把抓。从表面看来，做计划和考虑问题可能会占用一些时间，但实际上，从总耗用时间量来计算，却节省了许多时间，并且充分利用了时间，提高了工作效率。在制定计划时，中学教师必须用笔把计划记下来，如果只是打腹稿或在脑子里简单盘算一下，在时间的安排上往往不够紧凑，容易浪费时间。另外，不把计划落实到纸面上，从形式上看计划的制定就不够庄重，对教师自己的行为就不容易起到约束的作用。

（四）纠正不良的做事偏好

人们都有自己的做事方式，有些教师先做喜欢做的事情，再做不喜欢做的事情；先做熟悉的事情；再做不熟悉的事情；先做有趣的事情，再做枯燥的事情；先做容易做的事情，再做难做的事情，这些行为偏好有时是不利于提高做事效率的。教师应要经常问自己，"现在最重要的是做什么事情"，而不要问"我现在最愿意做什么事情"。要保证自己在正确的时间内做正确的事是很困难的。时间是世界上最充分、公平的资源，每个人一天都拥有24小时，然而时间又是世界上最稀缺的资源，每个人每天只能拥有24小时。时间资源是个定数，而时间管理能够帮助中学教师在有限的时间里获取最大的工作效率，实现最大的工作效益。

（五）避免浪费时间

中学教师应减少许多无谓的时间消耗，学会避免时间浪费的方法有以下几种：

1. 保持有效的工作环境。办公室组织混乱，缺乏条理会干扰工作的有序进行。中学教师应尽量保持桌面整洁；教科书、教学参考书和工作中经常要用到的办公用品应触手可及；每一件物品应摆放在固定的位置，避免在寻找中消耗时间；把各种资料分门别类，以便迅速地取用；坚决把不再需要的东西扔掉。井井有条的工作环境不但会使教师的工作效率提高，还会使教师的心情愉悦。

2. 安排固定时间处理班级事务和行政工作。中学教师应每天有一固定时段到教务处、学生处、总务处等场所集中处理事务，这样可以避免因没有计划好而来回奔跑，造成浪费时间和体力现象的发生。

3. 安排固定的时间接、打电话与会谈。教师最好告诉家长、同事自己预定的时段，比如可以在早上11:00—12:00，或下午5:00以后，剩下的其他时段教师就可以专注地做事，避免被频繁地干扰。

4. 敢于拒绝别人。许多教师希望保持良好的个人形象和和谐的人际关系,对别人的要求,有求必应,有的教师甚至放下手头的事去迁就别人。很多教师由于过度承诺或过多的工作负荷而被压得喘不过气,以致影响工作效率。所以,要拒绝不恰当的要求和额外负担,以减少自己的工作量。当教师没有能力或时间去做某些事,或者做超出自己职责、能力范围的事情时,需勇敢地、坚定地说"不"!为了避免不必要的摩擦和矛盾,拒绝别人时,教师也要把握几个原则:(1)对事不对人;(2)要客气、自然;(3)可以提出另外一个解决问题的方案。例如,委婉地表示愿意帮忙,但是手头有更急的事要处理,换个其他时间会更好,相信对方如果明智的话也会理解你的苦衷。

5. 克服惰性心理,避免拖延时间。人性是非常复杂的,有积极的、勤奋进取的一面,也有消极的、懒惰的一面,因此人经常需要跟自己人性的弱点做斗争,在这个过程中,思想的松懈、意志力的薄弱会使人在拖延中让时间白白流失。心理学家认为,拖延的主要原因是恐惧、害怕工作过程的辛苦、困难,害怕做完之后的不利结果——失败,害怕他人讥讽,害怕被别人看不起。在现实中,人们总是找出各种借口把今天应该做的事情留到明天,把现在该做的事推到以后。所以,拖延主要是人主观故意延迟做某事。拖延的后果就是会使人们陷入困境。教师要进行积极有效的时间管理,就必须防止工作中出现拖延的现象。在具体的教学中,教师应提高自制力,约束自己,尽量做到今日事、今日毕,避免很多事情累积到一起时造成时间上的紧迫感以及心理上的焦虑与烦躁。为避免出现拖延现象,教师可使用"切分"的技巧:把工作任务分成更易管理的几小块,规定每个部分的开始时间和完成时间,然后开始行动。因为开始一小步会让你感觉良好,体验到成就感。这样,你就会发现在不知不觉中,工作就完成了一半甚至全部。需要特别注意的是,完成了工作不要忘了要奖励自己,奖励自己会让工作变得更加有趣。

6. 善于授权和借助他人的力量。中学教师不需要事必躬亲、凡事亲力亲为。中学教师没有实权,不是领导,没有助理或下属,但他们在所教的学生及学生家长面前,还是拥有了许多无形的权利,拥有许多可以利用和挖掘的资源。具体来说,首先可以用心考察,着力培养得力的学生干部和课代表,赋予他们职责,教给他们工作的策略,激发他们工作的积极性,充分发挥他们的主观能动性。其次,建立与学生家长的密切联系,充分利用家长的能量,与家长成为盟友,共同为学生更好的发展付出努力。总之,教师要改变认为自己有无穷的精力和能力,可以胜任一切、完成一切的想法,尝试利用学生的潜力和家长的帮助更好地完善工作。

本章案例解读

本章案例中王老师面对中考有过分焦虑的症状，我们发现王老师在这个过程中采用了消极的自我对话。中考将近，她一会儿担心自己的工作做不完，一会儿又担心学生考不好，将中考压力视为威胁。怎样才能缓解这个状况？首先，王老师需要将消极对话转变为积极对话，将中考视为一次寻常的挑战，用乐观、坦然的心态看待这件事情，这样，他的高压力感才能降低到适当水平。其次，王老师还要注意培养自己的信任心态，坚持信任自己和他人，培养自己正直、乐观、豁达、宽容的心态。当然这些心态不是一朝一夕就能够形成的，但是只要坚持自我修养，循序渐进，王老师就会成为一个乐观、坚强且智慧的人。另外，在面对压力时，有时我们会觉得猝不及防，很大一部分原因是我们没有做好充足的准备。如果我们能恰当地管理好时间，就能知己知彼，百战不殆，多余的压力自然荡然无存。

第九章

工欲善其事,必先利其器
——运用情绪和活动的力量应对压力

本章案例

小王是某初中二年级数学老师兼班主任,最近他遇到了很多事情,心情变得很烦躁。母亲生病住院,自己却不能时刻在身边照料;快期末考试了,学生的课程却还没赶上进度;近来班里的学生也总爱在课上捣乱,这一切让小王觉得自己被重重的压力包围着,透不过气来。这一天小王去班里上课,上课铃响了,他走进教室。此时,从后排突然传出了知了的叫声,大部分学生侧目转去。这时知了还是在叫个不停,他扫视教室,只见坐在最后一排的一名学生面露得意之色,他觉得自己比老师的吸引力还大,很了不起。这时,小王看到这个捣乱的学生,心里立刻燃起一阵怒火,但他没有发作,在原地停留了一分钟后,走到这个学生面前,和蔼地说了句:"把知了拿到教室外面放了。"随即开始上课。下课后,小王立刻找这个学生谈话、沟通。于是,该学生主动承认了错误,从此,他再也没在课堂上出乱子。

类似的事情,老师们或许都遇到过,但是处理的方法可能不同。你遇到过类似的情况吗?你是怎样处理的呢?作为教师怎样才能对压力主动出击,保持良好的情绪呢?让我们带着这个问题进入本章的学习。

第一节

压力是把刀,握住刀刃还是刀柄
——理性应对压力

从古到今,曾经多少人用优美的文字称赞过教师,有人说他们是"人类灵魂的工程师",有人说他们是"辛勤的园丁",还有人把他们比做永远不知疲倦的"春蚕"和无私无畏的"蜡烛"……然而,在这些荣誉和赞美面前,可亲可敬的老师们心中却有一种说不出的酸楚:生活的琐事,对学生的责任,沉甸甸的工作负荷,过高的社会期望以及近几年来新课程和用人制度的改革让他们感受到前所未有的压力。

一、积极看待压力——揭开压力的面纱

工作的繁忙、生活的欲求、家庭的重负……压力与我们如影随形。现代的一切都是快节奏的,一个人要想跟上时代的脚步,必然要承担起更多的压力,没有什么世外桃源。背负压力前行是我们的时代特征,也是每一个对生活孜孜以求者的人生写照。

压力是机体对外界要求的感受,运用得好它可以成为人生的助长剂,是人生的燃料,俗话说,没有压力就没

有动力。既然压力是人生的燃料,我们又何须在压力面前愁肠百结、不堪重负,以致身心憔悴呢?首先,要对压力有个正确的认识,尤其是不仅要认识到它的消极面,还要认识到它的积极面。

(一) 压力是积极的还是消极的

我们通常把压力视为一个负性词,认为它会对人们的身心健康带来消极影响。事实上,并非所有的压力都是不好的,压力本身是一个中性词,它通常可以分为两种:一种是积极压力,另一种是消极压力。

积极压力是指愉快的或有帮助的压力,它给人带来正面积极的反应,带来一种快乐的、满意的体验,例如参加某项竞争性活动、参与一项改革项目等等。积极压力是具有挑战性、建设性的,它可以提高个体的意识水平、加强心理警觉、发挥潜力,使人注意力集中、思维活跃,从而增强适应环境的能力。俗话说"有压力才有动力",新的挑战、新的环境能使人感到既兴奋又干劲倍增。所以,当压力带来正面积极的反应时,它就能激起教师的奋斗心,激发他们更加努力地反思教学,进而促进教师的专业成长。

消极压力是指具有破坏性、伤害性或产生不愉快体验的压力,例如工作负荷太大、产生危机感等等。消极的压力反应让人感到困惑不安,感到威胁或无助。当消极压力持续过久或过于突然,超出人的适应能力时,它就会阻碍人们有效地工作与生活,对人的身心及行为产生严重的不良影响。而当教师工作出现消极的压力反应时,教师就会出现愤怒、忧郁、拒绝、倦怠等不良情绪,容易引起身心健康问题,并且可能波及学生,从而妨碍教师专业品质的养成。

压力究竟是积极的还是消极的,是利还是弊,既取决于压力的性质,也取决于个体对压力的认知以及对压力的心理承受能力。因此,应当引导教师正视压力,乐观地接受压力事实,树立正确的压力观,认识到压力是工作生活中不可避免的现象,是发展和成长的动力,同时,还要以建设性的积极举措去应对压力,变压力为动力。

（二）压力是适度的还是过度的

人对不同程度的压力有不同的反应：适度的压力让人兴奋，过度的压力让人崩溃，没有压力就会颓废。这就好比调试一种弦乐，弦上得不够紧会产生不理想的演奏效果，而弦绷得太紧效果也同样不理想，甚至还有绷断弦的可能。

适度的压力既是维持正常身心功能的必要条件，也是主体应对生活的基础。这种压力会引起人们情绪上适度的焦虑感和紧张感，促使个体体内产生一系列积极的生理变化，帮助有机体释放更多的能量来应付当前的问题，使人的注意力集中，忍受力提高，机体活力提升，反应速度加快，记忆能力和思维能力增强，从而减少错误的发生，提高智力活动的效率。适度的压力增加了生活的情趣，激发人们敏捷地思考、勤奋地工作，增强人的自尊和自信，充实人的生活，振奋人的精神，给人以积极向上的力量，既有助于提高工作效率和学习效率，也有助于提高生活的质量。因此，适度的压力是个体积极性发挥的"动力源"，也是个体潜能发掘的"催化剂"。

过度的压力则会产生消极的体验或行为反应，在生活中通常表现为：因琐碎之事烦躁、疲惫不堪、产生失望的感觉、无法放松自己、时常失眠、心理莫名地紧张等等。当我们发现自己正在犯着比平时多的错误，而且觉得无法集中精力处理眼前的事务，可是并没有经历任何极度的挫伤的时候，这可能是过度压力所致；曾让你为之动情的事已不再有吸引力，身上的压力正逐渐占据属于我们自己的业余时间和休闲空间，能吸引我们的只有一些被动的诸如看电视之类不需要思考、计划、判断的活动，这也可能是过度压力所致。过度的压力会引起个体情绪极度紧张，导致有机体内活动失衡，从而带来认知上的障碍、不良的情绪反应、消极的行为表现、紊乱的动作、注意和知觉范围变得狭窄、正常的思维活动受到干扰和限制等，因而活动效率降低，甚至导致活动失败。让人难以承受的压力是过度的压力。比如一对打算结婚的男女，无房又缺钱，不得不通过贷款来买房结婚，但两人的工资都不高，还贷的压力月月紧逼，除了保证基本的生活外，没有可支配的余钱。这种经济上的窘境就是过度的压力。所以说，打算过怎样的生活,在选择之前一定要慎重考虑。还贷生活不是对每个人都适用的,如果计划不周,贷款在某种意义上就是给自己增添更多的压力。

增加我们对自身压力程度的感知,然后有意识地调整我们的压力程度,从而使其始终处于最佳状态,这是自我调控的另一关键。著名心理学家罗伯尔说得好:"压力如同一把刀,它可以为我们所用,也可以把我们割伤。那要看我们握住的是刀刃还是刀柄。"

怎样面对压力的挑战,是每个人都应该学会的。在压力情境下不断学会有效的应对方法,不仅使个体应对压力的能力得以提高,而且使个体的素质不断获得发展和完善。只有学会了怎样承受压力,有了从容面对压力的心理素质,压力才不会束缚我们的手脚,反而变成前进的动力,推进人生的奋进之舟,扬起人生的拼搏之帆。

二、正确利用压力——对压力心存感激

压力会改变一个人,如何改变就要看我们对待压力的态度:是视压力如虎豹、畏惧退缩;还是泰山压顶不弯腰,挺直脊梁;抑或任其风吹浪打,我自岿然不动,处之泰然?正确地看待压力、利用压力,一个人才能活出自己应有的风采。

想想并不曲折的人生道路,升学、就业、跳槽,从偏远的乡村走向繁华的都市,我们的每一个足迹都是在压力下走过的。没有压力,我们的生活也许会是另外一个模样。当我们尽情享受生活的乐趣的时候,都应该对当初让我们曾经头疼不已的压力心存一份感激。

法国作家雨果曾说过:"思想可以使天堂变成地狱,也可以使地狱变成天堂。"我们要认识到危机即是转机,遇到困难,产生压力,一方面可能是自己的能力不足,因而整个问题的处理过程就成为增强自己能力、进步成长的重要机会;另一方面也可能是环境或他人的因素,则需理性地沟通解决。如果无法解决,也可宽恕一切,尽量以正向乐观的态度去面对每一件事。有人曾研究所谓乐观系数,认为如果一个人常保持正向乐

观的心态,处理问题时,他就会比一般人多出 20% 的机会得到满意的结果。① 因此,正向乐观的态度不仅会平息由压力带来的紊乱情绪,也能使问题导向正面的结果。

作为教师,只有提高应对压力的能力,才能保证身心的健康平衡。不同人对压力的感受程度和承受能力有所差异,所以对待压力是采取回避态度还是勇敢面对,会导致不同的结果。正视现实、承认压力,通过各种途径释放情绪,及时缓解压力是一种积极的态度;消极逃避、牢骚满腹、唉声叹气、惊慌失措,都是对压力不适当的应对方式,只会带来更沉重的心理负担。因此,当压力袭来之时,首先该学会与之共处、从容应对,绝不被压力击垮或压倒;然后就要尽量调整放松自己的心态,尽可能以乐观的情绪、豁达的胸怀以及昂扬的斗志,努力地减轻压力、缓解压力、驾驭压力,为自己营造积极、宽松、和谐的心理氛围和生存环境。已有的研究表明,采用正确有效的应对方法有助于缓解教师的工作压力。

---

① 杨敏华:《女教师缓解心理压力的十种方法》,《中小学心理健康教育》(教师成长)2008 年第 2 期,第 26 页。

第二节

我的情绪我做主
——合理管理情绪

在日常生活中,你是否有过情绪难以控制、压力无法承受的情况?如果有,你是放任放纵,还是控制和疏导?我国学者郑日昌教授告诉人们:人人都能管理好情绪,人人都能从容面对压力,需要做的只是改变一下看问题的角度,学会一些放松自己的方法。掌握了正确的方法,人们就能平稳渡过压力和情绪纷扰的难关,让疲惫的心灵从此充满激情与活力!

教师所受的压力会直接、迅速、灵敏地将其带入负性的情绪和情感的困扰之中。教师群体中较多发生的情绪困扰主要是指:较为长期地陷入强烈的负面情绪状态的情形,诸如持续消极不良的心境,强烈、短暂、失控的激情,不适宜的过度的紧张,持续、过高的焦虑等。"教书育人,为人师表"是教师的天职,而宽容、大度、坦诚、从容是教师应有的气度与职业修养。当然,即使是太阳底下最光辉的职业,也不都是晴空万里、艳阳高照,也偶有风雨。教师工作的特殊性,决定了教师必须善于控制自己的情绪。只有保持积极、乐观的良好情绪,才能提高教师的身心健康,增强教师讲解与示范的效率,树立教师的威信。反之,在情绪上任其自流,自己会被消极情绪驾驭,影响正常的工作与生活。所以,教师学会管理自己的情绪是十分重要的。

一、合理情绪疗法——解开情绪的密码

有一个有趣的故事,讲一家鞋店的老板让两名推销员去非洲推销鞋子。第一个推销员回来后很失望、沮丧;第二个推销员回来后却异常兴奋。你知道这是为什么吗?第一个推销员回来说,不行啊!非洲人都不穿鞋的,怎么推销得出去?第二个推销员回来说,太好了!非洲人都不穿鞋,这么大的市场还没有人占领。

为什么身处同样的社会环境,面对相同或者相似的生活事件,有的教师会产生情绪困扰,而其他人则不会呢?这说明困扰人们的主要不是问题本身,而是人们对于问题的看法。

由于人们的思想观念、职业素养、身心素质各异,对同一事件的看法、解释和评价即信念就会不同。[①] 例如:某班一个学生在课堂上出现较为严重的违纪行为,语文教师可能认为:学生活泼好动,出现不守纪律的行为,这是学生的年龄特点决定的,是正常的;而数学教师则认为:学生在课堂上不守纪律,是道德品质低的表现,是对教师的不尊重,是故意作对。由于产生的信念不同,由之引发的情绪和行为反应就会不同。语文教师会心平气和、耐心地对学生进行批评教育和引导,数学教师可能会怒不可遏、大发雷霆、严加训斥,且短时不能平静。这里,语文教师产生的信念就是合理的信念,数学教师产生的信念则是不合理的信念。合理的信念会引起人们适当的、适度的情绪反应,而当人们坚持某些不合理的信念,且不断用内化语言重复它们时,就会使自己长期处于不良的情绪状态之中,最终导致情绪障碍和各种类型的神经症。大量事实证明,人们的许多心理问题是由不合理的信念导致的。

"合理情绪疗法"的基本理论主要是艾里斯的 ABC 理论。ABC 理论认为,人的情

[①] 田忠慧:《"合理情绪疗法"在学校心理健康教育中的应用》,《贵州教育》2005 年第 13 期,第 20—21 页。

绪不是由某一诱发性事件的本身,而是由经历了这一事件的人对这一事件的解释和评价所引起的。在ABC理论模式中,A是指诱发事件(Activating events);B是指个体在遇到诱发事件之后相应而生的信念(Beliefs),即他对这一事件的看法、解释和评价;C是指特定情景下,个体的情绪及行为的结果(Consequence)。通常人们会认为,人的情绪的行为反应是直接由诱发事件A引起的,即A引起C。ABC理论则指出,诱发事件A只是引起情绪及行为反应的间接原因,而人们对诱发事件所持的信念、看法才是引起人的情绪及行为反应的更直接的原因。也就是说,人的情绪主要根源于自身的信念以及他对生活情境的评价与解释。[①]

举个大家最熟悉的例子来说吧! 在沙漠里迷路的两个人只剩下半壶水,一个人想:沙漠这么大,我只剩下半壶水,肯定要命丧沙漠了;另一个人则想:太好了,竟然还有半壶水。这样一来,前者可能倍感绝望甚至轻易地放弃了;而后者可能充满了信心,最终走出了沙漠。从这个简单的例子可以看出,正是人们对事物的看法、想法决定了人们的情绪及行为反应。在这些想法和看法背后,有着人们对一类事物的共同看法,这就是信念。这两个人的信念,前者在ABC理论中称之为不合理信念,而后者则被称之为合理的信念。合理信念会引起人们对事物适当、适度的情绪和行为反应。当人们坚持某些不合理的信念,长期处于不良情绪状态之中时,最终将导致情绪障碍的产生。那么,不合理的信念都有哪些具体特征呢?[②]

1. 绝对化的要求。是指人们以自己的意愿为出发点,对某一事物怀有认为其必定发生或不会发生的信念,它通常是与"必须"、"应该"这类字眼连在一起。比如:"我必须在每件事上都获得成功"、"别人必须很好地对待我"、"生活应该是很美好的"等。这种绝对化的要求在现实生活中是行不通的,如果事情的发展不如其所愿,那么由失望而导致的情绪障碍就在所难免。

[①] 唐柏林:《大学生心理健康教育》,四川教育出版社2006年版,第129页。
[②] 曾建兴:《情绪ABC理论:预防教师职业倦怠的个体策略之一》,《中小学心理健康教育》(咨询方略)2009年第17期,第26—27页。

2. 过分概括化。这是一种以偏概全、以一概十的不合理思维方式的表现。过分概括化是不合逻辑的,就好像以一本书的封面来判定其内容的好坏一样。过分概括化的一个方面是人们对其自身的不合理的评价。如当遭遇到一次失败时,就往往认为自己"一无是处"、"一钱不值"、是"失败者"等,从而导致自责自罪、自暴自弃的心理及焦虑和抑郁情绪的产生。过分概括化的另一方面是对他人的不合理评价,即别人稍有差错就认为他很坏、一无是处等,这会导致一味地责备他人,以致产生敌意和愤怒等情绪。

3. 糟糕至极。这是一种将可能的不良后果无限严重化的思维定势。即使发生的是一个小问题,也会暗示自己是非常可怕、非常糟糕的事情,甚至是一场灾难。这将导致个体陷入极端不良的情绪体验,如耻辱、焦虑、悲观、抑郁的恶性循环中,难以自拔。如得了感冒就认为自己病情很严重,甚至会死;领导没有和他打招呼就认为是自己做错了什么事,以致会影响到自己的前程等。

研究表明,认知是情感和行为反应的中介,对于事件的解释是引起人们情绪和行为问题的原因,而负性的认知和情绪困扰、行为障碍之间会互相强化,形成恶性循环,最终导致人们在困扰之中越陷越深。识别、矫正曲解的认知,改变不合理的思考,用理性的观念置换非理性的观念,人们的情绪困扰会在很大程度上得以改善。比如,改变"非黑即白"的绝对性思考,容忍每个人包括自己的不足,不去盲目追求完美;改变"应该倾向",不去苛求自己实现诸多的"应该"和"必须",对自己的要求保持合理的弹性;改变"选择性概括",摆脱只根据局部甚至更小范围的问题推及整体的"以偏概全"的倾向;改变"个人化",不去承担那些原本就不应该由自己承担的责任等。

二、适当释放情绪——让你的心情亮起来

火山的能量积累到一定程度是要爆发的,人也是一样,情绪积累到一定程度是需要释放的!大禹治水的故事我们都应该知道:宜疏不宜堵,因而情绪发泄是必须的!

（一）宣泄

> **视窗 9-1**
> 有这样一个笑话：一位老板训斥了一名经理，经理有气，便训斥了他的下属；该下属窝了一肚子火，回家后便和妻子吵了一顿；妻子受了委屈，便把气撒到儿子身上，顺手打了儿子一巴掌，并对儿子说："你怎么这么烦人！"儿子受到委屈后，气愤地踢了小狗一脚；小狗疼得嗷嗷叫，便发疯似的冲出门外咬了一个人——那个人正是上文所说的老板。
> （转引自 http://www.ks5u.com/news/2008-9/6362/）

从上面这个笑话可以看出，人和动物在遇到不顺心的事情时都会本能地做出一些宣泄情绪的事情，以促进自身心理的平衡。但是如果宣泄情绪的方式不当，就会产生不良后果。

在现实生活中，我们经常会遇到不顺心的事。如果是心胸开阔、性格开朗的人，他们会把心中的烦闷诉说出来，因此这种人的心理矛盾通常容易解决。而心胸狭窄、性格内向的人，则爱生闷气，不愿与人沟通，因此他们的心理矛盾往往长期得不到解决，时间久了就可能引起心理疾病，严重时还会导致身体疾病，如出现高血压、冠心病、消化性溃疡、肿瘤、偏头痛等。

可见，当我们心里有烦心事的时候，只有及时地发泄出来，才能保证身体和心理的健康。那么，怎样理智地宣泄不良情绪呢？

1. 哭出眼泪

哭是人类宣泄不良情绪的一种本能行为。有研究表明，女性之所以比男性长寿，除了女性身材矮小、代谢消耗低和生活工作环境相对安全以外，主要的原因是女性喜欢倾诉和哭泣。还有研究表明，哭得多的人要比哭得少的人健康。因此，当我们心中积存了不愉快的情绪时，不要强忍着故作"坚强"，该哭时不妨尽情地哭出来。

2. 多参加娱乐活动

参加娱乐活动也是宣泄不良情绪的好办法。外出旅游、看电影、下棋、参加文艺活动、运动等，都可以使我们的不良情绪得到宣泄。尤其是运动，对排除心理紧张和消极情绪十分有效。

3. 怡情养性

阅读文艺书刊、挥毫泼墨、去河边垂钓、观赏花鸟鱼虫等怡情养性的活动，可以间接地舒缓人们压抑的情绪，疏解人们心中的郁闷之气，从而可减轻人们心灵深处的负担。

4. 安全地攻击发泄

心理的压力大都伴有未表现出来的"攻击性能量"。未表现出来的"攻击性能量"对人的身心健康影响最大，因此，安全地表达与释放"攻击性能量"对人的身心健康是十分有益的。如何安全地释放"攻击性能量"呢？我们可以在宣泄室内猛烈地打骂、涂污橡皮人；也可以在森林里、空旷的无人之处、海边等场所尽情地喊叫和宣泄。在这样的场所中宣泄，既能起到宣泄情绪的作用，同时又比较安全，不会引起不必要的麻烦。

5. 找心理辅导老师

宣泄只能缓解压力，并不能解决根本问题。因此，要想彻底解决问题，还要找心理辅导老师，请他帮忙疏解。通过心理辅导老师的分析，往往能帮助我们找到不良情绪的根源，从而化解心理矛盾。

这里需提醒大家的是，心理宣泄虽然有积极的作用，但也可能引起不良情绪后果。我们所说的"宣泄"并不是指纵情发泄，不能把宣泄误解为"想说就说、想做就做"或"想打就打、想骂就骂"的"尽情发泄"。因为，这种只顾一时痛快的宣泄虽然可以使我们一时解气，但却可能导致更加糟糕的后果。另外，我们在宣泄不良情绪的时候，还要注意不要给自己和他人造成伤害。而且宣泄情绪也不能没有节制，以免养成一种不顾后果的随意发泄的习惯。

（二）倾诉

心理学实践表明，把自己遇到的压力、烦恼对别人说出来会有释放的作用。与人交谈能让他们分担你的感受，让压力得到分散。倾诉压力和烦恼的过程，就是整理、清晰自己思路的过程，对减压有益。别人可利用他们所具备的知识帮我们提些实实在在的建议。

有一项调查显示：有好多朋友的人，其寿命比没有朋友的人要长20年左右。可见，与朋友倾诉、交心对一个人的身心健康是非常重要的。所以，当我们遇到不顺心的事情时，不要独自承受，应当多和信得过的家人、老师和朋友（父母、兄弟姐妹、老师、亲朋好友）交流谈心。我们可以在他们面前倾诉病痛和委屈，也可以表达愤恨之情，以宣泄心中积压的不良情绪。

平时要积极改善人际关系，特别是要加强与校领导、同事、学生的沟通交流，切记当压力过大时要寻求领导、同事的协助，不要试图一个人把所有压力都承担下来。在压力到来时，还可采取主动寻求心理援助，如与家人交谈、进行心理咨询、给亲朋好友写信等方式来积极应对。当有了压力和烦恼时，可以向信赖的朋友倾诉，即使不能得到他们的指点，也能使自己感到轻松了许多。也可以通过写日记的方式来向自己倾诉，以释放压力。

（三）寻求社会支持

孤立、封闭和寂寞常常是造成压力的主要因素之一。[①] 当一个人感到有压力的时候，朋友或同事的安慰和支持是很有效的，能对压力起疏导缓解的作用。不难看出，教师面对的许多压力是教师自身无法解决的。在问题无法解决的情况下，寻求社会支持

---

① 李向群：《中小学教师职业压力及应对策略》，山东师范大学硕士论文，2006年。

就显得尤为重要。教师和他人分享忧虑,能从中得到有用的建议或者是解决压力感的方法的启示,来自家人、朋友、同事之间的信息、情感支持也能够降低压力水平,提高个人成就感。学校还可以多开展一些文体娱乐活动,为教师间的情感交流创造更多的机会,使教师的情感得以合理宣泄,焦虑、郁闷、疑惑等消极情绪得以及时化解。

家庭成员的支持是女教师最稳定、有效的社会支持之一,[①]遇到困难时,亲人给予的支持往往也是最有力的。因此,女教师应格外重视自己的家庭生活,工作再忙,也要重视维护与家人之间的关系。其次,女教师也要努力获取其他方面的支持,如朋友的关心、学生的尊敬、学生家长的理解、学校领导的支持、教研组或年级组的团结互助等,这些也都是非常重要的情感支持来源。

---

① 程虹娟:《浅析高校女教师心理压力及社会支持》,《天府新论》2006年第S2期,第215—217页。

第三节

四两拨千斤，压力可减轻
——放松训练

随着生活节奏的不断加快，人们的心理压力也越来越多。怎样才能保持平静的心态轻松应对生活中的压力呢？求助于心理医生固然不失为一个好的办法，但是我们并不能总是寻求心理咨询师的帮助，很多时候我们通过自身的调整，也可以缓解自己的心理压力。这里介绍几种较常用的、人人都能做到的心理减压的方法——放松训练。也许很多人都听说过这种方法，但是并不十分了解放松训练是如何放松的。如果不知道如何正确操作，便会影响放松的效果，因此，下面就放松训练作一个系统的介绍。

一、肌肉放松法——小小步骤就能变轻松

一个人长期处于工作压力下，精神会高度紧张，只是简单地做思想工作，劝其不要紧张，往往收效甚微，必须先从放松肌肉入手，然后身心就容易放松下来。肌肉放松训练的原理是基于这样一个事实：身体肌肉的放松与情绪的紧张是一对互相制约的关系。在同一时刻，个

体身上这两种状态不可能同时并存。一种状态的出现或加强必然导致另一种状态的减弱或消除。因此,放松技术就是一套使全身肌肉得到深度放松的技术,以放松的状态对抗紧张的状态,从而达到缓解、消除紧张情绪的目的。具体方法是针对身体上各个肌肉群,先集中注意使肌肉绷紧,仔细感受并保持肌肉的紧张状态,5—10秒钟之后,解除肌肉的紧张状态,并注意体会肌肉放松后的松软、无力、温暖的感觉。在这个过程中体会情绪从紧张到放松的变化,心情在这个过程中也会变得愉悦[1]。道理很简单,只要掌握技术,就有意想不到的效果。

首先找一个安静的房间,找一张有靠背的椅子;坐的时候采取最自然轻松的姿势,让上半身的重量都置于臀部,两脚的重量平均置于脚掌上,两手自然摆于大腿内侧,然后轻闭双眼。练习的步骤如下:

1. 将两手抬到水平位置,用力向前伸直,用力握紧拳头,逐次用力后再放松,把两手慢慢放回大腿内侧。然后感受肌肉放松的情形。

2. 把额头往上扬,拉紧额头的肌肉,也是逐次用力再放松。

3. 将眉头往中间拉紧,鼻子和嘴也往中间拉紧,形成鼻子和嘴都撅起来的情形,逐次用力后放松。

4. 咬牙的动作,用力咬紧牙齿,亦是逐渐用力后放松。

5. 用力张开嘴巴,再把舌头用力抵住下面的门牙约10秒,逐步用力后放松。

6. 要把身体坐正,低头把下巴抵住前胸,两手向后用力,使胸膛挺出来,也是用力后放松。

7. 向后弯腰的动作,也一样要将身子坐正,第六、七两个步骤放松时要恢复原来坐姿。做两个深呼吸。

8. 最后一个动作是将两脚抬到水平位置,脚尖向下压,拉紧腿部的肌肉,再逐渐放松。

9. 持续整个身体放松的状态约5—10分钟。

---

[1] 刘勇:《学会放松——心理训练四法》,《中小学心理健康教育》(心理自助)2007年第4期,第34页。

注意事项:练习肌肉放松有几件事项要提醒,肌肉放松练习像运动一样,是一种学来的技巧,要练习才会纯熟。最好每天练习1—2次,每次10—20分钟。最好选择没有事情等着你做的时间练习,以便减少干扰。环境要清静,周遭最好不要太亮,不要全黑,如阴雨天一般的光线最适合。最好穿宽松的衣服练习,例如运动服、睡衣等。练习时小心不要吹到风受凉。练习时闭眼可去除视觉的干扰。

呼吸放松法是一种最容易做的放松法,几乎适用于所有人,适用于应对使自己感到紧张的场合。这也很类似于日常生活中人们自我镇定的方法。操作要领(按次序)如下:

1. 安静,让心静下来。

2. 用鼻孔慢慢地吸气,想象"气从口腔顺着气管进入到腹部",腹部随着吸入空气的不断增加,慢慢地鼓起来。

3. 吸足气后,稍微屏息一下,想象"吸入的氧气与血管里的浊气进行交换"。

4. 用口和鼻同时将气从腹中慢慢地自然吐出,腹部慢慢地瘪下去。

5. 睁眼,恢复原状。如要连续做,可以保持入静姿态,重复呼吸。这种呼吸方式称为腹式呼吸。呼吸放松的特点是见效快。在紧张时,只要进行深呼吸2—3次,就可以起到放松的作用。

下面再介绍一种最常用的肌肉放松法:

1. 头部放松:用力皱紧眉头,保持5秒钟,然后放松;用力闭紧双眼,保持5秒钟,然后放松;皱起鼻子和脸颊部肌肉,保持5秒钟,然后放松;用舌头抵住下腭的门齿,口尽量张开,头向后抬,保持5秒钟后放松。

2. 颈部肌肉放松:将头用力下弯,努力使下巴抵达胸部,保持5秒钟,然后放松。

3. 肩部肌肉放松:将双臂平放体侧,尽量提升双肩向上,保持5秒钟,然后放松。

4. 臂部肌肉放松:将双手掌心向上平放在座椅扶手上,握紧拳头,使双手及前臂肌肉保持紧张5秒钟,然后放松;侧平举张开双臂做扩胸状,体会臂部的紧张感5秒钟,然后放松。

5. 胸部肌肉放松:将双肩向前收,使胸部四周的肌肉紧张,保持5秒钟,然后放松。

6. 背部肌肉放松：将双肩用力往后扩，体会背部肌肉的紧张感 5 秒钟，然后放松；向后用力弯曲背部，努力使胸部弓起，挤压背部肌肉 5 秒钟，然后放松。

7. 腹部肌肉放松：尽量收紧腹部，好像别人向你腹部打来一拳，你在收腹躲避，保持收腹 5 秒钟，然后放松。

8. 臀部肌肉放松：夹紧臀部肌肉，收紧肛门，使之保持紧张 5 秒钟，然后放松。

9. 腿部肌肉放松：绷紧双腿，伸直上抬，腿离地面 20 厘米，保持 5 秒钟，然后放松。

10. 脚趾肌肉放松：将脚趾慢慢向下弯曲，仿佛用力抓地，保持 5 秒钟，然后放松；将脚趾慢慢向上翘，保持紧张 5 秒钟，然后放松。

以上从头到脚 10 部分的肌肉放松连续完成，所有动作应熟练掌握到能连续完成，并在各种情境下都能自如运用。建议在早晨醒来后和夜晚临睡前各做一遍，或者在感到焦虑紧张时做。

二、冥想技术——头脑也要放轻松

在肌肉放松训练的过程中加上情景想象会提高放松效果，更为重要的是，这个过程是对积极的潜意识情绪反射进行高效学习的过程。在做之前，我们可以先优选出大脑中能令自己心旷神怡、无拘无束的环境，然后在进行肌肉放松过程中针对该场景进行想象。比如你可以这样想象：自己躺在湖边柔软的草地上，清澈、宁静的湖水恰似你此刻轻松、平静、无牵无挂的心情，湖的四周绿树环绕、青草遍地，空气清新、天光柔和，周围静悄悄的，没有任何东西可以打扰自己。此时的心情就是那样的轻松、宁静和愉快。要尽量想象得优美一些、生动一些，犹如身临其境一般。[①] 人在接受放松等临床暗示训练过程中，由于情绪处于高度的宁静、轻松和愉悦状态，因此经过调适的大脑会

---

① 米契著，洪慧芳译：《冥想：每天冥想，胜过坚持锻炼，工作狂也能享受健康人生》，中信出版社 2011 年版，第 80—90 页。

表现出超强的学习能力。在情绪轻松后,想象考试、学习时应做好的正确反应。通过这种方式,我们可以高效地学习这种正确的积极的反应。

三、音乐疗法——听听音乐也减压

职场的激烈竞争、生活的琐碎繁复、亲人的期望与现实的压力,使我们的心理承受着巨大的负荷。调整压力,或者有效地对抗压力,是减缓衰老和避免长期积郁导致疾病的重要方式。现代社会除了身体的健康,精神上的轻松和健康已经是人们健康标准的一部分。这里给大家推荐音乐疗法,希望大家能在音乐中得到放松。

音乐是一种听觉艺术,是人类共有的语言,它能影响人们的思维和情感,为人们提供娱乐、带来美感。音乐不仅能给人们提供精神上的享受,同时还可以表达思想感情、鼓舞意志,提高病人的认知能力、社交能力,缓解躯体和精神痛苦。音乐能引起呼吸、血压、心脏跳动以及血液流量的变化,刺激身体释放内啡肽(天然鸦片制剂),达到松弛身心和舒缓疼痛的效果。音乐疗法能提高病人或亚健康人群的生活质量。

音乐不仅给人以美的享受,而且通过心理的、生理的多重作用影响人的身心和行为。随着社会文化水平的提高和生活节奏的加快,音乐由单纯欣赏逐渐扩大了应用范围,越来越多的人接受音乐可以养生、康复、治疗多种疾病的理念,音乐治疗已成为心理治疗的有效方法之一。

音乐疗法有助于调适不良情绪,培养健康情感。现代神经生理学家研究指出,音乐对神经结构,特别是对大脑皮层有直接影响。不同乐器作用于人的器官,所用乐曲的旋律、速度和音调不同,可分别使人产生镇静安定、轻松愉快、活跃兴奋等不同作用,从而调节情绪,稳定内环境,达到排忧、镇痛、降压、催眠等效果。[1]

据现代神经生理学家证明,首先,音乐能影响人的情绪。轻松、欢快的音乐使大脑及整个神经系统功能得到改善,节奏明快的音乐使人精神焕发,帮助消除疲劳;优美的

---

[1] 张义泉:《音乐疗法在学校心理辅导中的作用》,《韩山师范学院学报》2005年第2期,第80—83页。

旋律能安定情绪,增强注意力,有利于身心健康的恢复。其次,音乐可影响人的生理功能,节奏鲜明的音乐具有兴奋作用,使人精神振奋;节奏缓慢、优雅的音乐具有镇痛、降压、镇静的作用。音乐能改善人的心理功能及生理活动,故可用音乐治疗疾病。

音乐疗法可分为主动音乐疗法和被动音乐疗法。[①]

主动音乐疗法即积极参与到音乐活动中,通过打击、演奏、演唱等形式宣泄、表达情绪情感以达到治疗的目的。当自己弹奏或接受他人指导学习弹奏乐器时,他们长期遮掩的心扉得以敞开,闭锁的情感得以触动,有时会一扫冷漠情绪而变得热情开朗。所以,参与乐团演奏、合唱能感受群体合一的团结,有利于个体健康。

被动音乐疗法即欣赏音乐,通过感受音乐语言,体验音乐情感,从而引起对相关生活情景和意境的想象,培养美感。可根据治疗的需要和自己对音乐的欣赏能力、对音乐的爱好程度,选择一些优雅活泼的乐曲,每天抽出一定的时间,边听边闭目养神,品味音乐描绘的意境。在音乐的熏陶下,人的行为会渐渐趋向优雅得体。

德国大哲学家尼采在自己的日记中记载过这样一件事:1881年11月,他旅居意大利,不幸得了一场大病,四处求医均不见效,最后,一个高明的医生给他开了一张特殊的处方:"连续两天听音乐。"他严格按照处方听了两天音乐,他的病竟奇迹般地痊愈了,真可谓"一曲胜千药"。

德国音乐家梅亚贝曾有这样一段趣事:一天,他因一件小事和妻子吵了起来,当时他既不想继续争吵,又不愿意向妻子求情,于是在钢琴前坐下,弹奏起小夜曲来。他不知不觉地完全沉浸在音乐的旋律中,把吵架的事抛到九霄云外。而站在旁的妻子也为那美妙的旋律、醉人的音调所沉醉,怒气化解得一干二净。这件事说明音乐能够影响人的情绪。

由于每个人的性格、爱好、情感、处境不同,对音乐的喜好、选择也不同。在进行音乐疗法之前,首先要选择符合自己性情的音乐,并注意"平衡性"。就像食物、蔬菜、鱼肉、水果、豆制品等营养成分要合理搭配一样,在选择自己喜欢的乐曲的同时,要注意

[①] 孙福兵:《学校心理辅导中音乐疗法的应用》,《职业技术教育》(心理教育)2008年第32期,第29页。

保持平衡性,即音乐的"阴与阳"、"静与动"、"强与弱"等。

情绪不同的时候,选择的音乐也应不同。精神状态不佳、情绪低落的时候,应该选择欢畅明快的乐曲来倾听。当我们的情绪被激怒或充满敌意时,应选择轻松舒缓的乐曲来倾听。

下面给大家推荐一些有针对性的曲目:[1][2]

1. 疲劳——《假日的海滩》、《锦上添花》、《矫健的步伐》、《彩云追月》、京剧《八月十五月光明》、维伐尔地的套曲《四季》中的《春》、德彪西的《大海》、海顿的组曲《水上音乐》等。

2. 失眠——《平湖秋月》、《烛影摇红》、《出水莲》、《二泉映月》、《银河会》、《军港之夜》、《春思》、《渔舟唱晚》、《梁祝》(小提琴协奏曲)、《良宵》(二胡、钢琴)、《摇篮曲》、门德尔松的《仲夏夜之梦》、莫扎特的《催眠曲》、德彪西《钢琴前奏曲》等。

3. 烦躁——情绪不安、焦虑烦闷时可选用情调悠然、节奏徐缓、旋律清逸、风格娟秀的古琴、小提琴协奏曲,能起到抑制烦躁、镇静情绪作用的乐曲有《梅花三弄》、《平沙落雁》、《鞑靼人的舞蹈》、《幽兰》、《塞上曲》、《空中鸟语》、《仙女牧羊》、《流水》、《小桃红》、《皇家焰火音乐》、《烛影摇曲》、《平湖秋月》、《雨打芭蕉》、《春江花月夜》、《姑苏行》、《江南好》及小提琴协奏曲《梁祝》中的"楼台会"、"化蝶"等曲段,贝多芬的《第八交响乐》、巴赫的《幻想曲与赋格》、贝多芬的奏鸣曲、肖邦和施特劳斯的圆舞曲等。

4. 精神忧郁——《三六》、《步步高》、《春江花月夜》、《光明行》、《春天来了》、《月儿高》、《平湖秋月》、《喜洋洋》、《蝶恋花》、《江南好》、《春风得意》、《莫愁啊,莫愁》、西贝柳斯的《芬兰颂》、莫扎特的《第四十交响曲B小调》、盖希文《蓝色狂想曲》组曲、德彪西的管弦乐组曲《海》、《黄莺吟》、《百鸟行》、西贝柳斯的《悲怆圆舞曲》、莫扎特的《D小调第十四交响曲》等。

---

[1] 宋雪、张洪涛、冯宪萍、宫美玲、韩海军:《音乐疗法在大学生心理健康教育中的应用》,《社区医学杂志》2010年第15期,第80—81页。
[2] 杨秀:《音乐疗法 大学生心理健康的良方》,《大理学院学报》2007年第7期,第66—68页。

5. 缓解悲伤——可选用情调欢乐、节奏明快、旋律流畅且音色优美的乐曲,如《喜洋洋》、《步步高》、《欢乐的天山》、《金蛇狂舞》、《采茶扑蝶》、《苹果飘香的时候》、《莫愁啊,莫愁》等。

6. 振奋精神——《娱乐升平》、《步步高》、《狂欢》、《金蛇狂舞曲》、《得胜令》、《喜相逢》、贝多芬的《命运交响曲》、博克里尼的《第六奏鸣曲》等。

第四节

好的习惯让你远离压力
——养成良好生活习惯

一、注意饮食——吃得香甜,压力躲远

食物是维持生命的必需品,优质且适当的食物不但可以维持生命,还可以提高生命质量,减轻心理压力。研究发现,压力与食欲之间的确有关联性,饮食可以达到缓减压力的目的。[①] 从营养素对人体产生的作用来看,某些食物中确实含有缓解压力的因子,善用富含此类营养素的食物的确可以达到食物减压的效果,因为那些营养素与抗压、解压有关。而某些食物却可以增大压力。另外,不良的饮食习惯,如暴饮暴食、偏食、厌食、饮食时间不规律都会使我们的体质对压力的抵抗力减弱,导致压力的增加。所以合理饮食会给我们解压。

下面我们介绍一些可以缓解压力的营养元素和食物。

1. 维生素 B_1。当身体缺乏时,会有欲振乏力、无精打采的疲倦感,长期下来会造成身体压力。丰富来源:

[①] 赵立颖:《用饮食缓解压力负担》,《中国食品》2008年第7期,第52—53页。

全谷类、瘦肉、牛奶、动物内脏、豆类、酵母等。

2. 维生素 B_2。缺乏时容易有肌耐力不足以及疲劳现象发生。丰富来源：牛奶、全谷类、肉类、蛋类、酵母等。

3. 维生素 B_3。饮食中如果缺乏，初期容易有情绪不稳、紧张、迟钝、易怒等现象出现，造成精神低落。丰富来源：全谷类、酵母、牛奶、瘦肉等。

4. 维生素 B_{12}。摄取不足会造成贫血以致身体含氧量不足，进而产生疲劳现象。丰富来源：小鱼干、肉类、牡蛎、鲑鱼、奶类等。

5. 维生素 C。可清除因压力、外在环境产生的自由基，并参与身体氧化还原代谢反应。丰富来源：花椰菜、绿豆芽、柳橙、奇异果、甜椒等。

6. 钙。情绪焦躁不安时，适度补充钙质，有不错的安抚情绪效果。丰富来源：牛奶、小鱼干、优酪乳、豆腐等。

二、良好睡眠——睡上一晚好觉，胜过看病吃药

睡眠有助于恢复体力和脑力，有舒缓压力、增强记忆力的功效。睡眠对于我们白天的表现有很大的作用，睡眠不足会引起一些后遗症，如白天嗜睡、情绪不稳定、忧郁、焦虑、失去应变能力、免疫力降低、记忆力减退、失去逻辑思考力、理解能力降低、工作效率下降等。值得注意的是，由于生活形态的改变，目前有不少人睡眠严重不足，或是患有失眠症。这些睡眠问题会加剧压力产生，形成恶性循环，严重影响身体健康和社会功能。

下面我们介绍一下提高睡眠质量的十个方法：

1. 坚持有规律的作息时间，在周末不要睡得太晚。如果我们周六睡得晚周日起得晚，那么周日晚上可能就会失眠。

2. 睡前不要猛吃猛喝。在睡觉前大约两个小时吃少量的晚餐，不要喝太多的水，因为晚上不断上厕所会影响睡眠质量；晚上不要吃辛辣的富含油脂的食物，因为这些食物也会影响睡眠质量。

3. 睡前远离咖啡和尼古丁。建议在睡觉前八小时内不要喝咖啡。

4. 选择锻炼时间。下午锻炼是帮助睡眠的最佳时间,而有规律的身体锻炼能提高夜间睡眠的质量。

5. 保持室温稍凉。卧室温度稍低有助于睡眠。

6. 大睡要放在晚间。白天不合适的打盹可能会导致夜晚睡眠时间被"剥夺"。白天的睡眠时间要严格控制在1个小时以内,且不能在下午三点后还睡觉。

7. 保持安静。关掉电视机或收音机,因为安静对提高睡眠质量是非常有益的。

8. 舒适的床。一张舒适的床能给我们提供一个良好的睡眠空间。另外,我们要确定床是否够宽敞。

9. 睡前洗澡。睡觉之前的一个热水澡有助于放松肌肉,让我们睡得更好。

10. 不要依赖安眠药。在服用之前一定要咨询医生,建议服用安眠药不要超过4周。[1]

三、身体锻炼——身体是革命的本钱

体育运动是减轻压力的最有效的方法之一。跑步、散步或者是别的体育运动项目都能使人产生身体上的变化,让我们感觉更好。体育锻炼还能改善体内抵抗疾病的免疫系统。锻炼不但可以锻炼体魄,还可以获得心理发展,如培养毅力、防止智力下降、增加自信心、改善注意力等。那么,我们如何科学地锻炼身体,以抵抗压力呢?首先,要因人而异、因地制宜、循序渐进。

下面我们就如何锻炼给出一些建议。

1. 锻炼的类型。流行的锻炼划分方法是把它分为有氧锻炼和无氧锻炼。有氧锻炼的主要作用是提高内脏功能;无氧锻炼的主要作用是增强四肢和身体肌肉强度。不同的人们要根据自身特点进行选择,以达到最好的效果。

---

[1] 转引自:中国精神健康网。

2. 锻炼的频率。锻炼少了,达不到效果,锻炼多了,会过度消耗体力,得不偿失。那么,多长时间锻炼一次,一次锻炼多久好呢?根据研究,一般每周需锻炼至少 4 次,每次 1 小时左右,最重要的是要依个人体质而定。当然,由于天气或其他原因,可以临时调整锻炼频率和时间。

3. 锻炼的过程。锻炼的先期准备非常重要,这个问题往往被很多人所忽视。很多突发事故都是由于锻炼时准备不足造成的,如肌肉拉伤、心脏伤害等。所以,锻炼要按照科学规律,分三个阶段顺序进行:热身、锻炼和结束。热身活动的时间大概需要 15 分钟。热身活动主要是一些伸展运动,为后来的高强度运动作准备。锻炼阶段是主活动,在这个过程中,要把握节奏,既要使身体感受到锻炼的强度又不至于精疲力竭。结束阶段要根据主活动的强度调整时间长度和活动形式。一般是活动强度越大,结束活动时间越长。这样可以充分调节,使身体血液流动、心跳速度以及体温等恢复到正常状态。①

4. 如何才能坚持下来。首先要制定一个切实可行的目标,并对目标进行评价和监督。如建立一个在 2 个月内能分辨自己腹肌强健程度的目标,每天 90 个仰卧起坐,上午 30 个,下午 60 个,分组进行,对自己的完成情况用表格记录下来。锻炼期间可以进行自我奖励,通过有效性评估以增强信心,坚持到底。

快乐不仅包括身体的舒适,还包括人内心的舒适。所以,充分释放我们的工作压力,让阳光洒进你的心田,活出不一样的精彩吧!

---

① 牟小小:《体育运动对缓解护士心理压力的调查研究》,《卫生职业教育》2008 年第 17 期,第 125—126 页。

本章案例解读

现在我们再回到本章开始的案例,小王老师在重重压力之下,心情肯定好不到哪里去,面对故意捣乱的学生,心里也是立刻燃起一阵怒火,但是细心的读者一定会发现,小王没有发作,而是在原地停留了一分钟后,走到这个学生面前,恰当地处理了这件事,现在大家可以结合本章的内容开动脑筋想一想,这一分钟在小王身上都发生了什么呢?

学生的捣乱对小王而言又增添了一个压力来源,本来课程安排就十分紧张,学生又不配合,扰乱课堂秩序,耽误上课时间。这个压力无疑是消极的,但这个压力是适度还是过度的呢?这要看小王如何去认知这个压力,如果小王将这件事看作是一个调皮的学生故意用这种方法引起老师的注意,希望老师能够关注自己,那么这件事就可以当作是上课前的一个有意思的小序曲,活跃了课堂气氛,没有什么大不了的。但是如果小王心想:我都快烦死了,自己家里的事忙不过来,学校课程进度也赶不出来,现在又冒出一个故意捣乱的学生跟我作对,那这件事可能就没那么容易过去了。当时小王的怒火没有发作,不用说大家也能猜到他当时是怎么想的了。

小王将这件小事已经恰当地处理了,但是我们再设身处地为他想想,他还承受着很多压力。母亲生病住院,自己却因为工作的原因不能随时在身边照料,学生的课程还要抓紧时间赶上进度,工作和生活两头都不能兼顾,这件事可能就不那么好处理了,那他该怎么办呢?我们一起来为他想想办法。首先,不能怨天尤人,任何人都不可能永远一帆风顺,谁都会有焦头烂额的时候,这正是考验自己的时候,母亲住院自己虽然不能随时在身边照顾,但是只要有点时间一定立即赶到母亲身边护理。其次,回想一下母亲没有生病的时候,自己工作没有那么忙的时候,是不是回到家到母亲身边问候一下,捶捶背、捏捏腿、拉拉家常,如果没有做到就要反思一下了,是不是非要等到母亲生病了才要献孝心呢?想想自己平时的不足,下定决心以后要做得更好,当下的压力也就没有那么重了。

"大雪压青松,青松挺且直",面对压力,我们还有很多舒缓的办法,可以通过宣泄、倾诉和寻求社会支持来释放自己的情绪,还可以选择一种适合自己的放松方法,让自己面对压力还保有韧性,而不是被压力打倒。

第十章
职业发展乐在其中
——找回职业乐趣

本章案例

小徐毕业于一所师范大学的数学专业,毕业后进入某初中教书。刚刚进入工作岗位,一开始的新鲜感持续了一段时间,但是现在越来越觉得教师工作琐碎且无聊。她不知该如何去规划自己的职业生涯,想向周围的老教师请教,发现大多数教师都是做一天和尚撞一天钟,很多教师对教师工作已经产生了厌倦心理,感觉整天碌碌无为,生活满意度也随之降低,并且与学校里的同事关系一般,有时还要在人际关系上费尽心思。小徐看到这样的情形,对自己的未来感到非常沮丧。

本案例中徐老师出现了哪些问题?为什么大家看似轻松的初中教师工作却是如此呢?为什么初中教师们在工作中感受的尽是琐碎、无聊且无任何乐趣可言呢?作为教师无论是为了个人的价值还是工作的需要,都应充分挖掘职业价值,努力发现并享受职业带来的快乐与幸福。

第一节

路漫漫其修远兮
——教师职业生涯发展

一、教师职业生涯概述

一位教师这样写道:教师的职业感受总是以"苦"开始。当我们意识到生命的蜡烛在"照亮"学生的同时,我们是否应该"照亮"自己乃至"照亮"社会？我们是否也应该投入到自我发展、自我完善的境界中去,寻求一种生命的意义和乐趣呢？

诚如这位教师所写的,作为一名当代教师,我们肩负着为和谐社会培养优秀人才的重任,同时也在这个过程中实现自身的价值。这便是关于教师职业生涯发展的问题,那么首先让我们来了解一下教师职业生涯的特征和影响因素吧！

（一）教师职业生涯的特征

职业生涯就是一个人的职业经历,它是指一个人一生中所有与职业相联系的行为与活动,以及相关的态度、价值观、愿望等连续性经历的过程,也是一个人一生中职业、职位的变迁及工作、理想的实现过程。教师职业生涯是指一个人从事教师职业的全过程。而教师作为一项独特的职业，它的特殊性表现在：

1. 教师职业是一种具有孤寂性的专业工作

教育教学是教师的核心工作。在大部分的教育教学活动中，教师往往是单独一个人投入其中，以自己的认知和观点来面对学生、解释教材、批改作业、评价学生的学习结果。

2. 教师工作对象的同质性大于异质性

教师工作面对的是一个年龄相近的学生群体，他们在各方面都呈现出一致的特性。并且教师上课教授的内容也总是年复一年地重复，这种同质性的工作容易带来身心上的倦怠。

3. 教师与工作对象的年龄差距逐渐增大

教师所面对的学生大都处于相对固定的年龄段，但是教师的年龄却逐年增大。因此，教师入职时可能是"大哥哥"型或"大姐姐"型，尔后年龄距离逐渐扩大，可能变成"爸爸"型或"妈妈"型，最后变为"爷爷"型或"奶奶"型。可见，教师们如果不及时更新自己的知识结构，往往与学生间的代沟会越来越明显。

（二）教师职业生涯的影响因素

1. 个人因素

（1）你是否拥有教师必需的专业知识与能力？

《师说》有云："师者，所以传道授业解惑也。"作为一名教师，传授知识是其工作的重要内容。专业知识是教师职业的基础，是教师素养的基本构成。没有相关的知识，教师的其他能力就无从谈起。

一位学生说道："我希望我的老师知识渊博，并且上课的时候幽默风趣，能让同学跟随他的思路驰骋在知识的海洋里，这样我们就能更好更快地学到更多的知识。"

由此可见，学生渴望从教师那里学到知识，因此，作为教师拥有丰富的专业知识是非常重要的。除了专业知识,教师的专业能力也是教师职业的重要内容。教师职业的特殊性在于其教学对象是活生生的个体,即使满腹经纶的教师也可能因为拙劣的口才、沉闷的互动氛围而导致教学失败。特别对于初中教师来说,初中生的心理年龄特点对教师语言表达、组织管理和教育机智的要求更高。所以,在具备足够扎实的专业知识的基础上,初中教师还要能够把这些干巴巴的知识以生动形象的方式表达出来。

(2)你的性格适合当教师吗?

一位教师参加工作一年多了,师范类数学本科专业毕业,现任某初中的数学教师。这样的学历应该说是可以胜任教师的工作了。可是,在这一年多的教学工作中,他发现自己并不适合做教师。他具备相应的教学知识,但是不具备管理学生的能力。这种情况与他本身的性格有很大关系,他比较沉默寡言,擅长逻辑思考,但是不擅长口头表达,这使他和学生之间的沟通出现了不少问题。

看上去这位教师选择了与他性格不匹配的职业。由此可见,性格对一个人的职业生涯有极大的影响。那么理想教师的性格应该是怎么样的呢?显然,我们无法规定一个统一的"性格模式",我们只能从教育工作的要求出发,谈一谈教师应具备的一些基本性格特征。研究发现:适合做教师的人,特别是做优秀教师的人,最好是那些情绪稳定性高、较少感情用事、性格偏外向、充满热情的人。

(3)当教师是一种幸福吗?

有位老师抱怨说:"工资一年年在加,社会地位一年年在提高,人们都说,当教师真好!然而,我却似乎记不起自己何时真实地开心过。"另一位老师提出这样一个问题:"作为一名教师,我总觉得自己压力很大,虽然也懂得压力可以转化为动力,但如果天天生活在压力转化的动力中,这样的生活可以算作幸福吗?"

有这种感受的教师为数不少。为什么教师们缺少幸福感呢?诚然,教师职业面对很多压力:成堆的作业、顽皮的学生、挑剔的家长、班级间成绩的较量……相对于其他职业来说,教师需要更多地从内在精神世界中寻求职业满足感,如从学生成长中获得成就感,因工作中的创新而得到的满足感,从与同伴的交流中获得的认同感等。一个优秀的教师总是能从他的教师职业中获得快乐与幸福。

2. 环境因素

（1）学校管理方式

学校作为一个组织系统，其规章制度的科学性和合理性对教师生涯发展影响很大。其中，管理者尤其是校长、教导主任的管理方式对教师的影响颇大。研究发现，教师的职业成熟度较低时，命令式或说服式的管理方式更有利于促进教师生涯的发展；如果教师的职业成熟度较高时，参与式或授权式的管理方式更能激励教师的工作积极性。

（2）良好的氛围

组织气氛对教师的工作绩效和生涯发展有深远影响。在一个充满关爱、信任、合作的组织氛围中，教师会对学校和自己的教学工作充满信心，主动合理规划并努力去实现自己的成长目标。并且，在一个和谐的人际氛围中，教师们可以专注于自己的职业规划，拓展职业发展空间，而不需因为人际的相处压力而费尽心机。

二、教师职业生涯发展的阶段

教师职业生涯发展是指个人预备或选择进入教师行业，积极适应行业对从业人员的种种规定或要求，主动在行业中扮演和学习各种角色，逐渐由不成熟到相对成熟的发展历程。[①] 教师作为从事教育教学工作的专业人员，由不成熟到成熟，要经历不同的发展阶段。不同研究者基于不同的研究视角，采用不同的研究方法，对教师职业发展的阶段性进行考察与描述，形成了异彩纷呈的教师职业生涯发展模式，具有代表性的有三阶段发展观、职业生涯周期阶段论等。

（一）三阶段发展观

福勒和布朗（Fuller & Brown，1975）根据教师的需要和不同时期所关注的焦点的

---

① 张大均等主编：《教师心理素质与专业性发展》，人民教育出版社 2005 年版，第 25 页。

不同,把教师的发展分为关注生存、关注情境和关注学生三个阶段。①

(1) 关注生存阶段。处于这一阶段的一般是新教师,他们非常关注自己的生存适应性,他们经常关心的问题是:"学生喜欢我吗?""同事们怎样看我?""领导是否觉得我干得不错?"等等。由于这种生存忧虑,有些新教师可能会把大量的时间都花在如何与学生搞好关系上,而不是如何教他们,有些新教师则可能想方设法控制学生,而不是让学生获得学习上的进步。

(2) 关注情境阶段。当教师感到自己完全能生存时,便把关注的焦点投向提高学生的成绩上。这时,教师会关心如何教好每一堂课,教学方法和备课材料是否充分等与教学情境有关的问题。

(3) 关注学生阶段。当教师顺利地适应了前两个阶段后,就进入到关注学生阶段。在这一阶段,教师将考虑学生的个别差异,认识到不同发展水平的学生有着不同的情感需要,每个学生各具特色,并能自觉关注学生的个体差异,明白自己必须因材施教。一般认为,能否自觉关注学生是衡量一个教师是否成熟的重要标志之一。

从教师职业生涯发展的三阶段观,我们可以看出在不同的阶段教师有不同的关注点,我们希望每个教师最后都能进入关注学生阶段,而能达到这个境界的教师往往也会从职业中找到乐趣。

(二) 职业生涯周期阶段论

费斯勒(Fessler, 1985)根据多年研究教师职业生涯发展的成果,提出了一套动态的教师生涯循环理论,将教师从新进入人员到资深成熟教师的职业生涯发展过程划分为八个阶段:②

(1) 职前教育阶段:这是特定职业角色的准备期。主要是在大学或学院进行知识

---

① 张大均等主编:《教师心理素质与专业性发展》,人民教育出版社 2005 年版,第 25 页。
② 莫雷主编:《教育心理学》,教育科学出版社 2007 年版,第 392—394 页。

学习和专业训练，它也包括教师从事新角色和新任务的再训练，或者参加高等教育机构的学习、在职进修等。

（2）实习导入阶段：这是教师最初任教的前几年，他们要学习教师角色社会化，要适应学校系统的运作。这一时期的教师工作较为努力，希望能够为学生、同事、上级及其他人员所接纳，力求稳妥地处理日常事务。

（3）能力建立阶段：这是教师尽量完善教学技巧，提高教学效率，寻求新材料，发现和运用新方法、新策略的时期。此阶段的教师一般容易接受新观念，乐于出席研讨会、观摩会，热衷于研究、进修课程等。这时的工作对他们而言富有挑战性，他们渴望教学技能的全面提高。

（4）热心成长阶段：此阶段的教师在能力水平建立以后，热心教育工作，不断地追求自我实现，积极主动，不断充实、丰富教学方法，有较高的工作满意度，能够积极参与学校的各种职业教育活动。

（5）生涯挫折阶段：一般也称为教师的职业倦怠期，教师可能受到某种因素影响而产生教学上的挫折感，出现理想破灭、工作不满意、怀疑自己的工作能力及职业选择的正确性等。

（6）稳定停滞阶段：这是教师职业生涯发展的平原期。有的教师出现停滞状态，只做分内工作，有些教师则维持原状。此阶段也是教师工作缺乏挑战性的阶段。

（7）生涯低落阶段：这是教师准备离开教育职业的低潮时期。有些教师回顾过去觉得很满意，有些教师则因缺乏成就感而觉得一事无成。此阶段的长短因人而异。

（8）生涯隐退阶段：这是教师离开教学生涯以后的时期。不同的人有不同的选择，有的人找到临时的工作，有的人从事非教学工作，有的人享受天伦之乐。

费斯勒认为，在整个职业生涯中，教师的生涯不是纯粹生命周期的翻版，而是在个人环境和组织环境双重影响下充满变化的历程。因此，教师的专业发展并非是完全按照模型中八个阶段的先后顺序依次进行的。在职业生涯的任何时期，教师的专业发展都可能经历高潮或低谷，并在各阶段来回转换。

虽然各个研究者所关注的焦点不同，对教师职业生涯发展阶段的划分不完全一致,但是我们可以从中看出教师职业生涯发展的一些基本特点:教师职业生涯发展各阶段都有自己独特的发展需要和必须完成的任务;教师职业生涯发展的各个阶段之间是连续的,前一阶段是后一阶段的准备或发展的先决条件,在后一阶段的发展中则需要回顾、检视前一阶段的成果和作用;教师职业生涯发展并非是线形的,虽然大部分研究都按年龄顺序排列,实际上,各阶段之间仍有许多循环、转折,共同服从于教师职业生涯的整体发展。

三、教师职业生涯发展的管理

教师职业生涯管理是学校与教师共同对教师的职业生涯进行规划、执行、反馈和修正的过程。促进教师发展的关键在于帮助教师设计与学校发展目标相一致的职业生涯规划。从这一意义来说,教师的职业生涯规划是教师职业生涯管理的核心。

(一)教师职业生涯规划

教师职业生涯规划就是教师把个人发展与学校发展高度融合,对职业生涯的影响因素进行分析,选定职业目标,制定职业发展计划,并对每个步骤的时间、顺序和方向做出合理的安排。教师在设计自己的职业生涯规划时,要紧紧围绕以下五个问题(5W):

1. Who I am?(我是谁?)这是对自我进行客观分析和准确定位,以确认自己目前所处的职业发展阶段。自我分析的主要内容包括性格特征、教学性格、工作价值观和目前工作状态等。

2. What do I want?(我想做什么?)这是教师对自身职业发展的心理取向的自我检查。一般来说,教师的职业类型取向分为:①专家型教师。这类教师喜欢教学工作,有自己独特的教学风格,有敏锐的科研意识,善于分析与研究教育教学问题,注重自身教学工作的专业化发展。②管理型教师。这类教师没有教学的直接兴趣,但具有从事教育教学管理工作的强烈动机,将获得高职责的管理岗位定为自己的职业发展目标。③安全型教师。这类教师喜欢教师职业的长期稳定性和安全性,没有专业和权力的追求。他们从教主要是为了安定的工作、可观的收入等。

3. What can I do?（我能做什么?）这是教师对自己现实能力与潜力的评估。不同职业类型的教师需要不同的能力,如专家型教师要具有较高的理论素质,较强的科研能力和创造力;管理型教师则要具有较强的分析能力、社交能力和情绪控制能力。只有当教师的职业倾向与自身的能力和潜力吻合度较高时,才有可能实现最终的职业理想和职业目标。

4. What supports can I get?（我能获得什么支持?）这是教师对自身成长的主客观环境的分析。客观环境包括教育制度、学校人事政策和评价体系等;主观环境因素包括同事关系、师生关系、领导态度等。教师要有效分析环境特点、个人与环境的关系、环境对个人所提出的要求等,充分利用好环境为个人所提供的发展空间和条件。

5. What can I be in the end?（我的最终目标是什么?）一般来说,生涯目标可以分为短期目标、中期目标、长期目标和人生目标。教师要基于自己的职业倾向和能力,对自我的未来发展划定比较清晰的轮廓,并依据人生目标的分解来设定长期的、中期的和短期的发展计划。在执行过程中,教师可依据个人实际情况进行调整和改进。

（二）教师职业生涯管理的策略

1. 个人管理策略

作为教师个人,其职业生涯管理可以从以下几个方面进行:

(1) 自我剖析与定位

自我剖析与定位就是对自己进行全面分析,正确认识、了解自己,准确地为自己定位,方法主要有测验法、实践法、他人评价法、内省法等。教师可以通过对自己性格、兴趣、能力、技能等多方面的深刻剖析,准确评价自身的特点和优劣,并依此确定与自身特点相匹配的发展方向。比如说,有的教师适合从事教学工作,而有的教师适合从事行政工作,要根据对自己各个方面的分析来确定自己的职业发展方向。

(2) 生涯机会评估

生涯机会评估主要是分析内外环境因素对自己职业生涯发展的影响。教师要充分分析环境的特点、环境的发展变化情况、个人与环境的关系、环境对个人提出的要求等,以便更好地利用环境为个人提供活动的空间、发展的条件、成功的机遇等。

(3) 生涯目标与路线规划

生涯目标与路线规划指教师确定自己的职业发展目标和发展方向,以及通过何种途径实现发展目标。目标的抉择需以自己的最佳才能、最优性格、最大兴趣、最有利的环境等条件为依据;生涯路线是指教师准备从什么方向实现自己的职业目标,比如是从事专业教学、行政管理还是从事教学研究。

(4) 生涯策略的制定与实施

生涯策略的制定与实施是指为实现职业发展目标所制定和实施的各种措施和行为。比如:为达到工作目标,教师计划采取哪些措施提高效率?在业务素质、人际关系、潜能开发、业务知识技能等方面采取什么措施来实现目标?生涯策略要具体、明确,注重可操作性。

(5) 反馈与修正

反馈与修正是指在实现职业生涯目标的过程中,根据实践的效果不断总结经验、教训,修正自我认知,调整职业生涯策略,以便更好地实现生涯发展目标。

2. 组织管理策略

(1) 建立有效的职业生涯管理体系

学校应该建立有效的职业生涯管理体系,内容包括目标设置、评价、激励、培训及规章制度。目标设置主要是为教师设定富有挑战性的任务,使教师在完成任务的过程中及时找到自己在学校中的位置,个人目标与学校发展目标保持一致。评价是指以教师为本,立足于教师发展的评价,其目的在于把握教师的工作表现和工作绩效,促进教师的持续发展。激励,一是要根据评价的过程和结果给予教师适度的激励,包括外部奖励(如证书、奖金等)和内在动机激发(鼓励教师进行自我反思,关注自我价值的实现)。例如:学校可以采用荣誉激励法,鼓励教师争取教育行政部门以及学校设立的众多荣誉,如先进工作者、优秀教师、模范班主任、科研标兵等,激发教师的成就感;也可以选择思想进步、品德高尚、工作积极、业绩突出的教师作为大家学习的榜样,激发教师的工作积极性;还可以让教师参与学校的重大决策,培养教师的集体责任感,增强教师的凝聚力,使教师自觉地把个人利益与学校组织的整体利益联系起来。二是要根据教师表现出来的缺点和不足进行有针对性的培训。例如:某学校发现一些教师不知如何与学生沟通,这在一定程度上影响了教育效果。因此,学校就专门聘请了心理学专家对全体教师进行了一次如何与学生沟通的培训,效果显著。而后,该校制定了对教师定期培训的制度,针对教师在教育教学中的不足,定期联系教育专家开展培训。[①]

(2) 设计双赢的教师职业生涯发展规划

教师的职业生涯发展规划应该通过学校和教师的共同努力来设计,做到教师的生涯发展与学校的总体发展相一致,达到双赢的目的。为此,学校需要做到:第一,帮助教师进行客观的自我认知。目前,一些研究机构已经开发了相应的心理测评系统,学校可以让教师借助心理测评或自我反思,达到认识自我的目的。第二,提供可供选择的教师职业发展途径。学校可以通过与教师个别谈话或集体座谈,了解教师的职业预期发展方向,进而帮助教师确定职业发展的路径。例如:对于一些管理才能突出的教师,可以引导他们向管理方向努力;对于科研能力比较强的教师,可以引导他们走教研结合的路径,成为专家型教师。第三,提出教师职业生涯发展的具体要求。第四,引导教师在制定专业发展规划时充分考虑日常生活实际,保证事业与家庭发展的和谐。

(3) 提供促进教师专业发展的载体

教师的专业发展是教师职业生涯发展中最重要的部分。学校应为教师提供专业发展的载体,可以采用以下几种方式:一是说"故事"与说课。说"故事"是指让教师结合自己的成长过程和教育教学实践,说出他们的一些体会与困惑;说课是指教师用生动的语言表述自己的教学设想以及基本依据。二是组织行动研究。行动研究是由教

[①] 赵景欣、申继亮、支富华:《教师职业生涯发展与管理》,《中小学管理》2005年第12期,第31页。

育理论工作者和实践工作者共同参与,以研究解决教育教学实践问题为根本目的,以"对行动进行研究,以研究促进行动"为基本方法的教育教学实践研究方法,目的在于解决教师专业发展中的现实问题。三是进行反思性实践。学校可以引导教师坚持写教学反思日记。同时,教师之间还可以分享反思日记,提高教师整体的教育教学水平。目前,一些研究者正在进行"电子档案袋"的反思性实践活动,由教师在网上写反思日记,并与系统中的研究者或其他教师进行交流,通过自我反思和他人的评价、指导,达到专业发展的目的。四是进行有效的教师培训。根据具体情况,学校可以选择校本培训以及远程教育培训等方式进行培训。①

(4) 针对教师职业生涯发展的不同阶段采取不同策略

当教师成熟度、工作的自觉性还不是很高的时候,学校可用制度来规范教师的教育教学行为,即命令式或说服式。当教师素质不断提高,教师生涯逐步发展的时候,学校就需要采取参与式或授权式的方式。同时,针对不同阶段的教师要采取不同的评价策略:对于新教师(从教3年以内),可以采用"目标达成度"的评价策略;当教师形成了一定的教学风格后,可以采用个案分析的方法,发挥评价的诊断功能,促进教师的专业发展;对于自我更新、专业自主发展时期的教师,最好的评价方法就是对其成果(主要包括科研成果及其所带教的青年教师)进行评价。②

---

① 王小康:《教师职业生涯发展探析》,《安康学院学报》2009年第4期,第95页。
② 王俭、余秋月、洪俊彬:《基于学校的教师专业发展策略研究》,《高等师范教育研究》2002年第5期,第45页。

第二节

打铁需要自身硬
——教师人格的完善

教师人格是指在教育教学过程中表现出来的在情绪、需要、动机兴趣、态度、价值观、能力、气质、性格、自我意识等方面的一种较为稳定的内部倾向,是教师个人人格和职业人格的有机统一。在教师的教学生涯中可能会遇到各种诱惑和压力,在这些压力和诱惑面前有人可能会动摇意志,放弃自己最初的选择;有人可能会被困难吓倒,一蹶不振。如何正确处理这些问题,教师的人格特质在很大程度上发挥着积极作用。有研究表明,中小学教师的职业压力应对策略与人格特征有密切关系。[1] 所以我们应该怀着对教育事业的热爱,培育优秀的人格品质,去应对压力,发展自我,成为拥有金子一般品质的人。

---

[1] 申继亮、徐富明、崔艳丽:《中小学教师的职业压力应对策略与其人格特征的关系研究》,《中国临床心理学杂志》2002年第2期,第91—93页。

一、自强——迎难而上，永不低头

（一）自强及其作用

自强是个体不断提升自我，发挥自身潜能，努力进取，克服困难的一种人格动力特质。懦弱者逃避困难、畏缩不前、悲观失望；自强者正视困难、迎难而上、积极进取。具有懦弱特点的人往往不堪重负，失败如影随形；而自强者总是能战胜压力，与成功相伴。在自强者看来，压力和困难是营养品，经历压力和困难可以使他们更加强大；而对于懦弱者，压力和困难就成了毒药，使得他们身心疲惫、痛苦万分。

（二）如何锻炼自己自强的品质

首先，自强的人具有明确的目标，它是自强的主要心理成分之一，是自强人格品质的基础和动力。在工作和生活中，一个人如果没有目标就会失去动力，整日浑浑噩噩、虚度光阴。所以，锻炼自强品格的第一步就是要在充分了解自己和外界现实的基础上确立目标。作为教师，教书育人是我们的工作目标；作为家庭成员，承担家庭责任，维护家庭和谐是我们的生活目标；作为社会成员，维持良好朋友、同事、领导关系，为社会作贡献是我们的社会目标。在确立了正确的目标之后，我们的行动就有了方向，自强品质的形成也就具备了条件。[①]

其次，自强的人具有努力实现目标的热情和积极性。教师的热情和积极性表现在：在工作中，对教学活动、学生发展充满好奇，对教学工作勤奋努力、积极进取；在生活中不缺乏热情，像个孩子一样睁大眼睛看世界，对事物保持好奇心，去体验发现新事

[①] 喻跃龙、黄飞：《论当代大学生自强自立精神及其培育》，《当代教育论坛（校长教育研究）》2007年第5期，第49—51页。

物的兴奋；不变得懒惰，因为懒惰和失败、罪恶有着千丝万缕的联系。由勤奋带来成功的内心喜悦要比懒惰带来的身体舒适留给人们更持久、更深刻的幸福体验。

再次，坚韧性是自强人格特征的核心成分。它是指个人面对逆境、压力、创伤或其他重大生活压力时的良好适应，它意味着面对生活压力和挫折的"反弹能力"。坚韧性在教师职业活动中表现为：在实现教学目标的过程中遇到困难或失败采取积极应对策略，如总结经验教训，设法取得家长、学生的支持，调整计划，坚持不懈的努力等。研究表明，计划能力、对困难和逆境的认知、克服困难的经历、良好的婚姻和家庭关系以及稳定的职业都是坚韧性的保护因素。

视窗 10－1

测测你的自强水平

	完全符合	比较符合	比较不符合	完全不符合
1. 我很喜欢那些能充分发挥自身潜能的事情。	（　）	（　）	（　）	（　）
2. 我做事情虎头蛇尾。	（　）	（　）	（　）	（　）
3. 我会根据现实条件来调整自己的奋斗目标。	（　）	（　）	（　）	（　）
4. 我害怕失败。	（　）	（　）	（　）	（　）
5. 只要对我今后发展有利，我会尽最大努力去做。	（　）	（　）	（　）	（　）
6. 我做事只求不落人后，不求超过别人。	（　）	（　）	（　）	（　）
7. 只要有一定的把握，我就会坚持不懈地努力。	（　）	（　）	（　）	（　）

根据与自己实际情况的符合程度，在上面每个句子后面所列的完全符合到完全不符合的4个选项中选择1个。第1,3,5,7题选择完全符合得4分，选择比较符合得3分，选择比较不符合得2分，选择完全不符合得1分；第2,4,6题的计分刚好相反，即选择完全符合得1分，选择比较符合得2分，选择比较不符合得3分，选择完全不符合得4分；然后把7个题目的分数相加，分数越高，说明自强程度越高。

采自黄希庭：《健全人格与心理和谐》，重庆出版社，2010年版，第68页。

二、自信——其实我真的很不错

（一）自信及其作用

自信就是相信自己的能力、品德、身体和人际关系等。相信自己的能力就是相信自己具有完成某一活动所必需的心理条件。教师的自信主要表现为对自己一般能力的信任和教学才能的信任。自信是对抗压力的又一法宝。正是因为自信者相信自己有能力处理各种事件，所以面对同样的教学压力，高自信的教师感受到的压力程度要比低自信的教师感受到的压力程度低。

（二）培养自信心的九个方法

1. 培养自知力。就是正确的自我认识。如果自我了解不够，又如何对自己有信心呢？这里介绍一种让自己了解自己的方法：做一个表格，内容包括家庭、自己经历的大事件。对每一件事的意义加以标注，从时间顺序上参考自我经历对自己的能力、思想、价值观等的发展和形成顺序加以梳理，从而达到了解自己的目的。

2. 培养目标规划能力。就是结合自身条件确立各种短期和长期目标。在有了自知力以后，就要根据自己的能力确定切实可行的目标。如果目标不合理，我们就有可能对自己的能力和信心有所怀疑，自信就有可能变成自大或自卑。所以要在对自己正确认识的基础上设定客观的目标。[①]

3. 培养乐观心态。乐观可以减压，也可以增强自信。凡事要朝积极的方面想，既不悲观也不盲目乐观。对人对事的乐观态度可以使我们放开束缚和顾虑，积极投入，取得好的结果，从而提高自信。

---

① 林丹华：《如何培养自信心》，《思想政治课教学》2000 年第 21 期，第 70—71 页。

4. 培养自尊心。就是对自我有积极评价和期望，也就是看得起自己。自尊心作为个人对自我的正面评估，会深刻影响个人对与自身有关事件的看法，并给个人的精神面貌打上独特的烙印。自尊心的真谛在于：实事求是地评估自己，既不会否认自我的任何优点，也不会遮掩自我的任何缺点。此外，我们也要培养自我的尊严，不要过低地看轻自己，放弃自己的权利。

5. 培养勇气。从心理学角度来说，勇气是个体意志过程中的果断性和具有积极主动性的个性心理特征相结合而产生的状态。在这里勇气不是鲁莽、武断，这是盲目的，往往在行动之前缺少对问题的深思熟虑，真正的勇气是对形势正确分析后，泰然自若，克服恐惧和眼前的阻碍果断采取行动的人格特点。如在《三国演义》中诸葛亮使用空城计逼退司马懿军队的情形，其中勇气发挥了不可替代的作用。[1]

6. 培养容忍能力。容忍能力包括对人和对事的容忍。对人的容忍：容忍别人的错误，也容忍自己的错误。容忍在这里不是指姑息迁就，而是一种豁达、宽容的态度，不是对一点小错误耿耿于怀，抓住不放，而是吸取教训，从头再来；对事的容忍：对模糊事件，不清楚问题的容忍，允许问题搁置，允许不同的问题解决方法等。[2]

7. 培养表达能力。就是让自己的思想能更有效地被别人理解。只有更多的人更好地理解了我们的思想，我们才能得到更多的关注。同时我们的表达能力又能促进思维能力的提升，还能给自己带来很多锻炼的机会，这是一种良性循环，最终会促进自我的发展、自信心的提高。表达能力的培养方法包括：善于抓住每一个表达的机会进行锻炼；善于组织语言、利用肢体语言等；善于捕捉倾听对象的特点，有针对性；表达要重点突出，前后连贯一致；尝试话题转移，结束要自然等。

8. 培养感激之心。想一想，当自己来到这个世界上的时候是空着手来的，现在自己所拥有的东西，除了自己的努力外还要靠各行各业的人们付出的劳动。感激之心就是对自己得到的东西不是理所当然地拥有，而要对在生活中、社会上各种作出贡献的

---

[1] 巨岭：《培养自信，体验成功》，《青少年研究》2003年第1期，第58页。
[2] 张金英：《培养自信品格打造成功人生》，《山西教育》2003年第8期，第44页。

人表达尊重和敬意。当我们吃饭时,应该感谢农民,他们的辛勤劳动使得我们一日三餐得以保障;当我们乘车时,应该感谢工人,他们的付出使我们方便地穿梭于祖国各地。有了感激之心才能看淡得失,平静地对待成功与失败,才能被别人尊重。

9. 培养资源利用能力。就是主动调动身边的资源来解决自身问题的能力。这里的资源包括人际资源和物质资源。人生总要遇到各种各样的困难,有些可以自己解决,有些需要别人的帮助才能解决。有些人会觉得求助别人或使用一些方法解决问题,会使别人对自己的能力产生怀疑,这种观点是错误的。能够使别人帮助你或能够获得有用的资源本身就是一种能力,帮助者也能在助人过程中得到快乐,还能增进双方友情,何乐而不为呢?人们会逐渐地在问题得到解决的过程中,在友谊加深的过程中得到自信的提升。物质资源的利用要求我们要善于发现资源、合理规划资源,物尽其用,只有这样事情才能有条不紊地解决,自己的能力才能得以提升,并最终促进自信心的提高。

三、毅力——顽强的毅力可以征服世界上任何一座高峰

(一)毅力及其作用

毅力是一种完成艰难任务的持久力;是坚持正确方向、矢志不渝地完成既定目标的态度和决心;是不怕挫折、愈战愈勇的精神。具有坚强毅力的人可以正视压力、确定目标来克服压力。完整的毅力包含三个必要的成分:承诺、勇气和执行力。对于初中教师,要对自己许下诺言,即对教书育人目标树立坚定信念。心中的承诺可以引导人们克服种种困难,最终走向成功,清晰、明确的承诺还可以使我们消除心中的焦虑、空虚、抑郁、失落等不良情绪。勇气就是在困难面前毫不退缩迎头直上的精神,它为毅力提供了情感上的支持。勇气可以使我们时刻保持旺盛的斗志,使我们不怕即将到来的困难,积极投身于教学活动。执行力是指贯彻战略意图,完成预定目标的操作能力。有了目标,有了完成目标的勇气,最后还需要坚定地执行目标的能力,只有这样,才能

最终成功达到目标。

（二）如何培养毅力

1. 培养兴趣激发毅力。兴趣是毅力的门槛，很多在自己领域内取得杰出成就的人物都是由于对所从事的活动有着浓厚的兴趣，才使得他们坚持不懈并最终取得成功的。兴趣的培养需要我们不断地开阔视野，发现和尝试新事物，接触更为广泛的领域，直到我们发现自己感兴趣的东西。在学习和生活中，我们要积极参加各种活动，大胆尝试、广泛涉猎，这样才能找到自己的兴趣所在。

2. 他人、自我监督锻炼毅力。我们在做事情的时候难免遇到困难，面对困难我们会气馁、放弃，这时成功就会与我们失之交臂。克服这一问题的有效方法是找个合适的人来监督自己，在遇到困难时鼓励自己，在松懈时督促自己，使自己坚持完成活动。在达到目标的过程中要想时刻保持斗志，除了朋友、家人的监督和鼓励之外，我们还可以自我监督，如给自己制定任务表，定期检查；在笔记本上记下未完成的任务等。[①]

3. 从小事做起培养毅力。高尔基说："哪怕是对自己一点小小的克制，也会使人变得强而有力。"事实证明，人人都可以有毅力，人人都可以锻炼毅力。锻炼的方法可以是从小事做起，克服惰性。在这里从小事做起还包含由易而难的意思。当我们在一些细节和小事上形成良好的做事习惯后，毅力之树便会在我们心中悄无声息地生根发芽了。

4. 确定目标培养毅力。明确的目标可以使我们的毅力得到加强。选择目标要以结果为导向，知道自己想要得到什么，明确自己的目标是强化毅力的重要因素。另外，在选择目标时，一定要选择那些有价值、有意义且合理可实现的目标，这样才能有效地激发自己的毅力。

5. 制定并执行计划培养毅力。只有目标没有计划会使人们茫然不知所措。对目标精心的策划可以使我们的行动有条不紊，可以提高效率，并最终会树立信心增强毅

---

① 李苾：《论成人大学生的毅力培养》，《中国成人教育》2006年第11期，第56—57页。

力。计划制定出来后就得严格按照计划去执行,在执行过程中可以调整、修正以进一步有效地执行。

视窗 10-2

制定合理计划的 5W2H 方法

富有创意的发明者以 5 个 W 开头的英语单词和两个以 H 开头的英语单词进行设问,发现解决问题的线索,寻找发明思路,从而制定出合理的计划,这就叫 5W2H 法。

WHAT——做什么?

WHY——为什么做,它和我们的长远目标与价值观一致吗?

WHEN——什么时候完成?

WHO——我来做,还是谁帮我来做?是否有人愿意帮助我?

WHERE——在哪里做?那里的环境如何?

HOW——如何做?分几个步骤来完成?

HOW MUCH——做多少?用多少资源?从哪里获得资源?能否得到?

四、信念——我相信,我的未来不是梦

(一)信念及其作用

信念是指在一定认识的基础上对某种看法或理论的坚定确信,是借助于行动来体现稳定的态度和看法。它包括对事物正确的认识,积极的情感,坚定的意志和正确的价值评价。[①] 积极向上的信念是一种心理素质和生活态度,拥有坚定积极信念的人在压力和困难面前不迷惘、不放弃,能够勇敢对抗困难和压力并能取得成功。而拥有消

---

① 吕崇明:《新时期如何树立坚定正确的理想信念》,《山西高等学校社会科学学报》2001 年第 21 期,第 75—76 页。

极被动信念的人总是以消极的眼光看待事物,不会主动地行动来改变现状,最终碌碌无为,被压力和困难击垮。

(二)如何获得积极的信念

信念不是与生俱来的,它是在个人成长过程中逐渐形成的。因此,在日常生活和工作学习中的锻炼可以培养我们积极向上的信念。[1]

1. 树立正确的观念。信念是人的认识、情感、意志等心理要素的统一体,这里的认识既包括主体习得的客观知识,也包含主体对事物等的主观认识。所以说知识是树立正确信念的基础。我们的观念与自身所接触的文化传统密不可分,对待文化传统,我们要坚持取其精华、弃其糟粕,以学习对我们有利的知识进而确立正确的观念。另外,广泛涉猎科学文化知识也是树立正确观念的必要途径,我们可以通过读书学习的办法来获得各种知识,这里所说的书指的是好书、有价值的书。这对我们在实际生活中全面地看待问题,有效地解决问题有着巨大的帮助。

2. 明确目标,积极行动。目标是人前进的灯塔,是信念方向的体现。目标可以不很远大,但一定要明确可行,否则信念将会是水中月、镜中花。作为初中教师,我们目标的确立要把自己的职业特点与能力相结合,既不能虚无缥缈、脱离实际、又大又空,又不能偏离轨道以升官发财、安逸奢侈的生活为目标。正确的目标应该以对社会和他人有用作为衡量标准,在此基础上来确立各种具体的目标。当目标确立后,我们就要积极行动,因此积极的习惯就显得尤为重要。习惯的养成需要不断的重复或练习而巩固下来。这种稳定的好习惯既包括积极的行为习惯也包括好的思维习惯,这都有助于积极信念的形成。

3. 向有积极信念者学习。外界环境对一个人的信念形成有着重要的作用。正如

---

[1] 邢加新、魏亚丽:《树立合理教师信念、促进课堂教学实践》,《教育实践与研究(初中版)》2009年第5期,第7—8页。

古语云"近墨者黑,近朱者赤",与没有积极信念的人在一起,我们看到的、听到的只有抱怨、牢骚、畏惧、消极的声音,我们因此会在某种程度上被这种消极的信念所影响;与有着积极信念者在一起,我们看到的、听到的都是积极面对困难,采取有效行动,乐观向上的行为和声音。我们或多或少会被这种积极的行为和思想所感染,进而做出同样积极的行为。所以,寻找具有积极信念的榜样,或加入一个具有积极信念的团体有助于我们自身积极信念的形成。

4. 与消极信念做斗争。拥有消极信念的人会心安理得地接受消极的结果,而不采取任何积极行动,因为他们相信这种消极的结果是必然的。要使他们改变这种想法可以用事实证明,事情不是像他们想的那样,也可以通过合理想象,让他们体会到消极信念给他们带来的巨大痛苦,同时体验到积极信念给自己带来的积极结果。通过积极信念和消极信念的对比来克服消极信念确立积极信念。

5. 应对——兵来将挡,水来土掩。压力使个体必须采取各种策略来应付,应付方式的成功与否对身心健康有着极大的影响。应对是指有能力或成功地对付环境挑战或处理问题。但很多精神病学家和心理学家对这一概念赋予了新的意义和解释。心理学家把应对分为 4 种主要类型:采取积极行动、回避、攻击、听之任之。对压力和消极事件持积极的认知和采取积极行动的人,希望以一种自信有能力控制应激的乐观态度来评价应激事件,并能采取明显的行动来解决问题。回避类型的个体企图回避主动对抗或希望采取间接的方式,如过度饮酒、大量吸烟等方式,来缓解与压力有关的紧张情绪。攻击型个体采取更为极端激进的行为,以攻击的方式来缓解压力。听之任之的个体则任由压力发展,接受现实而不采取任何行动,正如我们说的"麻木不仁,破罐子破摔"。通过对以上四种类型个体的比较我们可以看出,面对压力和困难应该积极应对,才能有效解决压力带来的种种消极影响,才能提高自身抵抗压力的免疫力。

(三) 如何正确应对

1. 行动应付。立即采取行动去应付困难。立即采取行动是指建立在对事态的产生、发展有一个清楚的认识的基础上的行动,而不是盲目的行动。在行动过程中要了解怎么做,尝试用各种手段来解决问题,如做一些能够逐渐解决问题的事情;集中注意力,考虑应采取的下一步计划;努力改变现状,使事情向好的一面发展。在行动的过程中,我们的行为和态度是保持统一的,即有积极改变的意愿、态度并能采取有效的行动。

2. 制定计划。预先的计划可以使我们的行动执行起来顺畅无阻。制定计划时,我们应该做到如下要求:试着想出一个该做什么的策略来应对压力和困难;制定行动计划和积极的方案;认真思考怎样才能最好地解决问题、采取哪些步骤去解决问题;努力分析问题,以便能更好地解决问题;尽可能从多渠道获得信息,以便制定行动计划。

3. 寻求工具性支持。家人、朋友以及同事、领导是我们人生当中的支持系统,他们经历的多样性和丰富性为我们寻求帮助提供了可能性。在遇到自己无法解决的问题时,我们可以采取下列行动:向有经验的人或有类似经历的人请教解决问题的办法;向专业人员寻求帮助;和相关人员交谈,以便了解更多的有关情况;试着从信赖的人那里得到应该如何做的忠告;对解决问题可以做某些具体事情的人,与他们交谈;与家人、朋友、同事一起讨论解决问题的办法。

4. 寻求情感性支持。情感是个奇妙的东西,积极的情感具有建设性的功能,可以缓解压力,促使我们有效应对问题。情感支持可以从以下途径获取:从家人、朋友那里得到安慰、理解或心理上的支持;向别人述说心中的烦恼,从别人那里得到理解以及心理支持,在感情上得到别人的慰藉。[1]

---

[1] 赵国秋:《心理压力与应对策略》,浙江大学出版社 2006 年版,第 193—198 页。

第三节

在团体中成长
——入职适应与团体辅导

一、教师职业适应的问题与调适

(一)教师职业适应的问题:想说爱你不容易

你是刚刚走上教师岗位的"新老师"吗?你还记得几年前的那段"艰难岁月"吗?刚刚踏上教学岗位,你从一个无忧无虑的学生转变为多种责任与角色的教师,从一开始便经历着许多"不一样":学生们并不像自己所想象的那样渴望学习;老教师也并不是经常与新教师在一起讨论教学、交流经验;自己上起课来也不是那么得心应手。

因此,随之而来的就是不适应感。力不从心、紧张、焦虑、挫败感等负面情绪成了常客,严重适应不良者甚至选择离开了教师职业。教师在入职初期遇到的问题是具有一定的普遍性的,对于初中教师来说,主要包括:

1. 课堂内的问题和困难

我刚教书几个月,本来满怀热情,但是班上的学生都说我的课堂不活跃,没有调动他们的积极性。并且对于那些调皮的学生我也不知道该怎么办,管得太严怕以后再无法和学生接近;管得太松,又无法管理课堂纪律。现在觉得自己好失败,对自己的教学生涯一点信心都没了。

新教师在教学方面的困惑很多。比如,在备课方面,不知如何根据学生的基础知识和现有材料进行备课,对学生的反应不能预期和掌握。在课程进展方面,新教师最容易犯的一个毛病就是时间把握不了,要不过早讲完,要不就是拖堂。在营造课堂氛围方面,对于初中生来讲,课堂氛围一般是比较活跃的,但是如何让"骚动"的班级安静下来就是一个问题。在管理学生方面,新教师也是无所适从的,希望和学生成为朋友的愿望总是让新教师看起来没有威严,而有的时候管理学生还是需要一定的震慑能力的。因此,新教师常常面临这个两难问题。

2. 工作团队内的困难和问题

从学校里的一名学生,到走上讲台,困难远比自己想象的要多。看见老教师上起课来游刃有余,开始怀疑自己在学校里究竟学到了什么。想跟老教师请教,但是又不知如何开口……

新教师从象牙塔里走入社会,缺乏人际交往的经验。在面对工作上的问题时,新教师希望向别人请教,但是出入一个陌生的环境,不了解老师之间的相处方式,对自己也没有足够的信心,对争取老教师的指点也犹豫不决。

3. 新教师心理方面的问题

刚刚入职的你,踌躇满志、满腔热情,意图在这三尺讲台上大显身手,做出一番事业。然而,你参加工作不久就会发现理想与现实相距甚远:那些活泼可爱的孩子并不容易对付,他们会欺负你是新老师,对你的话充耳不闻;看来简单的教学工作,总有无法预料的状况发生。你整天忙于备课、上课、管理学生、与同事相处、熟悉学校的各种规定。于是,你常常感到自己疲惫不堪,当初的豪情壮志正一点点消失,开始产生孤独感、压力感等消极的情绪。

（二）教师入职适应的调适：教师入职适应的团体辅导

面对上述的种种问题，如果采用适宜的方法，我们仍然可以很好地度过适应期。所以，如果你是一名新教师，也遇到了这些问题，请别着急，让我们共同来探讨一些能够帮助你尽快适应教师岗位的方法吧！

教师角色形成的团体辅导方案[①]

（1）团体主题："Know your work, Enjoy your work"。

（2）团体规模：8名初中教师。

（3）适应对象：参加工作不久的教师，有较强烈的认知教师职业的意愿，性格友善、坦诚。

（4）聚会场所：封闭、安静、有活动桌椅的教室或团体辅导室。

（5）团体目标：

① 了解自己的职业观，接纳他人的职业观，形成良好的职业角色认知。

② 培养教师角色认同感，形成角色信念。

③ 提升职业角色的适应能力。

（6）团体辅导方案

① 快乐相聚，用心相识

活动：滚雪球

所有成员拿椅子围圈坐下，进行连环自我介绍，从其中一个人开始，每人用一句话介绍自己，一句话中必须包含三个内容：姓名、所教学科、爱好。比如A说：我是教语文的爱好旅游的A，旁边的B说：我是教语文的爱好旅游的A的旁边的教数学的爱好篮球的B。B旁边的C说：我是教语文的爱好旅游的A的旁边的教数学的爱好篮球的

[①] 刘勇：《教师团体心理辅导》，科学出版社2008年版，第115页。

B的旁边的教生物的爱好音乐的C。这样依此类推下去。这样做会使全组注意力集中,相互有协助他人表达完整正确的倾向,在多次重复中,不知不觉地记住了他人的信息。

② 职业观探索(一)

活动:语句完成活动

发给每位成员一张"教师是怎样的"练习表(表10-1),请成员根据自己的实际情况和想法,认真思考,独立完成表中的空白之处,并思考为什么这么填。

采用绕圈发言,让成员轮流报告自己所填写的内容和原因,然后采用开放式交流鼓励成员对自己或其他人的想法进行深入的讨论。

表10-1 教师是怎样的?

未完成语句	原因
A 作为一名教师,最重要的是_____。	
B 从事教师职业,我感到最有成就的是_____。	
C 要胜任教师工作,我必须注意_____。	
D 当想到我现在是一名教师时,我感觉_____。	

③ 职业观探索(二)

活动:角色分析

让成员分别就师生关系、教学工作、工作环境、职业本身几个方面列出重要程度从1到5的几件事,并且简要说明理由。采用开放式讨论,最后形成一致的认识。在讨论过程中,要求成员对其他成员的意见充分考虑,特别要鼓励不同观点的表达,避免批评和指责。活动结束要求成员分享情感体验和收获。

④ 职业形象塑造

活动：角色扮演

让成员回忆前几次活动的内容，综合自己的工作经历，找出一个自己认为重要的问题，构想出该问题的具体化情境，并记录下来。鼓励成员就自己构想出来的问题情境上台表演。结束后，团队成员就刚才的表演问题讨论、分析。

⑤ 积极面对新的挑战

活动：笑迎未来

所有成员席地而坐，由一位成员当主角，其他成员共同讨论他现在与刚参加团体时有何不同，参加团体后在哪些方面改变了。然后请他自己说说感受。接着再换另一位成员。请每人在纸上写下自己对他人的祝福和建议。每位成员阅读其他人对自己的祝福，并表示感谢。

二、教师人际关系的问题与调适

（一）教师人际关系的问题：挥之不去的人际烦恼

孟子说："天时不如地利，地利不如人和。"这里的"人和"指的就是人际关系。教师的人际关系是指教师在工作和生活交往中建立起来的与学生、同事以及学生家长之间的关系。在这里，我们主要对教师之间的人际关系进行探讨。人际关系处理得当，能有效地提高教育较量，减少教师的压力，促进教师身心健康的发展；如果处理不当，则往往会影响人际关系的和睦，从而影响教学工作与自身的成长。

根据一项心理健康状况调查显示，14.1%的教师人际关系较差，16.3%的教师情绪低落。目前，越来越多的报道反映教师的人际关系状况不好，进而影响到教师的生活质量和工作积极性。

从根本上来看，教师工作团队中的成员之间的根本利益是一致的，全体成员都在为教育事业的发展而共同努力工作。因此，教师之间在日常教育、教学活动和交往中是容易建立起团结协作的合作关系的。但是,教师之间也存在着一定程度的竞争关系。在教育教学改革层面,教师聘任制的人事制度和某些学校的末位淘汰制,推动了教师团队内部的竞争。在这个竞争过程中,如果处事不当,就很容易造成人际关系问题。

由于每个教师都有自己专门的任务,在部分教师中就可能产生一种错误认识,即教育教学效果完全取决于某些个别教师的努力。因此,有的教师在教学工作中过分强调自己的作用,过分强调自己工作的重要性,而忽视教师之间的相互尊重、取长补短、团结协作,进而导致与同事之间的矛盾和对立。

教师队伍是由不同年龄、不同个性、不同专业、不同职称和不同阅历的教师组成的,他们在教育教学实践过程中,难免会在教育思想、教学理念、教学方法等方面出现分歧,如果这些分歧没有被客观地对待,很可能转化为人际的对立。

现在学校里都有教师个人评比,这些表彰先进、评选劳模、评定职称都和晋级、加薪密切相关,鉴于教师工作的特殊性,要对一个教师的劳动成果进行客观、公正、科学的考评并非易事,如果考评不公正或者分配不平衡,就很容易引发教师之间的利益冲突,造成教师相互排斥的心理状态。

(二) 教师人际关系的调适:教师人际交往的团体辅导

视窗 10-3

人际交流要诀

● 不良交流的一个典型原因就是,人们经常假设别人以与自己一样的方式看待事物。要充分倾听他人的话,要意识到每个人看事情的角度方法是不同的。

● 巧妙地避开看上去像是在"吵架"的谈话。在这种情形下容易产生较高的压力,如果不加调节,较小的紧张感也可能迅速升级。

● 要意识到某些形式的交流很容易引起误会。电子邮件就是一个典型代表,匆忙中写下的备忘录有时也会引起误会。

一位有四年教龄的初中教师写道:在学校,我们有交谈伙伴,每个教师都有属于自己的小群体,我们一起谈论工作以及一些想法。在这里,没有组织、没有管理约束,也没有竞争,一切都顺其自然,这是完全属于我们的。我们甚至会在遇到一些特别的问题时,邀请我们的交谈伙伴到班上来旁听。在进行观察后,我们会对一些焦点问题进行讨论。这种工作方式非常好,大大激励了教师们的工作热情。我们挑出工作中的问题让大家来讨论、评价,我们不再担心班上的任何学生。做这些的时候,我们不会感到有压力——这样做是因为我们喜欢。这不会让我们感到担忧,也不是冒险行为,因为我们相信自己的交谈伙伴。这是一种相互支持的方式。同时,它也使所有的教师团结在一起,因为有了交谈伙伴,我们变得更加团结。[1]

1. 团体活动A

(1) 活动名称:沟通从倾听开始。

(2) 活动目标:协助成员掌握倾听的言语技巧和非言语技巧。

(3) 活动准备:一些画有简单线条的图片,纸每人2张、笔每人1支,小纸箱1个,抄写好沟通练习的大白纸1张。

(4) 活动程序:"我说你画"暖身游戏。

① 活动过程

团体成员自由组合,形成若干个两人小组,领导者给每组中的一名成员出示图1,并确保另一名成员无法看到,然后请前者向后者描述图片的内容,后者根据前者的描述画出该图片。要求在描述过程中,只能通过言语表达,不能用手比画,比比看哪一组画得又快又准确。然后每组中的两个成员交换角色。领导者出示图2,重复上述游戏。

② 领导者点评

人际沟通是一个双向的过程。有时候我们所表达的并一定就是别人所理解的,我

---

[1] [英]伊丽莎白·霍姆斯著,闫慧敏译:《教师的幸福感:关注教师的身心健康及职业发展》,中国轻工业出版社2007年版,第74页。

们所听到的未必就是别人想表达的。沟通并不是一件简单的事情,需要双方不断反馈、调节沟通方式,才能达到沟通的最佳效果。

2. 团体活动 B

(1) 活动名称:解开人际千千结。

(2) 活动目标:①协助成员改变对人际冲突的消极看法;

② 协助成员掌握建设性解决人际冲突的基本技巧。

(3) 活动过程:

① 十人一组,手拉手围成一个圈,拉着手转圈,在转圈的过程中熟悉旁边的人,所有人记清楚自己旁边的人是谁。

② 所有人交换位置,原则是自己的左右边跟刚才一定不能相同。交换完之后依然是一个圈。

③ 站在原地伸出双手,拉住最初旁边人的手,左手和右手千万不要拉错了,形成千千结。

④ 大家齐心将结打开,在这个过程中拉着的手不允许分开,看哪一组先解开千千结。

⑤ 选取教师平时在人际交往中遇到的难题,共同讨论,分享每个人的经验和好方法。

⑥ 领导人总结:平时同事之间的矛盾,看似是非常复杂的,但是从活动中我们看到,看似复杂的事情,只要经过努力最后都能解决。在这个过程中,需要大家的共同努力。

对于新教师,在适应教师角色过程中,可能存在很多困惑。而教师在工作团队中与同事相处又是至关重要的,因为同事作为教师最主要的支持系统,对于教师的职业发展以及在工作中所体会到的乐趣起很重要的作用。上面的内容为教师从个人方面怎么面对这些压力提供了一些建议,而对于团体方面的辅导就需要组织系统做出相应的努力。为了缓解教师的压力,促进教师的成长,让教师找回职业乐趣,学校要定期组织一些团体辅导之类的活动,从而有效缓解教师的压力。

本章案例解读

案例中徐老师面对的问题在现在初中教师中是非常有代表性的。在别人看来,教师每天上上课,早早地就可以下班,应该是非常幸福的,但是因为教师职业的琐碎和重复,很容易产生倦怠的感觉。而这些事实充分说明了我国大部分教师没有进行科学的职业生涯发展规划,从教前没有适宜的做教师的思想准备,从教后也没有认真考虑自己的职业发展。通过本章的学习我们知道,教师的职业生涯发展对于教师来说至关重要,教师本身和学校方面都要做出努力,而作为教师的支持系统——教师的工作团队是实现教师职业发展的最好载体,因此良好的人际关系网可以支持教师的职业发展,并且促使教师在压力中成长。

主要参考文献

(1) 陈佩杰、张春华：《压力管理理论与实务》，北京大学医学出版社 2008 年版。

(2) 陈晓晨、翟冬梅、林丹华：《小学教师生活、工作满意度与职业枯竭的关系》，《中国健康心理学杂志》2008 年第 1 期。

(3) 陈雪枫、莫雷：《心理自测》，暨南大学出版社 1996 年版。

(4) 程虹娟：《浅析高校女教师心理压力及社会支持》，《天府新论》2006 年第 2 期。

(5) 方军：《别让压力毁了你》，中国华侨出版社 2007 年版。

(6) 菲利普·卡特、肯·鲁赛尔著，柯江华译：《超级心理测试——1000 种测验，个性、创造力、智力及横向思维的新方法》，中国计划出版社 2004 年版。

(7) 高文斌主编：《面对——镜子里的自己》，化学工业出版社 2004 年版。

(8) N·戈培尔、J·波特著，万喜生译：《教师的角色转换》，湖南教育出版社 1991 年版。

(9) 郭毓麟、谭姣莲：《职业院校教师专业化成长的组织环境分析》，《石油教育》2010 年第 3 期。

(10) 郭念峰主编：《心理咨询师（基础知识）》，民族出版社 2005 年版。

(11) 韩宏莉：《中学教师时间管理的八条策略》，《教育理论与实践》2009 年第 7 期。

(12) 侯清恒：《缓解压力的生存艺术》，中国纺织出版社 2003 年版。

(13) 黄希庭：《心理学》，上海教育出版社 1997 年版。

(14) 黄中、张丽红：《内蒙古中部地区小学教师社会支持状况的研究》，《赤峰学院学报（自然科学版）》2011 年第 4 期。

(15) 景怀斌：《心理承受力从何而来》，《中国青年报》1998 年 1 月 30 日。

(16) 卡莱特著，周仁来译：《情绪》，中国轻工业出版社 2009 年版。

(17) 蓝采风：《挑战压力》，中国纺织出版社 2001 年版。

(18) C·奥诺雷著，初丽岩译：《压力之下：在苛求的世界里养育子女》，华东师范大学出版社 2010 版。

(19) 李虹编著:《教师工作压力管理》,中国轻工业出版社 2008 年版。

(20) 李向群:《中小学教师职业压力及应对策略》,山东师范大学硕士学位论文,2006 年。

(21) 李志鸿、任旭明:《中学教师的工作压力、教学效能感与工作倦怠的关系研究》,《中国健康心理学杂志》2008 年第 2 期。

(22) 李志凯:《濮阳市 241 名小学教师心理健康与社会支持的问卷调查》,《中国临床康复》2006 年第 26 期。

(23) 刘峰:《新课程背景下中学教师管理的策略》,《教育纵横》2010 年第 9 期。

(24) 刘克善:《心理压力的涵义与特性》,《衡阳师范学院学报(社会科学版)》2003 年第 2 期。

(25) 刘晓明著:《高校教师压力管理》,中国轻工业出版 2010 年版。

(26) 刘勇:《学会放松—心理训练四法》《中小学心理健康教育(心理自助)》2007 年第 4 期。

(27) 刘玉新:《工作压力与生活》,中国社会科学出版社 2011 年版。

(28) 刘志成:《论高校教师心理压力及其化解》,华中师范大学硕士学位论文,2003 年。

(29) 米契著,洪慧芳译:《冥想:每天冥想,胜过坚持锻炼,工作狂也能享受健康人生》,中信出版社 2011 年版。

(30) 牟小小:《体育运动对缓解护士心理压力的调查研究》,《卫生职业教育》2008 年第 17 期。

(31) 彭聃龄:《普通心理学》,北京师范大学出版社 2001 年版。

(32) 任思莹:《教师职业倦怠的成因及对策研究——以成都×实验学校教师个案为例》,四川师范大学硕士学位论文,2008 年。

(33) 理查德·布鲁纳著,石林译:《多变世界中的压力应对》,高等教育出版社 2008 年版。

(34) 余琳、李卫国:《高校教师要学会自我心理减压》,《中医教育》2003 年第 2 期。

(35) 沈翰:《课程改革背景下教师职业倦怠之再审视》,《当代教育科学》2008 年第

2期。

(36) 申荷永、高岚:《心理教育》,暨南大学出版社2001年版。

(37) 施建锋、马剑虹:《社会支持研究有关问题探讨》,《人类工效学》2003年第1期。

(38) 宋雪、张洪涛、冯宪萍、宫美玲、韩海军:《音乐疗法在大学生心理健康教育中的应用》,《社区医学杂志》2010年第15期。

(39) 孙冬梅、孙蕊林:《教师个体发展与组织环境耦合——基于教师专业发展的思考》,《广东工业大学学报(社会科学版)》2008年第4期。

(40) 孙福兵:《学校心理辅导中音乐疗法的应用》,《职业技术教育(心理教育)》2008年第32期。

(41) 孙健敏:《压力管理》,企业管理出版社2004年版。

(42) 唐柏林:《大学生心理健康教育》,四川教育出版社2006年版。

(43) 田忠慧:《"合理情绪疗法"在学校心理健康教育中的应用》,《贵州教育》2005年第13期。

(44) 王路编著:《我的情绪,我做主》,海潮出版社2005年版。

(45) 王小英、张明:《心理测量与心理诊断》,东北师范大学出版社2002年版。

(46) 沃特·谢弗尔著,方双虎等译:《压力管理心理学》,中国人民大学出版社2009年版。

(47) 武尚镇:《关于教师心理压力的几点思考》,《沧州师范专科学校学报》2005年第2期。

(48) 西华德著,许燕等译:《压力管理策略》,中国轻工业出版社2008年版。

(49) 新课程实施过程中培训问题研究课题组:《新课程与教师角色转变》,教育科学出版社2001版。

(50) 徐尊英:《新形势下缓解教师职业压力和倦怠的途径》,《教学与管理》2007年第2期。

(51) 杨昌辉:《教师心理健康水平及与社会支持的相关性》,《中国临床康复》2006年第38期。

(52) 杨敏华:《女教师缓解心理压力的十种方法》,《中小学心理健康教育(教师成长)》

2008年第2期。

(53) 杨秀:《音乐疗法 大学生心理健康的良方》,《大理学院学报》2007年第7期。

(54) 姚立新:《教师压力管理》,浙江大学出版社2005年版。

(55) 叶澜主编:《教师角色与教师发展新探》,教育科学出版社2001版。

(56) 伊夫·阿达姆松著,方蕾译:《压力管理》,黑龙江科学技术出版社2008年版。

(57) 袁锦芳:《小学女教师的压力、应对方式与职业倦怠的关系》,《中国健康心理学杂志》2009年第5期。

(58) 约翰·罗宾斯著,白山译:《颠覆压力》,中国工人出版社2004年版。

(59) 曾建兴:《情绪ABC理论:预防教师职业倦怠的个体策略之一》,《中小学心理健康教育(咨询方略)》2009年第17期。

(60) 曾琦:《新课程与教师心理调适》,教育科学出版社2004年版。

(61) 张大均、江琦:《教师心理素质与专业性发展》,人民教育出版社2005年版。

(62) 张海芹:《中小学教师250名社会支持状况调查》,《中国临床康复》2006年第18期。

(63) 张义泉:《音乐疗法在学校心理辅导中的作用》,《韩山师范学院学报》2005年第2期。

(64) 赵立颖:《用饮食缓解压力负担》,《中国食品》2008年第7期。

(65) 郑艳丽:《关于中小学信息技术教师职业压力的分析》,《考试周刊》2008年第16期。

(66) 朱永新:《困境与超越——教育问题分析》,人民教育出版社2004年版。

(67) Hans Selye, History of the Stress Concept. Ch. 2 in Leo Goldberger and Shlomo Breznitz Handbook of Stress: Theoretical and Clinical Aspects, Free Press, 1982。

(68) http://www.ks5u.com/news/2008-6/5768/ 教师心理压力的反应。

(69) http://blog.sina.com.cn/s/blog_6b61e37f010179yj.html 走出压力的认识误区。

(70) http://www.docin.com/p-91651668.html 中小学教师压力管理研究,杭州市教育局课题组,2003年。

后记

飞速发展的社会在给生活于其中的人们带来丰富的物质财富和精神享受的同时,也给人们带来巨大的压力。初中教师所从事的是脑力劳动,他们所面临的压力既与现代社会发展所带来的普遍的压力——物质、精神要求提高有关,也与其自身工作的特点——追求尽善尽美,追求更精妙的教育之道有关,更与其工作对象——快速变化发展的初中生心理有关,与当前中国社会民众(特别是学生家长)对教育工作的高要求有关。因此有必要专门研究初中教师压力,认清其来源、性质以及其独特的应对方法,使读过本书的初中教师能够采取针对性的措施有效应对压力,欣赏压力之美,找回教师的职业幸福感。

本书在结构框架、写作体例以及行文方式上都作了一些探索。在结构框架方面,我们与初中教师进行了多次集中座谈,了解他们对压力的感受、他们对解决困惑的期待以及乐于接受的行文特点,以使本书适合于初中教师的需要。同时,大量参阅了国内外关于压力管理的著作,结合中学教师工作需要与特点,经两位主编与副主编多次讨论后,由主编确定本书的结构框架。全书分三编十章,首先确定压力的性质及程度(第一编),然后进行压力来源分析(第二编),最后提出压力应对方法与措施(第三编)。其中,第一编分三章分别讲述了压力的本质、压力反应和压力诊断三个方面,说明什么是压力以及如何分辨压力;第二编分四章,分别从压力的社会因素、生活因素、职业因素以及个体因素四个方面分析了压力的来源,使读者能够认清自己的压力主要来自哪里。在此基础上,第三编分三章提出了应对压力的方法:通过自我调节,利用情绪和活动的力量,以及在职业发展中应对压力,最终实现在职业发展中应对压力、实现职业幸福感的人生目标。

在写作体例方面,为了便于与初中教师交流,便于初中教师理解和应用,我们采取了案例导入的办法,首先列举出一个初中教师的常见问题,然后分析这个案例中涉及的概念和有关压力知识,再介绍这些原理和知识,在每章的最后运用本章所讲原理,通过"本章案例解读"的形式解决开头案例中提出的问题,使读者看到如何运用所讲原理解决现有问题的生动例证,并希望读者能够举一反三,解决更多生活中的实际问题。

在行文方式上,根据初中教师的工作特点,我们更多地采取了生活中的俚语或谚语等广大教师所熟悉的语言形式来引出心理学的科学术语,以便于读者理解和记忆。

研究初中教师的压力不仅有利于初中教师采取积极应对方式,提高生活质量,而且有利于初中教师采取恰当的教育教学方法、有效的班级管理策略,进而有利于广大初中生的全面健康发展。因此,本书不仅适用于初中教师阅读,亦适合于与初中教师有关的人群,如初中生家长、初中教师家人与管理者,以及一切希望了解初中教师工作和心理特点的人,从而更理解和支持初中教师的工作,减轻他们的压力。

本书的完成实际上是集体智慧的结晶。在主编确定本书结构框架的基础上,本书所有作者分工协作,遇到问题则在主编的主持下集体讨论,其间经过多次协调和修改,才得以最终完成。全程参与本书写作的除两位主编外,还有姚亮(现为山东英才学院教师)、赵旭(山东科学技术出版社)、徐希铮(湖南警察学院)和任菲菲(山东师范大学在读博士生)。此外,窦菲菲、王辉、李宏、常莉、于珊珊和武玉来也参与了本书的写作。在此向所有为本书的出版付出过辛勤劳动的同学表示感谢!

本书能够完成写作计划并与广大读者见面,要感谢高峰强教授!感谢他在本书写作过程中多次鼓励、催促和建设性的建议,没有他的鼓励、督促与劳动,就没有本书的出版！本书在写作过程中,参考或引用了国内外同行的大量著述,所引文献已在文中及文后列出,在此一并表示感谢,疏漏之处望乞海涵！

  本书试图通过十个方面的论述,总结与阐述我们对初中教师压力管理的看法与观点以就教于国内同行,但是对于压力管理这样一个研究领域,精熟的把握与准确的表达还是超出了我们的能力。作为研究者,我们同样处于不断学习与实践的过程之中,因此本书存在错误与缺漏之处在所难免。在此,将本书奉献于读者面前,求教于诸位,真诚希望读者对本书提出批评与指教,以不断促进研究本身的发展和进步。

张景焕

2014 年 5 月 8 日于山东师大校园

图书在版编目(CIP)数据

初中教师减压手册/张景焕,申燕主编. —上海:华东师范大学出版社,2015.1
(教师职业发展与减压丛书)
ISBN 978-7-5675-2972-4

Ⅰ.①初… Ⅱ.①张…②申… Ⅲ.①初中-中学教师-工作负荷(心理学)-心理调节-手册 Ⅳ.①G635.1-62

中国版本图书馆 CIP 数据核字(2015)第 012971 号

教师职业发展与减压丛书
初中教师减压手册

主　　编	张景焕　申　燕
策划编辑	彭呈军
项目编辑	孙　娟
审读编辑	宋金萍
责任校对	高士吟
版式设计	崔　楚
封面设计	杜静静　陈军荣
出版发行	华东师范大学出版社
社　　址	上海市中山北路3663号　邮编 200062
网　　址	www.ecnupress.com.cn
电　　话	021-60821666　行政传真 021-62572105
客服电话	021-62865537　门市(邮购)电话 021-62869887
地　　址	上海市中山北路3663号华东师范大学校内先锋路口
网　　店	http://hdsdcbs.tmall.com
印 刷 者	苏州工业园区美柯乐制版印务有限公司
开　　本	787×1092　16开
印　　张	17.75
字　　数	250千字
版　　次	2015年4月第1版
印　　次	2015年4月第1次
书　　号	ISBN 978-7-5675-2972-4/G・7873
定　　价	35.00元
出 版 人	王　焰

(如发现本版图书有印订质量问题,请寄回本社客服中心调换或电话 021-62865537 联系)